# CONTROL TOTAL
## LA AGENDA LUCIFERINA

La Mano Oscura Y El Plan Secreto De Quienes Mueven Los Hilos Tras El Poder Del Mundo

Autor:

**Pluma Arcana**
**Cynthia de Salvador Freixedo**
**www.OperacionArconte.com**

Edición original en español:
**CONTROL TOTAL – LA AGENDA LUCIFERINA**
**PLUMA ARCANA**

Primera edición Septiembre de 2024

**Derechos reservados.** Ninguna parte de este libro puede ser reproducida o transmitida en cualquier forma o por ningún medio electrónico o mecánico, incluyendo fotocopiado, grabado o por cualquier almacenamiento de información o sistema de recuperación, sin permiso escrito de los autores.

**Nota importante de exención de responsabilidad:** Este libro es solo para propósitos educativos y de entretenimiento. El autor ha hecho todo lo posible para proporcionar información completa, precisa, actual y confiable, pero no se puede garantizar. El autor no es un experto en asesoramiento legal, financiero, médico o profesional. La información en este libro se ha recopilado de diferentes fuentes, por lo que es importante que consultes a un profesional antes de probar cualquier técnica descrita. Al leer este libro, aceptas que el autor no se hace responsable de ninguna pérdida directa o indirecta que pueda surgir por el uso de la información proporcionada, como errores o inexactitudes. Este material debe ser tomado como ficción y/o material de entretenimiento exclusivamente.

**COPYRIGHT© OperacionArconte.com**

# Contenido

Prefacio ................................................................................ 1

Introducción ........................................................................ 4

Capítulo 1: El Gobierno Secreto ............................................ 8

Capítulo 2: La Revelación ................................................... 17

Capítulo 3: Pruebas De Una Conspiración ......................... 42

Capítulo 4: Rastreando La Búsqueda De La
Dominación Mundial Hasta El Mundo Antiguo................. 47

Capítulo 5: El Ascenso De La Segunda Babilonia
Y La Ramera De La Tierra .................................................. 69

Capítulo 6: La Reforma, El Renacimiento Y La
Contrarreforma .................................................................. 85

Capítulo 7: Los Protocolos ................................................ 108

Capítulo 8: La Hermandad De La Luz .............................. 134

Capítulo 9: La Batalla Continúa ....................................... 158

Capítulo 10 El Congreso De Viena ................................... 166

Capítulo 11: La Infiltración De América Por Los Jesuitas A
Través De La Casa Rothschild .......................................... 177

Capítulo 12: La Segunda Guerra De Los
Treinta Años Y La Implantación Del Comunismo........... 189

Capítulo 13: Las Sociedades Secretas Y El
Misterio Detrás De La Onu. .............................................. 205

Capítulo 14: El Cartel Farmacéutico Y El Vaticano ......... 213

Capítulo 15: Encubrimientos Y Control De
Organizaciones Criminales Y Mercados Negros............... 228

Capítulo 16: Los Auténticos Terroristas ............................ 241

Capítulo 17: Nesara............................................................ 252

Capítulo 18: La Elevación Del Planeta Y La Humanidad . 269

Capítulo 19: El Comienzo De Un Nuevo Mundo .............. 287

Epílogo ............................................................................... 298

Sobre El Autor ................................................................... 300

# Prefacio

En los recovecos más oscuros de nuestra historia yacen secretos que desafían nuestra comprensión del mundo que habitamos. Este libro es una travesía hacia lo oculto, una exploración de las sombras donde se tejen los hilos que han dado forma al destino de la humanidad. Las páginas que siguen exponen una verdad subyacente, celosamente resguardada por aquellos que buscan dominar no solo nuestro presente, sino también el futuro de nuestra especie. Esta obra no es solo una luz en la penumbra, sino un faro que arroja claridad sobre las maquinaciones de fuerzas invisibles que, desde tiempos inmemoriales, han conspirado para moldear nuestra realidad.

Desde los albores de la civilización, una batalla cósmica ha tenido lugar, más allá de los confines del entendimiento común. No es una contienda entre naciones o ideologías, sino una lucha fundamental entre la luz y la oscuridad, entre aquellos que desean elevar a la humanidad y aquellos que ansían su sometimiento. En el corazón de este conflicto se halla una agenda oscura, un plan meticuloso, casi arcano, que busca encadenar a la humanidad bajo el yugo de una élite invisible y poderosa.

A lo largo de los siglos, esta agenda ha adoptado diversas máscaras: imperios y religiones, ideologías políticas y movimientos filosóficos. Ha influido en monarcas y líderes, ha manipulado economías globales y ha instigado guerras devastadoras. Pero más allá de sus múltiples disfraces, su propósito ha permanecido inalterable: el control absoluto sobre cada fibra de la existencia humana.

En estas páginas, se deshilvanarán los complejos entramados de esta conspiración que trasciende lo terrenal. Se delinearán las conexiones entre eventos aparentemente inconexos, revelando un patrón oculto que subyace a los anales de la historia. Desde las antiguas civilizaciones de Babilonia y Egipto, hasta los pasillos de poder contemporáneos en Washington y Londres, este libro explora cómo esa agenda ha guiado el curso de la historia, moldeando nuestro mundo en silencio y con precisión inquietante.

Este libro no se alinea con ideologías políticas convencionales. Las divisiones entre izquierda y derecha son, en este contexto, meras ilusiones, herramientas en manos de fuerzas que operan tras un velo. Señalar culpables entre estas líneas tradicionales es caer en la trampa de la distracción, alejándonos de los verdaderos maestros del engaño. La agenda que aquí se explora trasciende tales divisiones, empleándolas a su conveniencia para alcanzar sus siniestros fines.

Pero esta obra no es solo una crónica de conspiraciones pasadas. Es también un presagio alarmante sobre el presente y una urgente exhortación hacia el futuro. Hoy, más que nunca, los tentáculos de este plan se extienden por cada rincón de nuestro mundo: desde la instauración de un estado de vigilancia omnipresente hasta la sistemática erosión de nuestras libertades fundamentales. Las señales de su influencia se tornan imposibles de ignorar.

No obstante, el conocimiento es nuestra arma más poderosa contra esta opresión. Al desentrañar las fuerzas que buscan dominarnos, podemos comenzar a romper las cadenas que nos atan. Al ver más allá de las ilusiones impuestas, podemos vislumbrar la auténtica realidad que yace oculta. Este libro es una invitación a ese despertar, una llamada a reconocer nuestra verdadera naturaleza y a reclamar nuestro derecho inalienable a la libertad.

Aquí se develarán secretos guardados durante siglos y se expondrán verdades perturbadoras. Se desafiarán dogmas aceptados y se cuestionarán suposiciones que consideramos inamovibles. Pero, en este proceso de revelación, también puede encontrarse la semilla de una nueva esperanza, la promesa de un futuro en el que la humanidad pueda elevarse por encima de las cadenas de la opresión. Estamos a tiempo de despertar.

Cynthia de Salvador Freixedo

www.OperacionArconte.com

# Introducción

En esta era notable de la tecnología de la información y el internet, resurge una verdad que durante siglos permaneció silenciada, ocultada bajo el manto de la ignorancia impuesta. Nos encontramos, pues, en un momento único, en el que los emisarios de la luz han permitido que la información prohibida finalmente salga a la superficie. Sin embargo, la capacidad de la humanidad para asimilar estas revelaciones permanece alarmantemente lenta. Solo una minoría se atreve a indagar más allá de las apariencias, mientras que la mayoría elige ignorar los temas cruciales que definen nuestro mundo. Aún más inquietante es que un gran número de personas no muestra interés alguno por los acontecimientos globales, aceptando sin cuestionar la información ofrecida por los medios de comunicación, herramientas manipuladas por un gobierno en las sombras cuyo objetivo ha sido, desde siempre, velar la verdad ante los ojos del público.

En un mundo deliberadamente diseñado para la rapidez y la distracción, resulta casi imposible encontrar el tiempo y la claridad mental para investigar a fondo los eventos que nos rodean. Las demandas cotidianas de la vida nos aprisionan en una lucha por la mera supervivencia, dejando escaso margen para un examen más profundo de la realidad. Esta obra está destinada a aquellos pocos que, verdaderamente, sienten una inquietud genuina por el destino de nuestro mundo y por los eventos trascendentales que lo han moldeado y lo siguen moldeando.

Los acontecimientos que aquí se exploran, mencionados en las escrituras bíblicas, contienen claves cruciales que han sido astutamente excluidas de las narrativas dominantes. Esta información, enriquecida por pasajes poderosos de las escrituras, no solo facilita la comprensión de los eventos globales y sus contextos históricos, sino que también desvela que nuestro mundo ha sido, mayoritariamente, escenario de la influencia de Ángeles Caídos o fuerzas adversas a la bondad divina. Sin embargo, es imperativo entender que el poder de estas fuerzas no es, ni ha sido nunca, absoluto.

Es un privilegio arrojar luz sobre lo que muchos investigadores independientes están descubriendo: una perturbadora revelación acerca de una cábala oscura que manipula y controla los gobiernos desde las sombras. Revelar esta agenda es vital. Las escrituras nos enseñan que los poderes que dominan este mundo emergen de las tinieblas y han moldeado nuestra realidad durante milenios. Jesucristo, en su sabiduría, reveló que el dios de este mundo es Satanás, aguardando el tiempo de la segunda venida. Comprender el Gran Despertar, ese fenómeno profetizado durante tanto tiempo, y su conexión con la disminución de estas fuerzas oscuras es, hoy más que nunca, de suma relevancia. A medida que más almas despiertan y reconocen la presencia de estas fuerzas opresoras, la exposición de dichas fuerzas se convierte en un paso crucial hacia la liberación.

Es esencial considerar cómo se desvela esta información. En un mundo donde "no hay nada nuevo bajo el sol," todo conocimiento es compartido y proviene de una única fuente: la mente omnisciente de nuestro Creador. En un universo de dualidad, el conocimiento puede ser utilizado tanto para el bien como para el mal.

Dios otorga a la humanidad fragmentos de conocimiento, mientras guarda la sabiduría absoluta en el vasto misterio de su ser. Aquellos que se consideran creadores, ya sea en ciencia, matemáticas o filosofía, no hacen más que entrever los destellos de la mente infinita de Dios. Estamos redescubriendo lo que yace dentro de la conciencia universal del Creador. Por ello, este libro se presenta como una compilación de descubrimientos realizados por valientes buscadores de la verdad, hilvanando sus hallazgos desde una perspectiva bíblica con el propósito de iluminar a las masas.

Este esfuerzo se dedica a aquellas almas valientes que, enfrentándose a grandes peligros, han decidido compartir esta información con el mundo. Un reconocimiento especial a quienes, habiendo estado anteriormente involucrados en sociedades secretas, han optado por caminar hacia la luz y compartir su conocimiento, validando así la veracidad de estos hallazgos. Para algunos, lo aquí expuesto puede resultar asombroso, especialmente en lo que respecta al papel de las sociedades secretas en el entramado de nuestros gobiernos. Algunos lectores ya podrán estar familiarizados con estos conceptos, mientras que otros los descubrirán por primera vez.

En este vasto universo gobernado por la inteligencia, nada sucede por casualidad. Cada evento, cada acontecimiento, es el resultado de una planificación deliberada y consciente. El término "conspiración" ha sido desfigurado a lo largo del tiempo; su verdadero significado radica en la colaboración hacia un objetivo común, alejado de las connotaciones siniestras que se le atribuyen. En esencia, habitamos un universo de intención, un cosmos sin accidentes, reflejo de un diseño inteligente que gobierna toda la creación.

# Capítulo 1: El Gobierno Secreto

¿Existen dos fuerzas antagónicas o acaso es una sola con dos rostros? La verdad jamás permanece oculta eternamente; con el transcurrir del tiempo, todo se desvela. Atravesamos momentos cruciales, pero también cargados de oportunidades. Nuestro planeta enfrenta desafíos desde múltiples frentes: inflación galopante, alteraciones climáticas, conflictos bélicos, hambrunas, enfermedades, terrorismo, el declive de las naciones en desarrollo y la paulatina decadencia de las más avanzadas. No podemos soslayar la desintegración de las estructuras económicas en diversos países, fruto de la injusticia económica global, así como las masacres generalizadas y el claro desmantelamiento de la clase media en Estados Unidos y otras naciones líderes. Lo que pocos comprenden es que existe un poder oculto detrás de estas adversidades. Todas las tragedias que aquejan a la humanidad son el resultado de una agenda encubierta, conocida como globalización. Esta globalización representa una grave amenaza para el bienestar del ser humano y del planeta.

Al analizar la globalización desde sus orígenes, examinando su propósito fundamental, sus intenciones y las repercusiones negativas que engendra, es preciso comprender el rol de las sociedades secretas que la impulsaron. No se trata meramente de una conspiración: estas sociedades han sido la fuente de múltiples acontecimientos que han moldeado nuestro mundo desde tiempos inmemoriales. Por ejemplo, las políticas globalizadoras actuales no son ideas novedosas; forman parte de un plan ancestral que se remonta a la antigüedad. El objetivo último de esta agenda es lograr un dominio absoluto del mundo bajo un régimen totalitario. En realidad, todo lo que estamos experimentando forma parte de un prolongado conflicto que se aproxima a su desenlace. La razón principal por la cual la sociedad no identifica el origen de estos problemas radica en que los verdaderos actores operan en la clandestinidad. Además, un denso velo de secreto envuelve a los clubes exclusivos donde se orquesta este dominio. Como sociedad, no logramos percibir cómo se gestan y ejecutan estas intenciones, ya que solo experimentamos sus efectos finales. Todo el mal se origina en reuniones clandestinas y en las altas esferas de nuestros gobiernos, manipulado desde las sombras por estas sociedades secretas.

Resulta crucial, por tanto, que la existencia y operaciones de estas sociedades secretas salgan a la luz para comprender por qué nuestro mundo se encuentra sumido en un caos social, político y económico. Como dicta la ley natural, toda causa tiene sus efectos, sean estos positivos o negativos.

Todo lo que acontece tiene una razón de ser y ha sido concebido por alguien antes de materializarse. Nuestro mundo es un continuo de causas y efectos, impulsado por estrategas que comparten un deseo común y persiguen un objetivo específico. Aquellos que conocen la verdad sobre las sociedades secretas y su influencia pueden comprender este fenómeno. Para quienes aún lo ignoran, con el tiempo, todos los secretos se revelan. ¿Acaso no afirma la Biblia que este mundo está gobernado por el mal en las alturas? No hay que alarmarse por el tema; simplemente cabe recordar la antigua profecía que sostiene que antes de la venida del Hijo, las obras del adversario serían expuestas.

Los eventos que parecen inconexos no son meros accidentes, sino manifestaciones de una fuerza destructiva que se remonta a tiempos remotos. En la actualidad, esta fuerza es la que justifica la existencia de la globalización, controlando e influyendo en gobiernos, corporaciones e instituciones, valiéndose de herramientas como la manipulación social a gran escala. Esta agenda ha existido a lo largo de las eras, cambiando de forma pero manteniendo su esencia. Fue la misma que inspiró a Nimrod en Babilonia a erigir la Torre de Babel, y a Roma a buscar la dominación hace dos milenios. Esta agenda de dominación global bajo un gobierno totalitario se evidencia en los sistemas financieros controlados por la Banca Central, creados por quienes detentan el verdadero poder. A través del control del dinero, manipulan gobiernos y, secretamente, conducen al mundo hacia un gobierno mundial descrito en el Libro del Apocalipsis. Después de todo, ¿no es el amor al dinero la raíz de todos los males?

La agenda de la dominación global no es novedosa; ha sido parte del juego desde la Rebelión Luciferina y se menciona claramente en el Apocalipsis como el sistema de la Bestia. En nuestros días, se observa esta injusticia en las condiciones impuestas por el Anticristo, que gobierna temporalmente nuestro mundo. Este sistema se nutre de la ignorancia y se sostiene mediante el miedo. La ignorancia les facilita manipular a las masas, convirtiendo el miedo en su arma más poderosa. El secreto es su herramienta de conquista.

Estas operaciones encubiertas son reales y son ejecutadas por los miembros de las sociedades secretas, los instrumentos del mal en la Tierra. El sistema de la Bestia es el verdadero origen del terrorismo; de hecho, ellos patrocinan, organizan y financian grupos terroristas en todo el mundo. Además, han creado enfermedades mortales como el SIDA, la poliomielitis, la gripe aviar e incluso el coronavirus. Finalmente, son los poderes que, a través de la creación de las Naciones Unidas, están consolidando su control mediante diversas uniones, avanzando hacia un único gobierno mundial, la verdadera meta tras la globalización. Las difíciles condiciones de vida que experimentamos no son más que una excusa para justificar la necesidad de un Nuevo Orden Mundial.

Así, todo lo que sucede no es sino el uso del caos para instaurar un orden global predeterminado. El sistema de la Bestia es la "Mano Oculta", y los poderes que manipulan eventos desde las sombras son el último vestigio del sindicato jesuita Illuminati. Representantes de las fuerzas oscuras, han gobernado imperios, religiones y gobiernos durante milenios. Según la Biblia, hay dos fuerzas en lucha, o dos hermandades, y el control temporal del mundo está en manos de la Hermandad Oscura. Sin embargo, aún existe la Hermandad de la Luz, que ha combatido silenciosamente a estos gobernantes.

Podemos concluir que todos los eventos que configuran nuestro mundo son el resultado directo del conflicto entre estas dos fuerzas. Es una batalla que se libra no solo en nuestro mundo, sino que tiene raíces que se remontan a tiempos anteriores a la creación misma del mundo, quizá en el cielo o en una existencia previa, cuando un tercio de los ángeles decidió seguir a Lucifer. La Tierra es un lugar especial, elegido como el último campo de batalla entre el bien y el mal. Por eso se ha predicho durante siglos que este conflicto terminará con la victoria del bien sobre la oscuridad, cuando el Arcángel Miguel y sus huestes desciendan para destruir lo que queda del sistema de la Bestia. No cabe duda de que, en estos días, esta batalla llegará a su fin con el triunfo definitivo de las "fuerzas del bien". Esto puede ser comprendido por quienes están despertando a la verdad y sintiendo los cambios.

Desafortunadamente, no hay suficientes personas conscientes de la verdadera problemática, y por eso se presenta este material. No se trata de una teoría más, ni de ficción, ni busca infundir miedo. Es la verdad, pura y simple, escrita para educar e informar a quienes están preocupados por lo que Juan el Profeta describe en el Apocalipsis: la verdadera razón por la que nuestro mundo se encuentra en la situación actual. Es esencial entender el significado del Apocalipsis y lo que Juan detalla con claridad. Hay muchos pasajes en la Biblia que revelan los eventos aparentemente desconectados que ocurren en nuestro mundo, ya que marcan los signos de los tiempos. Por ejemplo, el Libro del Apocalipsis proporciona pistas sobre los autores de estas calamidades y advierte de la llegada del sistema de la Bestia, el cual pretende englobar al mundo entero bajo un gobierno global. Sin embargo, según la profecía, el desenlace será la derrota final del sistema de la Bestia, con la restauración de nuestro mundo. Al analizar textos espirituales de diversas tradiciones, incluyendo la literatura sánscrita de la India, se observa una correlación que indica que la última batalla entre el bien y el mal ocurre en nuestra época.

En el Libro del Apocalipsis, esta batalla se denomina Armagedón. Lo más relevante es que este enfrentamiento marcará el inicio de un periodo de paz y dicha eterna, conocido como el Milenio en la tradición cristiana y como la Edad de Oro en otras tradiciones espirituales. Esta realidad demuestra que el sistema de la Bestia no puede llevar a cabo completamente su agenda de dominación global, ya que nunca se le ha permitido hacerlo, ni siquiera en épocas anteriores. Al fin y al cabo, siendo Lucifer el origen de todas las mentiras, y dado que sus seguidores han sido los principales gobernantes de este mundo, resulta evidente que la humanidad ha sido engañada en muchos aspectos cruciales, especialmente en lo que respecta a su verdadero origen celestial.

Asimismo, toda forma de opresión, servidumbre y esclavitud que ha conocido la humanidad, caracterizada por un modelo de gobierno totalitario y despótico, es de naturaleza luciferina.

Este régimen tiránico y ultramontano es el manifiesto luciferino, y es la causa de todas las guerras. En contraposición, Dios es la fuente de toda libertad, alegría, abundancia y paz eterna. Han sido siempre Lucifer y sus acólitos, las sociedades secretas negativas, quienes han instaurado todos los regímenes opresivos, siendo también la razón de la continua búsqueda de dominación mundial. Por ello, es esencial entender la agenda luciferina, la cual es idéntica al manifiesto luciferino. Esta agenda ha influido, moldeado y dirigido a gobiernos e imperios durante milenios. La agenda luciferina nació con Lucifer y se ha manifestado a través de todos los niveles de existencia, penetrando y finalmente afectando nuestro mundo. Aunque Lucifer ya no es un agente activo de su propia agenda, pues ha sido encadenado por las fuerzas de la luz, ésta sigue presente en nuestro mundo a través de los últimos restos de sus herramientas.

Ellos son la Hermandad de la Oscuridad, la encarnación del Anticristo, y las sociedades secretas negativas actuales. A lo largo de la historia, se ha observado esta lucha entre el bien y el mal reflejada en los tipos de gobiernos y sistemas de gobierno que la humanidad ha experimentado y llegado a conocer. Por ejemplo, se encuentra la extrema derecha, un sistema totalitario de control absoluto ejercido por una élite autoproclamada y no elegida, ya sea un rey autocrático, un dictador o alguna forma de estructura tiránica que somete a la humanidad bajo su poder centralizado. Luego está su opuesto, un sistema que se ha vivido durante un par de siglos dentro de una república constitucional basada en la democracia de un Estado-nación, donde el gobierno es del pueblo y para el pueblo. El modelo republicano se basa en los principios de una mancomunidad y es viable, pues refleja el bien, oponiéndose al manifiesto luciferino de la tiranía absoluta.

Es precisamente la confrontación entre estas dos formas de gobierno la que define la batalla invisible que libran las dos hermandades, las "fuerzas del bien" y las "fuerzas del mal". Hoy en día, esta batalla se manifiesta en la arena política entre las "fuerzas del bien", que buscan preservar la república constitucional y extender una democracia constitucional al resto del mundo, y las "fuerzas del mal", que intentan eliminar todas las libertades y establecer un imperio mundial de control absoluto tanto espiritual como material, similar al Imperio del lado oscuro en la famosa película "La guerra de las galaxias". De hecho, el mismo tema se encuentra en grandes obras cinematográficas como "La Guerra de las Galaxias" y "El Señor de los Anillos": es el mismo conflicto que se juega en nuestro mundo. Por tanto, se puede concluir que sólo han existido dos tipos de gobierno y que hay dos agendas o fuerzas en pugna. En términos de estructuras políticas, existe el modelo bueno de la república y el modelo negativo conocido como fascismo.

La humanidad se encuentra en una encrucijada, cuestionándose cuál de estos modelos prevalecerá cuando su batalla final llegue a su término. La cuestión es, ¿bajo qué agenda se preferiría vivir? Cualquiera en su sano juicio concordaría en que el modelo del mundo libre sería el más deseable. Como se observa en la Trilogía de "La Guerra de las Galaxias", la agenda de Lucifer se caracteriza por un imperio con un emperador dictatorial que busca el poder absoluto. La misma lógica se encuentra en "El Señor de los Anillos" y en "Las Crónicas de Narnia", películas con significativos mensajes espirituales. Lo fundamental es entender los principios en esas películas, ya que se relacionan espiritualmente con nuestro mundo actual. La agenda luciferina del totalitarismo se remonta a los tiempos antiguos, donde tuvo su origen en Babilonia. Fue esta agenda la que corrompió civilizaciones enteras, llevando a su eventual caída. Esto incluye civilizaciones muy antiguas que tuvieron finales catastróficos, como la Atlántida en el Océano Atlántico y Lemuria en el Pacífico. Todas fueron víctimas de la catástrofe, arruinadas en nombre de la agenda luciferina.

Sin embargo, a diferencia de otras épocas del pasado, estos tiempos están marcados por un cambio notable. Esta era marca el tiempo de la Gran Cosecha y el fin del dominio del Mal sobre la Tierra. Las tornas han cambiado; sólo los malvados y toda la estructura del sistema de la Bestia serán eliminados cuando se desmorone la última encarnación del Anticristo, un sistema obsoleto, inviable, basado en la competencia y el miedo, impulsado por la sed de poder absoluto. Este es el momento en que la Tierra será renovada y restaurada a un estado de perfecto equilibrio, como fue antes de la infiltración e intervención de los luciferinos.

En esta restauración, sólo las personas de buenas intenciones poblarán la nueva Tierra mientras inician una Edad de Oro de luz e iluminación. Según la profecía, la nueva humanidad se basará en el amor fraternal y actuará de forma unida. La mayoría de las personas anhela la paz y prefiere vivir en armonía con los demás.

## Capítulo 2: La Revelación

Para aquellos que han estado atentos durante las últimas décadas, Europa ya se ha unificado bajo la bandera de la Unión Europea. Desde hace más de quince años, no existen fronteras internas en el continente; los ciudadanos pueden desplazarse libremente y utilizar una moneda común, al igual que en los Estados Unidos. Todo comenzó con el euro, una divisa única que surgió como parte de la Comunidad Económica Europea (CEE), una iniciativa para consolidar una moneda para toda la región. Se vaticinaba que para el año 2011, Europa se erigiría con fuerza como una nueva potencia mundial, con un poder comparable o superior al de Estados Unidos. Esta Unión Europea encubierta fue concebida por la Hermandad Luciferina y pronto se manifestará, como lo predijo Juan el Profeta en el Apocalipsis, representada simbólicamente como una bestia de diez cuernos, símbolo de la unificación europea. Se afirma que el Anticristo portará una corona con diez cuernos, representando a las principales naciones unidas en una estructura de supergobierno, conocido como los Estados Unidos de Europa Federal, el renovado Sacro Imperio Romano.

Cristo se refirió a las entidades en las alturas que dominan nuestro mundo como la sinagoga de Satanás, un poder encubierto. Esto cobra sentido si se considera cómo los luciferinos han operado bajo distintos nombres y disfraces a lo largo de la historia. Cristo conocía las intrigas del Sanedrín de su época y ciertos aspectos de "La Mano Oculta" que permanecían desconocidos para la mayoría debido a su gran secretismo y su imperio en las sombras, que actuaba como un gobierno paralelo al Imperio Romano de aquel tiempo.

"La Mano Oculta", mediante el Sanedrín, se convirtió en los controladores encubiertos de los fariseos y manipuló a los líderes religiosos de Judea, que ejercían dominio sobre la política religiosa de la sociedad en aquellos días. ¿Qué mayor evidencia se necesita que las propias palabras de Cristo, quien sabía que ellos eran sus enemigos acérrimos, instigando el escepticismo y el odio hacia él, un sentimiento fomentado por saduceos y fariseos, y que condujo inevitablemente a su crucifixión? Jesús también advirtió sobre los falsos profetas que surgirían en su nombre para confundir a las masas, llevando el nombre de Cristo pero sirviendo como herramientas de la sinagoga de Satanás, o "La Mano Oculta". Esto explica la abominación sobre la Tierra, la gran Ramera del Apocalipsis, que engaña a muchos en nombre de Cristo.

En última instancia, la opresión y la esclavitud humana han sido las principales manifestaciones del Imperio Oculto de la Bestia, una entidad que, según la perspectiva divina, es una abominación. Este sistema de esclavitud ha sido contrarrestado en diversas ocasiones por fuerzas de la luz para preservar y continuar con el concepto de libertad, el cual desaparecerá en cuanto el Imperio alcance su plenitud. Dios ha demostrado repetidamente que no permite que las fuerzas de la Oscuridad concreten plenamente su agenda de dominación mundial, manteniendo así al mundo en un estado de equilibrio hasta el momento de la Gran Transición. Sin embargo, ha habido momentos en los que el mundo casi se inclinó hacia el lado oscuro, como durante la Edad Media tras la caída de Roma. Hoy en día, aún persiste este desequilibrio, principalmente a través de las instituciones bancarias centrales que dominan los gobiernos del mundo.

Quizás el desafío más grande aún está por venir. En efecto, este período en el marco temporal de nuestro mundo marca un tiempo crucial y privilegiado para vivir, debido al proceso de restauración que está en marcha. Se avecina una nueva era conocida por diversos nombres: el Milenio, la Edad de Oro de la Iluminación, también llamada la Era de Acuario, en la que la Tierra y la humanidad alcanzarán la liberación definitiva de las ataduras de las fuerzas opresoras, poniendo fin a todo sufrimiento y opresión.

Según varios investigadores y buscadores de la verdad, como Ken Adachi, Ivan Fraser, David Icke, entre otros, el actual nombre del gobierno secreto oculto y la fuente del sistema bancario central es conocido como los Illuminati. Pero hay más en los Illuminati que eso, ya que son solo el brazo financiero del sistema de la Bestia. Esta organización secreta se estableció en Alemania bajo su nombre original, los Illuminati de Baviera, y a pesar de la controversia, ha funcionado como un vehículo para la Hermandad Luciferina en los tiempos modernos.

El propósito de los Illuminati es múltiple, pero fundamentalmente, fue creado para servir como institución financiera para la Bestia. Los Illuminati se convirtieron en la nueva oligarquía dentro de la oligarquía de los monarcas existentes, que querían conservar su poder después de la

Reforma. Fueron los Illuminati quienes crearon la Compañía Británica de las Indias Orientales, y son el motor detrás del actual Imperio de la Banca Central, razón por la cual el mundo enfrenta una crisis financiera inminente. Hoy en día, son tan poderosos que nadie se atreve a enfrentarlos, pues emplean mercenarios y soldados entrenados para llevar a cabo asesinatos y ataques en todo el mundo. Controlan gran parte de los recursos petrolíferos, los gobiernos y las finanzas del planeta. A través de la conquista del Medio Oriente y la manipulación de guerras, están llevando gradualmente al mundo hacia un gobierno único. De hecho, se ha documentado que todas las guerras, depresiones políticas y económicas, desde su creación en 1776, irónicamente el mismo año en que nació la República constitucional estadounidense, han sido meticulosamente planeadas e instigadas por ellos a través de sus redes de sociedades secretas. Muchos coinciden en que no ha habido ninguna agitación política que no haya sido influenciada por estas sociedades secretas.

Son propietarios de la mayoría de las grandes corporaciones del mundo. Dominan el ámbito corporativo a través de sus multinacionales, un conglomerado de supercorporaciones que, a su vez, están controladas por banqueros internacionales de grupos de interés privado, quienes constituyen el núcleo y la columna vertebral del sindicato Illuminati. Otro hecho que se ha mantenido oculto es que establecieron lo que hoy se conoce como el cártel farmacéutico y la Asociación Médica Estadounidense, dirigida por David Rockefeller. Su objetivo es suprimir los remedios naturales que la Tierra proporciona para todas las enfermedades y, en el proceso, ganar miles de millones de dólares. De hecho, junto a la industria petrolera, el cártel farmacéutico genera enormes sumas de dinero para los controladores de la élite global. La investigación ha revelado que en los niveles más altos de los Illuminati, el consejo interno, conocido como el Consejo de los 13, está compuesto por familias genéticamente relacionadas entre sí. Esto ayuda a explicar cómo un pequeño grupo de familias ha mantenido el control del mundo durante siglos.

Este concepto es conocido como las 13 Líneas de Sangre de los Illuminati, incluyendo las familias reales de la Cámara de los Lores europea. Sin embargo, las familias principales son los Oppenheimer, los Rothschild, y en la cúspide, la familia Orsini, junto con algunas de las familias estadounidenses más influyentes como los Rockefeller, los Brahmin, los Harriman, entre otros. Las 13 Líneas de Sangre son las familias más ricas y poderosas que componen el Consejo de la Corte Interior. Además, están las familias menores pero influyentes como los DuPont, los Astor, los Warburg, los Windsor, entre otras. Todos ellos forman parte del orden secreto de la red centralizada de los Illuminati, que juntos constituyen la élite gobernante mundial.

Kent Adachi, Carol Quigley y otros han descubierto que los principales gobiernos del mundo, los grupos de reflexión política, los medios de comunicación, las organizaciones educativas y las fundaciones globales son solo la parte visible de su estructura ante el público. Existen muchas capas de esta organización en la sombra que permanecen ocultas para la sociedad. Están altamente organizados y han establecido diferentes niveles compartimentados en una estructura piramidal; en la cima, se encuentra el Papa Negro, junto con todas las figuras involucradas en su séquito, también conocido como la comunidad de hechiceros, hasta las 13 líneas de sangre que operan bajo su dirección.

La estructura de esta Hermandad secreta luciferina de los tiempos modernos es la siguiente: en su núcleo, un pequeño grupo de magos conocidos como Magos Negros, hasta su consejo superior más interno o el núcleo externo de los Illuminati, está el Consejo de los Seis, conocidos por ser practicantes del satanismo, bebedores de sangre, llevando a cabo rituales siniestros como sacrificios humanos y canibalismo. Luego está el Consejo de los Nueve, que responde directamente al Consejo de los Seis, y el Consejo de los 13, compuesto por las 13 Líneas de Sangre que responden a los consejos internos, o los tres grados más altos del sindicato Illuminati. Debajo de estos tres consejos, se encuentra el Comité de los 300, compuesto por los multimillonarios más poderosos del mundo asociados con el sindicato Illuminati, comúnmente conocido como el actual sistema de la Bestia.

En 1992, el Dr. John Coleman publicó "Conspirators' Hierarchy: The Story of the Committee of 300". El Dr. Coleman resumió la intención y el propósito de este comité de la siguiente manera: un gobierno mundial único con un sistema monetario global y una moneda digital. Según Coleman, este gobierno mundial estaría dirigido por una oligarquía hereditaria no elegida, auto-seleccionada entre sus miembros, en un sistema feudal similar al de la Edad Media. Afirma además que, en este sistema de gobierno único, las personas estarían confinadas a ciudades controladas por sistemas computarizados y se les restringiría el número de hijos permitidos. Parte de su agenda es crear las condiciones necesarias, como enfermedades, guerras y hambrunas, para consolidar este gobierno global bajo el control de una clase dominante. No habría clase media, solo gobernantes y sirvientes. Esta es precisamente la naturaleza y la estructura del manifiesto luciferino. Cualquier persona con discernimiento entendería que la OTAN es el brazo militar del sistema de un gobierno mundial, como se describe en el Libro del Apocalipsis. Todas las transacciones financieras se realizarán a través de un chip de identificación implantado que estará vinculado a la tecnología que controlará las operaciones globales. Es bien sabido que la introducción de las tarjetas de crédito fue un paso hacia esta economía digital mundial. La eliminación del dinero en efectivo también es parte del programa del sistema de la Bestia y fue revelado en los Protocolos de los Sabios de Sion. Además, se sabe que el sistema biométrico ya ha sido implementado en ciertos países y regiones del mundo por esta red maligna.

El Dr. Coleman continúa diciendo que este sistema se basará en un modelo de bienestar, donde aquellos que sean obedientes y sumisos al Gobierno Mundial Único serán recompensados con medios de subsistencia, mientras que los que se resistan serán confinados en diversos campos de concentración que serán controlados por inteligencia artificial en el futuro. Este es el mismo plan que el gobierno secreto diseñó en la Alemania Nazi antes de que Hitler tomara el poder. La alarmante realidad de los campos de concentración, ahora denominados ciudades inteligentes, que están siendo desarrolladas por estos multimillonarios, ya no es un secreto. Pronto, la humanidad despertará de su hipnosis colectiva y recuperará su poder, dándose cuenta de la tiranía que se gesta en las sombras. No hay diferencia entre lo que los nazis estaban haciendo y lo que los globalistas están ejecutando hoy en día; la única diferencia radica en que los globalistas lo hacen de manera clandestina.

La razón por la que la gente no ha sido consciente de esta agenda en desarrollo es porque se trata de una dictadura silenciosa, la más efectiva hasta ahora. David Icke mismo ha señalado que existen dos tipos de dictaduras: una es un golpe abierto, como intentaron los nazis y los antiguos imperios, y la otra es un método encubierto, que es mucho más efectivo y está siendo llevado a cabo por las familias Illuminati. Icke añade que la dictadura abierta no resulta efectiva porque permite la aparición de movimientos de resistencia que no desean vivir bajo un régimen opresivo.

La dictadura encubierta, descrita por David Icke, ha demostrado ser más exitosa porque la gente nunca se rebelará contra un sistema si cree que ya es libre. Este es el caso de América, que ha caído bajo el control de las redes secretas de la Hermandad Luciferina a través del Consejo de Relaciones Exteriores. Otro ejemplo del método encubierto es la forma en que las Naciones Unidas se formaron como un vehículo global establecido en 1915, consolidado en los años 40, y que eventualmente llevó a la unificación de Europa, lo que algunos creen es la resurrección del Sacro Imperio Romano. Esta organización de la ONU se estableció para funcionar como un paraguas del sistema de gobierno mundial a través del método encubierto.

Ahora, es posible entender mejor que este gobierno secreto ha estado manipulando a todas las naciones industriales importantes, como Europa, Australia, Canadá, y, a través de la Revolución Bolchevique, incluso tuvo control sobre Rusia por un tiempo. América Latina también está bajo su influencia encubierta, y el país, por supuesto, a través del Consejo de Relaciones Exteriores. Sin embargo, muchos líderes mundiales han estado involucrados en esta conspiración, consciente o inconscientemente, ya que muchos están vinculados a través de su red global.

No es secreto que tras las dos guerras mundiales, el poder mundial se consolidó significativamente a través del surgimiento de la Unión Europea, la creación de fuerzas de seguridad internacionales y la elección dirigida de individuos formados desde su infancia para ocupar posiciones de liderazgo, tales como presidentes, primeros ministros y otros dirigentes. Muchos analistas sostienen que desde la fundación de la Reserva Federal, los presidentes de los Estados Unidos no han sido realmente elegidos, sino seleccionados, haciendo irrelevante si el poder recaía en demócratas o republicanos, ya que ambos bandos servían los mismos intereses. Las élites han financiado históricamente a ambos partidos, cultivando la ilusión de una elección democrática, cuando en realidad han colocado a sus propios representantes en el poder. Cualquier opositor a esta dinámica ha sido eliminado; ejemplos notables incluyen a Kennedy, Bhutto, Moro y Colosio, todos líderes que pudieron haber desafiado el statu quo, pero que fueron asesinados por este gobierno oculto.

Las investigaciones apuntan a que los conspiradores del Nuevo Orden Mundial avanzan su agenda manipulando las emociones humanas, especialmente el miedo, ya que este es su principal fuente de poder. A mayor temor en la población, mayor es su disposición a ceder control a aquellos que buscan dominarlos. Este gobierno secreto opera con una astucia notable y, al actuar en las sombras, logra perpetuar crímenes de alto nivel sin consecuencias. Frecuentemente, sus operaciones se enmascaran bajo la fachada de servicios de inteligencia, superando a todas las agencias oficiales.

Este gobierno en la sombra manipula los conflictos necesarios para justificar guerras, revoluciones o golpes de Estado contra regímenes contrarios a sus intereses. Una de sus tácticas más efectivas es el método de "problema-reacción-solución", también conocido como Dialéctica Hegeliana. Esto consiste en crear problemas, fomentando y financiando grupos opositores que desestabilicen áreas estratégicas, y luego imponiendo su propia solución cuando la situación se desborda.

Al desencadenar conflictos, estos manipuladores siempre presentan su propia solución, aprovechando la reacción de masas desinformadas. Dado que actúan a través de sociedades secretas, resulta imposible para la mayoría de las personas conocer sus verdaderos planes. En las últimas décadas, diversos investigadores han demostrado que muchos llamados "luchadores por la libertad" son en realidad instrumentos creados y controlados por esta élite para manejar ambos lados del conflicto y facilitar sus propios objetivos.

Según Ivan Fraser y otros analistas, los líderes políticos, controlados por esta élite, no solo financian a la oposición sino que, cuando es conveniente, la demonizan para luego eliminarla. Esto es lo que sucedió con figuras como Hitler, Stalin, Hussein, Milosevic, Gadafi y Bin Laden, todos formados y luego eliminados por este poder en las sombras. Estos hombres no fueron más que peones en un tablero manejado por "La Mano Oculta" del gobierno mundial secreto. La estrategia de "divide y vencerás", una táctica milenaria de guerra, ha sido utilizada por estos déspotas influenciados por la Dialéctica Hegeliana, ya que el Gobierno Mundial Secreto siempre ha buscado beneficiarse de los conflictos armados al financiar y apoyar a ambos bandos.

En el último siglo, este conflicto ha sido amplificado por medios de comunicación controlados, como los de la operación Pájaro Burlón de la CIA. Estos conspiradores han manipulado imágenes, videos e informes para provocar reacciones que lleven a la población a aceptar las soluciones que ellos mismos diseñaron. Por ejemplo, el movimiento Black Lives Matter fue orquestado por este gobierno secreto para fomentar el conflicto racial, alineado con lo expuesto en los Protocolos de los Sabios de Sion.

Más inquietante aún es el uso de la misma retórica para controlar el debate sobre el control de armas en Estados Unidos, utilizando eventos como Columbine, tiroteos de francotiradores y el ataque de Las Vegas. Gran parte de la evidencia sobre estos incidentes se encuentra en documentos clasificados bajo programas como MK Ultra de la CIA, que también se ha vinculado a la explotación de esclavas sexuales, como Kathy O'Brien, quien escapó gracias a Mark Phillips y luego reveló su experiencia como esclava sexual de varios presidentes.

Los aspectos más perturbadores revelados sobre estas familias de la élite incluyen prácticas como el consumo de sangre humana y sacrificios rituales de niños para obtener adrenocromo, una sustancia que, según se dice, prolonga la vida y mantiene una apariencia juvenil. Este compuesto se extrae del cuerpo de un niño cuando experimenta miedo y tortura extremos.

Siguiendo el mismo método de "problema-reacción-solución", se estableció la ONU como un esfuerzo final para consolidar el control global de este gobierno secreto. Esto no debería sorprender, ya que en el Libro del Apocalipsis, Juan el Profeta describe un gobierno mundial que sigue un patrón similar al de la ONU. Las profecías bíblicas, interpretadas más allá de su alegoría, muestran un paralelismo con la formación y funciones de la ONU, que actúa como preámbulo del Nuevo Orden Mundial.

Según el Apocalipsis, el Anticristo surge como un falso pacificador, lo que coincide con la misión declarada de la ONU de promover la paz mundial, consolidando soberanías bajo un sistema fascista global. Muchos estudiosos no reconocen que la ONU encarna la visión de un sistema de gobierno único que anticipaba Juan el Profeta, actuando como precursor del orden mundial venidero.

El Anticristo, más que un individuo, es un sistema que ha operado a lo largo de la historia, buscando implementar un manifiesto luciferino que representa el núcleo del sistema de la bestia. Sin embargo, esta agenda ha sido obstaculizada repetidamente por fuerzas de la luz que han actuado como guardianes del conocimiento sagrado y defensores de la libertad. A lo largo del tiempo, el sistema de la Bestia ha intentado implementar su dominio total, pero ha sido derrotado por las fuerzas del bien que resisten desde las sombras.

En la existencia premortal, esta lucha cósmica comenzó con la rebelión de Lucifer contra Dios, intentando tomar el control absoluto del universo. Esta guerra celestial se ha reflejado en los eventos actuales de la Tierra, que es el último bastión de oscuridad en un universo mayoritariamente ganado por la luz. Las fuerzas de luz, lideradas por el Arcángel Miguel, están cerca de erradicar las últimas sombras en el planeta, según revelan diversas fuentes espirituales que ahora están restaurando la verdad en la Tierra.

Es revelador que la mayoría de los ángeles caídos de Lucifer han sido derrotados, y las fuerzas de la luz están listas para limpiar completamente los vestigios de oscuridad que permanecen. Las señales de esta transformación están alrededor, pero muchos aún no las perciben, hipnotizados por los medios y las instituciones de control.

La verdad está saliendo a la luz, especialmente desde el 11 de septiembre, y la era de la información ha facilitado que más personas descubran las operaciones de este gobierno oculto. Fuentes independientes de diversos campos han documentado ampliamente la corrupción orquestada por esta cábala, como lo ha expuesto Lyndon LaRouche en su Executive Intelligence Review, destacando cómo los neoconservadores actuales están bajo el control corporativo.

A lo largo de la historia, cada conflicto y guerra, desde las guerras mundiales hasta los recientes enfrentamientos en Oriente Medio, han sido orquestados por estos grupos globalistas que manejan los hilos de todos los conflictos. La batalla actual no difiere de la guerra celestial; simplemente ha llegado a su fase final. Las "fuerzas del bien" siempre han estado presentes, contrarrestando las acciones de los malvados, preservando los principios republicanos y luchando por el libre albedrío, el mayor don del universo. Las fuerzas oscuras, sin embargo, continúan en su búsqueda de dominación mundial, intentando imponer un control total similar al que Lucifer buscaba desde su rebelión celestial.

El núcleo de los Illuminati, compuesto por intereses financieros, se encuentra en los jesuitas del Vaticano. Hay dos modelos de gobernanza: uno basado en la libertad y prosperidad, y otro en la esclavitud y el sufrimiento bajo un totalitarismo absoluto. Es fundamental comprender las verdaderas razones detrás de cada acción política, revolución o guerra, pues todas ellas son impulsadas por una de estas dos fuerzas: la libertad o la tiranía.

Aunque muchos creen que las 13 líneas de sangre y los banqueros internacionales representan el centro del poder de la Bestia, el verdadero núcleo es más profundo, oculto tras capas de sociedades secretas, hasta llegar a una comunidad de hechiceros conocida como la Compañía de Jesús. Los jesuitas son el eslabón perdido entre el moderno Nuevo Orden Mundial y el antiguo Sacro Imperio Romano. Surgieron como respuesta a la Reforma del siglo XV y han jugado un papel crucial en la reorganización del poder a través de las guerras religiosas en Europa, hasta la adopción del sistema monetario fiduciario babilónico.

En el siglo XVIII, figuras como Adam Weishaupt, educado por instituciones jesuitas, facilitaron la transición del poder del Vaticano a una nueva estructura de control corporativo que domina el mundo hoy en día.

Todos los libros de historia han omitido convenientemente información clave sobre la naturaleza opresiva de la orden jesuita. Una de las prerrogativas que tenían los jesuitas era su gran control sobre las principales universidades y colegios del mundo occidental, especialmente en Europa. Esta influencia les otorga un poder considerable sobre la mayoría de los programas educativos. En realidad, los Jesuitas representan el verdadero significado del sistema del Anticristo, «La Mano Oculta» de Satanás, actuando como la última orden de la oscuridad que surgió de la Vieja Guardia durante los días del Imperio Romano.

En términos sencillos, esta orden puede considerarse como una Hermandad moderna que encarna el espíritu de Babilonia. Esta Hermandad Oscura ha mantenido a la humanidad en la ignorancia al monopolizar el conocimiento verdadero a lo largo de la historia y manipulando los textos históricos para ocultar la verdad y avanzar en su agenda. Ellos han controlado el flujo de información durante milenios, manteniéndose en las sombras. La huella de esta Mano Oculta se puede seguir a través de la historia, desde la sinagoga de Satanás en la época del Imperio Romano, que manipulaba a los Fariseos y Saduceos, hasta su influencia tras cada imperio que ha existido en el planeta.

Aunque se habla mucho de los Illuminati, menos se sabe de los Jesuitas, quienes han dirigido redes criminales y sociedades secretas desde el siglo XVI, como la última manifestación de una antigua agenda que se remonta a los tiempos de Nimrod. En la actualidad, los jesuitas han estado en el centro de un plan luciferino, manejando tanto el brazo financiero, conocido como los Illuminati o banqueros internacionales, como las familias del crimen organizado, a través de las mafias, los Caballeros de Malta y los Caballeros de Colón. La verdad sobre esta orden se reveló cuando algunos sacerdotes, como Alberto Rivera, desertaron de la orden jesuita.

Gracias a testimonios como el de Alberto Rivera, se ha expuesto la verdadera naturaleza de los jesuitas. Rivera confirmó que muchas de las calamidades en el mundo han sido orquestadas por el General Supremo Jesuita, quien es considerado el segundo hombre más poderoso del mundo, después del Papa. Esta orden, la Sociedad de Jesús, ha sido la fuerza detrás de numerosas guerras, asesinatos de líderes incontrolables y eventos como los ataques del 11 de septiembre. Con esta nueva perspectiva, se puede afirmar que los Jesuitas han sido la fuerza impulsora detrás de los proyectos de globalización de la Unión Europea, la expansión de la OTAN, y el establecimiento de un gobierno mundial.

Cualquier observador imparcial podría deducir que la ONU nunca tuvo la intención de traer paz al mundo, sino más bien de consolidar las soberanías nacionales bajo un único gobierno universal, una reencarnación del Sacro Imperio Romano Germánico. Un ejemplo de esta estrategia de "problema-reacción-solución" fue la orquestación de las guerras mundiales por parte de los Jesuitas y sus aliados financieros, los Illuminati, con el fin de unificar a los países aterrorizados por el conflicto. Este engaño monumental facilitó la creación de la Unión Europea, que encabeza el gobierno mundial a través de organizaciones como la OMS, el Foro Económico Mundial y la OTAN.

La existencia de la ONU nunca tuvo que ver realmente con la paz mundial, pese a sus afirmaciones. En el análisis de esta estrategia global, se deben considerar las palabras del libro del Apocalipsis. Por lo tanto, es crucial entender cómo opera el sistema de la Bestia en el mundo actual, reflejando los acontecimientos del conflicto premortal en los Cielos. Como se sabe, la intención de establecer un gobierno mundial con un régimen totalitario es un reflejo de la guerra que se libró en el Cielo. Lucifer buscaba eliminar el libre albedrío de todos los seres en el universo, similar a lo que intenta lograr el gobierno secreto hoy, consolidando el poder global. Aquellos que comprenden la verdad detrás de los engañosos programas de globalización ven a la Unión Europea como un gobierno secreto del sindicato jesuita Illuminati, reviviendo el Sacro Imperio Romano. La creación de esta Unión Global es un esfuerzo del sistema de la Bestia para someter al mundo bajo su tiranía y control absolutos. Esto, amigos, es lo que se conoce como el nuevo orden mundial.

Al analizar los dolores y sufrimientos infligidos, es vital comprender algunos aspectos de los programas de globalización implementados por la Bestia. La deuda masiva de millones de personas, impuesta por el gobierno secreto, es también parte de un proyecto de eugenesia que comenzó durante y después de las guerras, como otro complot satánico contra la humanidad para eliminar a la mayor cantidad de personas posible antes de ejecutar su agenda de un gobierno mundial único. Se sabe que parte de su plan es reducir la población mundial en un 75%, como reveló el Dr. John Coleman. Este complot es real, utilizando enfermedades como el VIH, desarrolladas por científicos como el Dr. Robert Gallo y su colega Anthony Fauci, como armas de destrucción masiva.

La creación de estas enfermedades forma parte de proyectos ultra-secretos de eugenesia, establecidos después de la Segunda Guerra Mundial cuando los Illuminati trasladaron su centro de poder de Alemania a Estados Unidos a través del Proyecto Paperclip. Estas acciones explican por qué millones han muerto debido a estos actos encubiertos, sin mencionar el envenenamiento de alimentos y la contaminación del aire mediante chemtrails.

En el Libro de Efesios, se nos dice que no estamos en guerra contra carne y sangre, sino contra poderes y autoridades de otros mundos. Muchos estudios coinciden en que el mal originado en la sinagoga de «La Mano Oculta», el gobierno secreto, proviene de una dimensión inferior donde operan fuerzas demoníacas, como los Draconianos. Como se ha señalado, el núcleo del gobierno secreto del Sindicato Jesuita Illuminati está impulsado por hechiceros malignos guiados por entidades de otra dimensión, como revela el Libro de Efesios.

Más evidencias de estas entidades demoníacas de la cuarta dimensión vienen de sobrevivientes de control mental que han escapado de su influencia. Por ejemplo, Kathy O'Brien, en su libro «Transformación de América», expone no sólo la verdad detrás del gobierno secreto y sus objetivos, sino que también revela que en los niveles más altos de los Illuminati son satanistas que responden a entidades extraterrestres. Otro testimonio, el de Brice Taylor, autora de «Gracias por los Recuerdos», confirma que en los niveles más altos del gobierno secreto están en contacto con seres de fuera de este mundo. Estas revelaciones han salido a la luz desde el final de la Segunda Guerra Mundial, exponiendo eventos como el atentado de Oklahoma City y otros asesinatos en América como acciones orquestadas.

Otra pista en la Biblia sobre el sistema de Babilonia señala que el amor al dinero es la raíz de todos los males, no sólo de algunos. Esta afirmación examina cómo los Illuminati, a través del control financiero, lograron apoderarse de los gobiernos, especialmente en Estados Unidos, al manipular la economía con instituciones como la Reserva Federal. Así, los Illuminati prosperan al controlar a quienes están dispuestos a vender su alma por dinero. Las familias más poderosas en esta estructura son extremadamente ricas y usan su dinero para obtener cualquier cosa que deseen.

Este grupo siniestro incluso estableció una isla aislada para atraer a candidatos preparados para puestos de poder, donde los chantajeaban con pruebas de actos inmorales. Las principales familias involucradas en esta red de pedofilia global la dirigen en secreto, con la complicidad de políticos y celebridades. Este sindicato ha acumulado riquezas durante siglos, buscando controlar todas las economías mundiales. Obtienen miles de millones al año a costa del mundo, utilizando sus industrias y cárteles para acumular más riqueza, lo que perpetúa la corrupción. El dinero, como cualquier herramienta, puede usarse para bien o para mal, pero el amor al dinero, que implica la autosatisfacción a expensas de otros, es lo que genera corrupción.

La realidad es que estas organizaciones y sociedades secretas han existido siempre y representan una amenaza constante para el mundo. La única razón por la que no han dominado por completo es debido a la existencia de la Constitución de los Estados Unidos, que representa un obstáculo significativo. Otros países como India, Tíbet, y Brasil también se oponen a este plan de globalización.

La globalización es, en parte, responsable del colapso de General Motors y de otras grandes empresas en Estados Unidos, eliminando la clase media y creando una nueva forma de feudalismo con pocos ricos y muchos pobres. Este sistema luciferino ha dominado Europa durante siglos, y es el modelo que el gobierno secreto busca resucitar. Con la globalización, la élite mundial del Sindicato Jesuita Illuminati pretende subyugar a todas las naciones que no se alineen con el nuevo orden mundial. Ese es el propósito de este oscuro plan.

El Executive Intelligence Review, de Lyndon LaRouche, un economista y activista, revela cómo los banqueros internacionales han intentado subvertir la Constitución de Estados Unidos, estableciendo un estado fascista. LaRouche demuestra con pruebas contundentes que figuras como George Schultz, Henry Kissinger, y George Soros han trabajado en contra de la República constitucional, erosionando los principios sobre los que se fundó Estados Unidos.

Investigadores coinciden en que muchos de los problemas del mundo se originan en este gobierno secreto de intereses financieros y casas bancarias privadas. Han creado una enorme deuda financiera para dominar tanto a naciones como a individuos a nivel mundial. Este sistema bancario privado ha causado no sólo el colapso de economías nacionales sino que también ha tenido repercusiones globales. Su objetivo final es colapsar la economía mundial para introducir una moneda única global.

El colapso económico y la ruina financiera son parte de su plan de dominación global, como se ha visto con el Banco de Pagos Internacionales y el FMI, que han destruido economías a propósito. El envío de empleos a países del tercer mundo bajo condiciones de trabajo precarias es otra forma de esclavitud moderna. En resumen, la Reserva Federal y el FMI, controlados por banqueros internacionales y las 13 familias más poderosas del mundo, son instrumentos de dominación global.

Todas estas catástrofes, diseñadas intencionalmente por agentes del gobierno secreto, siguen una lógica hegeliana de "problema-reacción-solución". Los globalistas destruyen las economías para luego ofrecer ayuda financiera, aumentando así la dependencia de las naciones a su control. Este esquema lleva a la deuda y permite que los banqueros internacionales dicten las políticas de las naciones. Este es un aspecto crucial de sus Protocolos de los Sabios de Sion.

La gente siempre reacciona a los problemas, y cuando no conocen la causa de estos, aceptan cualquier solución ofrecida, que generalmente es la deseada por quienes controlan el gobierno secreto. Todas estas maniobras, desde guerras hasta colapsos económicos, son parte de un plan deliberado para subyugar al mundo bajo un estado fascista global de feudalismo.

Basándose en la razón lógica, el sistema que representa a la Bestia, la personificación de Babilonia, es la fuente de todos los males que aquejan al mundo. Desde la promoción de conflictos y actos de terror hasta la manipulación de la pobreza global, la creación de enfermedades mortales y la muerte de millones cada día, todo esto se debe a que no cesarán en su empeño hasta que todo el poder se concentre en manos de una élite autoproclamada. Esta élite continúa con un antiguo complot que se ha perpetuado a través de una red de sociedades secretas. Este complot ancestral se ha transmitido de generación en generación, de familia en familia, y se cree que estas familias poseen una alta concentración de genética reptiliana.

Lamentablemente, la mayoría de la gente en el mundo no tiene idea de los verdaderos poderes y de los manipuladores que han operado desde las sombras. Una de las razones principales es que estos poderes han logrado el control absoluto de los medios de comunicación, así como de los sistemas educativos mediante la orden jesuita y el sistema médico. Algunos consideran que incluso han llegado a controlar las religiones organizadas, impidiendo que la humanidad tenga una conexión directa con lo divino. Por tanto, una vez más, la humanidad se encuentra en una encrucijada, como lo ha hecho muchas veces en el pasado a lo largo de diferentes eras. Los pueblos del mundo deben despertar y exigir un cambio hacia un futuro mejor, porque no sólo se está luchando por las vidas actuales, sino también por las de los hijos y los hijos de los hijos.

Según las profecías, se está viviendo en la época del Gran Despertar, y la información presentada en este libro se ofrece para ayudar a desencadenar este proceso. Es información esencial que todos en este planeta deben conocer. Se debe enfrentar al último bastión de esta cábala antigua para recuperar el poder. Por lo tanto, a medida que se tome conciencia, se podrá juntos demandar un cambio y construir un mundo mejor. Se trata de ser conscientes de los verdaderos problemas, identificar sus fuentes, y como colectivo, planear no tolerar más estos males.

Antes de resolver cualquier problema, es necesario descubrir su origen y eliminarlo de raíz. Para entender mejor los males que ocurren en el mundo, se deben examinar sus raíces, que podrían remontarse hasta Babilonia. Incluso la mafia es una familia del crimen organizado que es una extensión de estos grupos ocultos, comúnmente asociados con un gobierno en la sombra. Las organizaciones criminales operan bajo la tutela de los Caballeros de Malta y son necesarias para dirigir el mercado negro, el cual, junto con otros cárteles como el del petróleo, la banca y las farmacéuticas, genera enormes sumas de dinero para las élites. La encarnación de este mal es similar a un pulpo con múltiples brazos y tentáculos; solo puede ser derrotado eliminándolo desde su núcleo, no simplemente cortando un brazo o tentáculo, ya que simplemente surgiría otro.

Al aprender sobre la naturaleza de estas sociedades secretas malintencionadas, se puede entender que los verdaderos autores del terrorismo son los poderes dentro de estas órdenes ocultas, no los mercenarios que han sido entrenados, patrocinados y financiados por estos mismos poderes oscuros en las altas esferas que orquestan guerras, controlan el mercado negro internacional, coordinan golpes de estado, asesinatos y promueven las explotaciones malignas de la globalización. Por lo tanto, el gobierno en la sombra ha sido y sigue siendo la fuente y el poder que creó, dirigió y financió a todos los grupos terroristas, desde Bin Laden hasta Al-Qaeda e incluso ISIS. Estos son simplemente peones en el tablero de ajedrez de la Dominación Mundial, mientras que los verdaderos estrategas están operando desde las sombras en los más altos escalones del poder global. Esta revelación puede ser difícil de aceptar, pero considerando que la Élite del Gobierno Mundial está dispuesta a tomar cualquier medida para asegurar su dominio sobre el planeta, todo es cierto, ya que para ellos, el fin justifica los medios. Por ejemplo, utilizando su conocida técnica de creación-reacción-solución, este gobierno secreto puede orquestar su propio ataque terrorista, crear el problema, observar la reacción del pueblo y luego ofrecer la solución que desean.

De acuerdo con Lyndon LaRouche y muchos otros investigadores, existen amplias pruebas que apoyan la afirmación de que el 11 de septiembre fue un trabajo interno llevado a cabo por los mismos conspiradores que operan desde Washington D.C. La orden vino del llamado Papa Negro, y a través de la red de sociedades secretas, la C.I.A. pudo orquestar el evento. Esto no es diferente de cuando la Alemania nazi incendió el Reichstag, lo que sirvió para imponer el régimen nazi en Alemania a principios de los años 30. Esta es la misma táctica que los globalistas han estado utilizando desde que orquestaron los ataques del 11 de Septiempre.

Naturalmente, cualquier atrocidad de este tipo será seguida por una reacción masiva por parte de la gente, y la solución impuesta por estos grupos ocultos que han estado manejando el mundo desde las sombras. Como se mencionó antes, no hay diferencia entre lo que la Alemania Nazi intentaba ejecutar y lo que estos globalistas intentan hacer. Se ha revelado que las libertades de los Estados Unidos han disminuido desde los ataques del 11 de Septiempre, y la Agencia de Seguridad Nacional se ha vuelto más dictatorial al aprobar la controvertida Ley Patriota, permitiendo al gobierno espiar a sus propios ciudadanos. Los individuos en el poder, que actúan como agentes del gobierno secreto, están tratando de suspender la Constitución e imponer la ley marcial a través de la FEMA, y lo han estado intentando durante muchos años. Esto explica por qué la FEMA no actuó adecuadamente después del desastre del Katrina o en otros desastres desde entonces. El verdadero propósito es servir a los dictados de los controladores ocultos que manejan el gobierno. Su propósito es cumplir con la agenda secreta de una organización que tomaría el control del país en caso de cualquier catástrofe natural, social o económica, otorgando plenos poderes al ejecutivo.

En conclusión, hay una creciente evidencia de que existe una conspiración consciente que intenta ejercer el dominio mundial. Estos son los tipos de desastres sociales, políticos y económicos que podrían ser manipulados por el gobierno en la sombra para suspender la Constitución y permitir a las corporaciones afirmar su poder y control absolutos. A pesar de lo que los medios controlados por el gobierno secreto quieren hacer creer, la verdad es que hay un grupo poderoso de personas extremadamente malvadas en posiciones altas que han estado manipulando los eventos mundiales y son la causa de muchos de los problemas. Son el gobierno oculto de la antigua Hermandad Babilónica, la Hermandad de la Serpiente, y su objetivo es la dominación total del mundo. Esta agenda ha estado en marcha no solo durante siglos, sino por milenios, perpetuada por los mismos poderes, las mismas líneas de sangre que han movido su poder de región en región desde el comienzo de la historia registrada. Este mundo ha estado gobernado por fuerzas malignas en altos lugares que han dominado todas las instituciones durante los últimos 6,000 años, y su tiempo se está agotando.

Para concluir, hay evidencia significativa que indica la existencia de una conspiración que busca la dominación global. Esta realidad es llevada a cabo por los poderosos y ricos que se creen dueños del mundo y sus señores extraterrestres. Estas familias forman parte de varias sociedades secretas que han operado en secreto durante milenios. Son grupos ultrasecretos de individuos extremadamente malévolos que dirigen el mundo desde las sombras y tienen control absoluto sobre los think tanks, los medios de comunicación, los sistemas educativos, el gobierno y las estructuras económicas. Dicho esto, aquí se presentan algunas declaraciones de presidentes y figuras políticas prominentes que han reconocido la existencia de esta cábala, admitiendo tener conocimiento de un gobierno en la sombra que opera detrás del gobierno visible del mundo, manipulando a los gobiernos europeos, norteamericanos y sudamericanos desde la Segunda Guerra Mundial.

# Capítulo 3: Pruebas de una conspiración

Desde tiempos inmemoriales, prominentes figuras han alertado sobre la existencia de una red conspirativa que opera desde las sombras, controlando gobiernos y dirigiendo el destino de las naciones. El presidente Franklin Roosevelt, antes de asumir su cargo, confió al coronel Edward Mandell House, asesor cercano del presidente Wilson, que un grupo financiero compuesto por banqueros internacionales había dominado todos los gobiernos desde la era de Andrew Jackson. Poco después de estas reveladoras declaraciones, el presidente Roosevelt fue asesinado.

El renombrado profesor Carroll Quigley, mentor de Bill Clinton en la Universidad de Georgetown, en su obra trascendental "Tragedia y Esperanza" publicada en 1966, afirmó la existencia de una red internacional que opera de manera similar a como la derecha radical cree que actúan los comunistas. Esta red, identificada como las sociedades secretas fundadas por Cecil Rhodes en 1889 para avanzar en el plan de dominio mundial, colabora frecuentemente con comunistas y otros grupos. Quigley, quien estudió esta red durante veinte años y examinó sus documentos secretos, no se oponía a la mayoría de sus objetivos, pero discrepaba con su deseo de permanecer en el anonimato, considerando que su papel en la historia merecía ser conocido.

El concepto de "Nuevo Orden Mundial" fue acuñado por Adolf Hitler, quien proclamó que el nacionalsocialismo utilizaría su propia revolución para establecerlo. En 1968, Nelson Rockefeller, gobernador de Nueva York, declaró en un discurso que promovería la creación de un nuevo orden mundial a nivel internacional si llegaba a la presidencia.

Eduardo VIII, quien abdicó al trono de Inglaterra para casarse con una plebeya, afirmó en 1940 como duque de Windsor y gobernador de las Bahamas que, sin importar el desenlace, un nuevo orden mundial llegaría al mundo, sostenido por el poder público.

Richard Gardner, ex vicesecretario de Estado adjunto y miembro de la Comisión Trilateral, una fachada contemporánea de una sociedad secreta que involucra a los más poderosos, escribió en 1974 que el "orden mundial" debería construirse gradualmente, erosionando la soberanía nacional pieza por pieza, lo que lograría mucho más que un ataque frontal tradicional.

Durante su campaña presidencial en 1976, Jimmy Carter abogó por reemplazar la política de equilibrio de poder por una de orden mundial. Ya como presidente, afirmó que las relaciones de Estados Unidos con otros países estarían guiadas por el deseo de construir un orden mundial estable, justo y pacífico.

El profesor Stanley Hoffmann de Harvard escribió que debería haber una adaptación gradual de los sistemas sociales, económicos y políticos de Estados Unidos a las exigencias del orden mundial. Por su parte, George Weigel, autor conservador, declaró que si Estados Unidos no establecía claramente las reglas del orden mundial y se aseguraba de su cumplimiento, difícilmente se mantendrían la paz, la seguridad, la libertad o la prosperidad.

Sin embargo, fue el presidente George Bush padre quien llevó el concepto del Nuevo Orden Mundial a la palestra pública y promovió su aceptación más que nadie. En múltiples discursos y entrevistas, Bush afirmó que la crisis del Golfo Pérsico ofrecía una oportunidad única para avanzar hacia un nuevo orden mundial, en el que unas Naciones Unidas revitalizadas pudieran utilizar su papel de mantenimiento de la paz para cumplir su promesa y visión. Destacó que lo que estaba en juego era más que un pequeño país, era una gran idea: un nuevo orden mundial en el que diversas naciones se unieran en una causa común para lograr las aspiraciones universales de la humanidad.

Estas declaraciones evidencian una agenda oculta promovida por poderosas élites. Figuras históricas como Disraeli, el cardenal Manning y el Papa León XIII advirtieron sobre la existencia de sociedades secretas y poderes ocultos que dominaban a los gobiernos a su antojo. Walter Rathenau, jefe de la General Electric alemana, afirmó en 1909 que 300 hombres dirigían el destino económico de Europa y elegían entre ellos a su sucesor.

El alcalde de Nueva York de 1918 a 1925, John F. Highland, denunció la amenaza de un gobierno invisible que, como un pulpo gigante, extendía su influencia sobre las ciudades-estado, liderado por un pequeño grupo de poderosas casas bancarias conocidas como los banqueros internacionales. El presidente Woodrow Wilson reconoció la existencia de un poder tan organizado, sutil, vigilante y omnipresente que era mejor no hablar en su contra.

Según el comité de investigación del estado de California sobre la educación en 1953, el comunismo moderno era aparentemente la misma conspiración mundial hipócrita y mortal para destruir la civilización que fue fundada por la orden secreta de los Illuminati en Baviera en 1776. El Dr. Tom Berry, pastor de la Iglesia Bíblica Bautista en Maryland, estimó que solo unas 5.000 personas en el mundo comprendían de manera significativa el plan.

El senador William Jenna advirtió en 1954 que el plan para una dictadura total en Estados Unidos podía establecerse por medios completamente legales, sin ser visto ni escuchado por el Congreso, el presidente o el pueblo. Afirmó que exteriormente existía un gobierno constitucional, pero interiormente operaba otro cuerpo que representaba otra forma de gobierno, una "élite burocrática" que consideraba la Constitución obsoleta y estaba segura de que iba a ganar.

El senador Russell Long, presidente del comité de Finanzas del Senado durante 18 años, declaró que el gobierno estaba completamente fuera de control y que se había creado una burocracia en Washington tan gigantesca que dirigía el gobierno a su manera, no en beneficio del pueblo estadounidense.

Los términos Nuevo Orden Mundial y gobierno mundial único han sido un tema recurrente en el siglo XX, por lo que sus promotores han disimulado el concepto bajo la bandera de la unión global. Así como la Unión Europea ha surgido en Europa, se prevé la evolución hacia una Unión Americana a través del TLCAN, mientras que la Cooperación Económica Asia-Pacífico (APEC) está destinada a convertirse en la Unión del Pacífico. La Unión Africana, por su parte, busca unir a todos los países del continente en un cuerpo político centralizado.

Se espera que estas cuatro uniones se fusionen en una Unión Global, que se manifestará como el Gobierno Mundial Único, el gobierno del Nuevo Orden Mundial. Aunque el nombre cambia, la agenda permanece, y esto ha sido constante a lo largo de la historia.

# Capítulo 4: Rastreando la Búsqueda de la Dominación Mundial hasta el Mundo Antiguo

Para comprender el enredo tras el control global y los retos que encara nuestro mundo, es preciso remontarse a los acontecimientos del mundo antiguo. Después del diluvio, Noé y su grupo selecto estaban destinados a repoblar la Tierra. Noé engendró tres hijos: Sem, Jafet y Cam, cada uno de los cuales aprendió los caminos de su padre. Estas tres figuras se convirtieron en los pilares que ayudaron a repoblar la Tierra tras el cataclismo conocido como el Gran Diluvio bíblico, el cual devastó al mundo por su propia maldad. Sin embargo, la historia trasciende más allá del mal, pues antes del Gran Diluvio, la civilización había alcanzado un nivel de desarrollo y tecnología muy superior al de nuestra era. Era un mundo anterior al nuestro, y los registros de esta civilización pre-egipcia fueron borrados con el tiempo, tanto por cataclismos como por generaciones que reescribieron la historia, olvidando así la era antediluviana.

La cuestión central es qué tipo de civilización existió antes de los egipcios y sumerios. En esta era moderna de la información, hay evidencias que sugieren la existencia de una civilización aún más avanzada antes de nuestro propio mundo antiguo. Esta civilización, conocida como la Atlántida, aparentemente utilizaba tecnología avanzada con fines siniestros. Para que la humanidad pudiera evolucionar según la voluntad divina, esta civilización corrupta necesitaba ser destruida. Hace unos 12,000 años, los atlantes intentaron dominar el mundo, lo que llevó al hundimiento de su imperio y la destrucción del firmamento, una capa densa de humedad en la atmósfera que mantenía un clima tropical constante en la Tierra. La desaparición de esta capa provocó el Gran Diluvio narrado en la Biblia. Podemos rastrear las raíces de la agenda luciferina hasta los días de la Atlántida, un imperio corrompido por una élite de hechiceros. Este hecho reprimido ocurrió hace aproximadamente 12,000 años.

Tras la caída de la Atlántida, surgió la oportunidad para que la humanidad se desarrollara de acuerdo con el plan divino, priorizando el crecimiento espiritual sobre el tecnológico, lo opuesto a lo que sucedió en la Atlántida. Se decidió preservar a un remanente de los sobrevivientes, a través de Noé y su familia, quienes eran atlantes justos que permanecieron leales al bien supremo a pesar de la corrupción que llevó a la caída de su civilización. Después del diluvio, Noé también tuvo la tarea de preservar el conocimiento de los antiguos, que llegó a conocerse como la sabiduría eterna o conocimiento sagrado.

Esta sabiduría se convirtió en la base de una tradición secreta de conocimiento esotérico, mantenida por ciertos sacerdocios y órdenes que buscaban preservarla. Este conocimiento fue transmitido a quienes demostraban estar listos para recibirlo y, cuando llegara el momento adecuado, sería revelado al mundo. Sin la preservación de esta sabiduría ancestral, nuestra civilización podría haber seguido un camino similar al de los atlantes, desarrollando una tecnología desequilibrada que podría haber resultado en nuestra autodestrucción. Esta antigua sabiduría existió en nuestro mundo antes del diluvio y fue transmitida por Noé a sus tres hijos, marcando el comienzo de una tradición oral. A cada uno se le asignaron diferentes regiones del hemisferio oriental, principalmente en la zona de Mesopotamia, donde oficialmente comienza la historia del mundo occidental.

Los descendientes de Sem comenzaron a asentarse y construir comunidades dispuestas a colaborar para establecer una gran civilización en la antigua Sumeria, que llegó a ser conocida como una de las civilizaciones más importantes y antiguas, junto a Egipto. Los relatos históricos sugieren que estas fueron las primeras civilizaciones registradas tras el diluvio. Por otro lado, los descendientes de Jafet se extendieron hacia Asia, contribuyendo también a la construcción de estas civilizaciones. Los descendientes de Sem se convirtieron en los semitas, dando origen a este pueblo.

Se dice que de Sem proviene el linaje que hizo un pacto con Dios para establecer el Reino de los Cielos en la Tierra. Sem fue considerado el más justo de los hombres que vivieron después del diluvio. Algunos estudiosos sugieren que Melquisedec de Salem podría haber sido Sem.

La contienda con Dios hasta el fin es el verdadero significado de Israel. No se trataba de una religión o un pueblo exclusivo, sino de un nombre otorgado por Dios a quienes lucharían por la luz hasta el final de los tiempos. Este plan, llamado Israel, estaba destinado a las personas que buscaban primero evolucionar espiritualmente y no sucumbir a las doctrinas de Babilonia. A través del linaje de Sem, Abraham, su nieto, heredó la promesa, demostrando ser un digno portador de las enseñanzas de la luz.

Pero, ¿cómo resurgió el mal después de que Dios limpiara la Tierra con el diluvio? ¿Cómo se reconstituyó la Hermandad Oscura de Satanás después de la destrucción de la Atlántida? Se cree que mientras los descendientes de Sem construían sociedades justas en Mesopotamia, el Medio Oriente y Asia Menor, no solo en Sumeria sino también en otras civilizaciones emergentes como Egipto que alcanzó una grandeza sin precedentes, Cam, uno de los hijos de Noé, decidió que su destino era gobernar el mundo. Empezó a tramar un plan para asegurar el dominio de su linaje sobre el nuevo mundo, buscando un poder absoluto sobre sus hermanos y sus descendientes. Aunque se desconocen las razones exactas de su desdén por sus hermanos, se ha revelado que Cam hizo un pacto con las fuerzas oscuras para continuar con la agenda luciferina que había destruido a la Atlántida.

Noé compartió la antigua sabiduría con todos sus hijos, pero dependía de ellos utilizarla para el bien o para el mal. Sem y Jafet aparentemente usaron su conocimiento para el bien, como se evidencia en la construcción de grandes civilizaciones y en la fundación de antiguas escuelas de misterio. Este conocimiento fue transmitido oralmente desde los tiempos del enigmático Melquisedec, identificado como Sem. Por otro lado, Cam decidió usar este conocimiento de manera corrupta, pactando con fuerzas oscuras para que su descendencia gobernara sobre los demás. Esta rivalidad familiar marcó el inicio de la batalla entre el bien y el mal en el nuevo mundo, razón por la cual el mundo actual está en un conflicto final entre sus descendientes.

Lo que sucedió con Cam sigue siendo un misterio. Algunos especulan que pudo haber caído bajo la influencia de entidades oscuras o demoníacas que le prometieron el dominio absoluto sobre la Tierra a cambio de su lealtad. Esto implicaba que sus descendientes tenían el derecho de someter a los hijos de sus hermanos, incluida la esclavitud. Sabemos que fue engañado, pues el príncipe de las mentiras es Lucifer. Sin embargo, Cam aceptó y permitió que las fuerzas que controlaron la Atlántida volvieran a infiltrarse en el mundo. Según profecías, los poderes de este mundo serían de la Oscuridad hasta la segunda venida de los ángeles, quienes finalmente restaurarían la paz y el equilibrio en la Tierra.

Los antiguos registros esotéricos revelan que Cam se convirtió en el primer servidor de Marduk, o Satanás, después del diluvio. Seguidor de Lucifer, usó conocimientos ocultos para propósitos nefastos, convirtiéndose en uno de los primeros hechiceros y fundando la Hermandad Luciferina, conocida más tarde como el Sanedrín. Esta red oculta, establecida por Cam, comenzó a operar mediante sociedades secretas y manipuladoras. Como hechicero, ejerció gran influencia y poder sobre muchos de sus seguidores a través de prácticas de magia negra. Se cree que Cam introdujo el vudú en África, la cuna de la magia negra desde tiempos antiguos.

Después del diluvio, Cam traicionó a la luz y a la humanidad. Los registros antiguos sugieren que estaba involucrado en la nigromancia y la hechicería ritual, al punto de conjurar un demonio y cometer una abominación. Como resultado, Dios impuso una maldición sobre su linaje, conocida como la maldición de Canaán. A través de un ritual oscuro, Cam permitió que una entidad caída usara su cuerpo para impregnar a una mujer humana, intentando traer de nuevo a la Tierra la semilla de la serpiente, el gen de Leviatán, que las fuerzas de la luz habían destruido con el diluvio.

Según algunas revelaciones, se ha sostenido que Caín, el hermano de Abel, no era hijo de Adán y Eva, sino de Eva y la serpiente. Esta es la razón profunda por la que la humanidad cayó del estado de gracia. La semilla de Caín contaminó la Tierra durante milenios, introduciendo el pecado del asesinato, asociado a los principios luciferinos, como se vio cuando Caín mató a Abel. Considerando esto, Cam cometió uno de los actos más atroces ante Dios, trayendo nuevamente a la Tierra la semilla de la serpiente vinculada a Lucifer. Estos fueron identificados como los Ángeles Caídos, encarnados en formas grotescas no pertenecientes al plano divino, que lucharon contra los Hijos de la luz, la raza Adámica.

Fue a través de la descendencia de Cam que su linaje continuó, aunque no todos los cananeos portan el gen; solo su linaje específico, que se aseguraba de mantener puro casándose entre ellos. El primer hijo nacido de este acto demoníaco fue el portador inicial del gen de poder y control de la semilla de la serpiente, resurgiendo así la agenda luciferina después del diluvio.

La identidad de este gen de la serpiente podría estar vinculada a una raza de extraterrestres conocida como los Reptilianos, cuyo propósito era dominar mundos, siguiendo las órdenes de su líder, Lucifer, el primer Draco Reptiliano. La gente serpiente ha sido conocida por muchos nombres en diferentes culturas del mundo antiguo. En los escritos místicos de la Cábala, se detalla la batalla cósmica entre los hijos de la luz, la semilla humana de Dios, y los hijos de la oscuridad, la semilla serpentina de Lucifer. Esta batalla continuaría hasta que los hijos de la luz vencieran finalmente a los hijos de la oscuridad.

Debido a la purga dirigida por el Arcángel Miguel desde los cielos, es crucial entender que algunos de los Ángeles Caídos de Lucifer han cambiado de bando, regresando a la luz. Esto indica que no toda la gente serpiente sigue siendo malvada; muchos han encontrado el camino de regreso a la luz gracias a la intervención del Arcángel Miguel y sus huestes.

Este proceso de purificación o transmutación de la energía caída es el verdadero significado de retornar a la longitud de onda apropiada de la luz infinita. Por eso, la última batalla tiene lugar en la Tierra. Este proceso de limpieza ha ocurrido durante millones de años y está cerca de concluir a medida que el tiempo se despliega y la restauración del plano terrestre se completa. Todas las profecías y manuscritos antiguos, incluidas las tradiciones aborígenes, indican que la batalla final entre estas dos fuerzas tendrá lugar en la Tierra, conocido bíblicamente como Armagedón.

Para Cam, este gen serpentino otorgaría a su descendencia un deseo innato de poder absoluto sobre la Tierra. Esta semilla se transmitió a través de su linaje, comenzando con su primogénito y continuando con sus descendientes. El nieto de Cam, Kish, fue el portador del gen y fundó el primer imperio que buscó la dominación global, en la región hoy conocida como Irak, pero que entonces era Babilonia. Según los registros antiguos, Babilonia fue la cuna de todo el mal en el mundo occidental. Esta línea de poder continuó con Nimrod, nieto de Kish, quien intentó construir la Torre de Babel para alcanzar los cielos. Nimrod, el primogénito de su padre y bisnieto de Cam, se convirtió en el portador dominante del gen de Leviatán, demostrando sus ambiciones cuando trató de dominar toda la Tierra en tiempos de Babilonia.

Es esencial entender que, con el dominio de las fuerzas oscuras sobre las instituciones globales, se alteraron los registros y relatos bíblicos. Muchos sugieren que esta es la razón por la cual la mayoría de estas historias se han transformado en alegorías, en lugar de narraciones literales. Esta circunstancia podría explicar por qué la Biblia fue escrita en cuatro niveles de comprensión, encriptados en simbolismos, para impedir que las fuerzas de la Oscuridad pudieran descifrar completamente las profecías. Sin embargo, aquellos dispuestos a profundizar en su estudio podrían atravesar el velo alegórico y comprender su verdadero mensaje.

La narración de la construcción de la Torre de Babel en la Biblia se presenta como una alegoría, aunque hace referencia a un pasaje crucial que revela uno de los eventos más significativos en la historia de la lucha por la dominación mundial, como se verá más adelante. Actualmente, comienza a vislumbrarse un vínculo entre las familias de la cábala actual y la Torre de Babel. Según la interpretación simbólica, la creación de la Torre de Babel no se trataba de un edificio físico elevado hacia los cielos. Al descifrar el verdadero significado, se revela que la Hermandad Oscura siempre ha escondido sus intenciones y planes a la humanidad para evitar su fracaso.

La verdad sobre la Torre de Babel es que Nimrod no construía una torre vertical para alcanzar los cielos. Hay que recordar que tenían conocimiento cosmológico, dado que Nimrod era parte de la antigua Hermandad de la Serpiente, fundada por su abuelo Cam. Sería irracional pensar que alguien con ese conocimiento intentaría algo tan imposible como alcanzar el cenit de los cielos, sabiendo de la vastedad del espacio.

La construcción de la Torre de Babel fue en realidad un intento de los babilonios, especialmente de su clase gobernante, de someter al planeta entero bajo su dominio, estableciendo un control total sobre la Tierra. Esta jerarquía representaba a la hermandad luciferina reorganizada que, mediante Nimrod, buscó por primera vez en la historia registrada la dominación absoluta del mundo conocido bajo el imperio babilónico. El verdadero propósito detrás de la Torre de Babel era la construcción de una nave espacial utilizando tecnología avanzada otorgada por entidades de fuera de este mundo, para establecer un gobierno global. Este primer intento de la Hermandad Oscura de Babilonia en dominar el mundo no fue exitoso, pero marcó el comienzo de una lucha que continuaría. Aunque Babilonia cayó, la Hermandad Oscura sobrevivió y prosperó en las sombras, perpetuando su ambición de control y poder absolutos.

Recientes revelaciones sugieren que la Hermandad Oscura, liderada por Nimrod, colaboraba con entidades extraterrestres negativas que guiaban cada uno de sus pasos. ¿Podría ser que Babilonia fuese influenciada por poderes y principados que no pertenecen a nuestra realidad? Esta teoría sugiere que los babilonios no solo recibieron orientación de estas entidades, sino también tecnología avanzada, como cohetes proporcionados por estas entidades caídas, los verdaderos amos detrás de la hermandad luciferina. Quizás, por esta razón, Dios confundió las lenguas para frenar el avance tecnológico durante la era babilónica, evitando que se repitiera el desvío espiritual que ocurrió en la Atlántida.

Los poderes que rigen este mundo han ocultado bien su identidad y su agenda de dominio global, tal como lo hizo la hermandad luciferina. Esto explica por qué el pasaje bíblico fue distorsionado, dándole un significado diferente al original. Así comenzó la primera gran ocultación por parte de la Hermandad Oscura. Desde entonces, cada intento de dominio global ha sido convenientemente omitido de los registros históricos. De igual manera, las fuerzas de la luz impidieron que los atlantes gobernaran antes del diluvio y nuevamente lo hicieron con los babilonios alrededor del 3400 a.C. Los esfuerzos de Nimrod para lograr el control total del planeta fueron contrarrestados por las «fuerzas del bien», lo que explica el fracaso de la Torre de Babel.

Ahora que se ha rastreado el origen de la búsqueda de la dominación mundial hasta Babilonia, se ve que esta no solo fue controlada por la Hermandad Oscura Luciferina en sus primeros días, sino que también marcó el primer intento de las fuerzas que han controlado el mundo desde entonces. El fallido intento en Babel fue solo el comienzo de una batalla secreta que ha perdurado a lo largo de la historia. Tras la caída de Babilonia, comenzaron a infiltrarse en todas las sociedades prósperas de la época, como las grandes civilizaciones de Egipto, gobernadas por los hijos de la justicia, descendientes de Sem, los primeros faraones, y los israelitas bíblicos, descendientes de los hijos de la luz. Egipto, durante su edad de oro, era una sociedad próspera y armoniosa hasta que la infiltración de la Hermandad Oscura de Babilonia comenzó a hacer efecto.

Es crucial entender la naturaleza del Imperio Babilónico, con toda su corrupción y maldad que ahora se conoce. Por ejemplo, los babilonios fueron los primeros en instaurar un sistema de préstamos con intereses, sentando las bases para que una élite mantuviera el poder sobre las masas mediante la perpetuación de la pobreza y la deuda. Este patrón se repite hoy en día, pues fueron los primeros mercaderes y banqueros en ejercer un monopolio financiero sobre las masas, instituyendo el concepto de la banca fraccionaria. Esta práctica perversa continuó en Roma y dominó la Edad Media, bajo el antiguo sistema veneciano impuesto por los oligarcas europeos. Este es el mismo tipo de práctica bancaria que se observa hoy en el Sistema de la Reserva Federal, controlado por el cartel imperialista anglo-holandés, dominado por los banqueros internacionales actuales.

Se sabe que cuando los bancos son centralizados y de propiedad privada de una élite, se crea una disparidad que favorece solo a los ya ricos y poderosos, mientras aumenta la pobreza para quienes ya viven en condiciones empobrecidas. En verdad, el sistema bancario central perpetúa y amplía la existencia de la pobreza, y tiene sus raíces en la Babilonia antigua. Esta injusticia se fundamenta en los principios de la agenda luciferina babilónica que prevalece hoy en día. Los babilonios también establecieron el concepto y la práctica de la tiranía, creando los primeros oligarcas del mundo antiguo, donde solo unos pocos prosperaban mientras el resto sufría. Así, la tiranía y el sistema bancario central están intrínsecamente vinculados. Los babilonios se convirtieron en los progenitores de sistemas desequilibrados y de todas las corrupciones que, lamentablemente, han prevalecido a lo largo de la historia. Esto es lo que el profeta Juan en el libro de Apocalipsis describió como el sistema de la bestia y la abominación desoladora.

La Hermandad Babilónica también promovió una falsa religión. La idolatría y el culto a múltiples deidades se originaron allí. Esto se debió a que la jerarquía babilónica deseaba gobernar como dioses en el mundo antiguo, creando las primeras religiones organizadas, corrompiendo las verdades del conocimiento espiritual superior que robaron del pueblo de Sem y Jafet, y las invirtieron. Los babilonios promovieron el culto a ídolos e imágenes, distorsionando la idea de Dios para ejercer control sobre la gente, un paralelismo claro con las religiones actuales.

Fue en Babilonia donde nacieron todos los dogmas, en un intento de distanciar a la humanidad de lo sagrado. Desarrollaron por primera vez el control mediante el miedo, ya que sus sacerdocios corruptos servían únicamente a la oligarquía babilónica. Este concepto erróneo, que ve al hombre como una bestia y no como un ser espiritual, hizo que la humanidad olvidara su verdadera divinidad, retrocediendo a una conciencia basada en el miedo. Como resultado, la humanidad fue sometida y esclavizada por el imperio babilónico, una situación que sigue afectando a muchas mentes hoy en día. Al igual que atrae a su semejante, la mayoría de las personas permiten que un gobierno en la sombra controle sus vidas, manteniéndolas en una relación de dependencia.

Estos principios se han mantenido durante siglos, siendo adoptados y practicados por la Iglesia Católica Romana, considerada por muchos estudiosos bíblicos como la segunda Babilonia y la ramera de la Tierra mencionada en Apocalipsis 13 y 17. Aún hoy, la adoración de ídolos y la veneración de imágenes talladas es una práctica dominante en la fe católica romana.

Este enfoque somete a las personas, transfiriendo su poder al clero o sistema eclesiástico diseñado para perpetuar el control sobre sus vidas. Esta teología luciferina también se convirtió en la base de futuras religiones organizadas, que presentan a la humanidad como una criatura irracional en lugar de un ser espiritual creado a imagen de Dios. Durante siglos, a la humanidad se le ha ocultado su naturaleza divina. En realidad, el control mediante una religión dogmática centralizada sirve para mantener a las personas en el miedo, alejadas de su conexión con lo divino. Desde entonces, el miedo y la ignorancia han sido las herramientas secretas de la Hermandad Oscura para someter a la humanidad. Desafortunadamente, este sistema de control sigue siendo aplicado por muchas instituciones religiosas actuales, que, consciente o inconscientemente, sirven al sistema babilónico solo por intereses económicos.

Además, la Hermandad Oscura detrás de Babilonia también creó el primer grupo de asesinos para instaurar orden mediante el caos, una táctica conocida como «problema-reacción-solución» o método hegeliano, practicado hoy por las élites. Es parte de un enfoque en el que el fin justifica los medios, una técnica que la Hermandad Oscura sigue utilizando. No cabe duda de que este imperio deseado fue establecido por los luciferinos a través de Nimrod, en un intento por lograr lo que no consiguieron en la Atlántida, cuando Nimrod se convirtió en el primer emperador después del diluvio.

Podemos rastrear esta maldad hasta Babilonia, que intentó corromper el nuevo mundo después del diluvio. Se cree, según registros secretos, que los agentes luciferinos fueron desplegados por todo el mundo, incluso en Egipto, donde lograron infiltrarse tras la caída de Sumeria. Este proceso de infiltración comenzó tras la caída de Babilonia, con el objetivo de corromper el nuevo mundo. No pasó mucho tiempo antes de que la Hermandad Luciferina Babilónica también causara la caída de Egipto. Egipto, en su apogeo, fue una de las más grandes civilizaciones, disfrutada por los antiguos israelitas, seguidores del camino de la luz. Egipto floreció durante siglos hasta que los luciferinos lograron penetrar y colocar a sus agentes en el cuerpo gobernante egipcio. Estos infiltrados se convirtieron en los precursores que llevaron a Ramsés al poder y al posterior declive del imperio egipcio.

Sin embargo, antes de la infiltración luciferina en Egipto, la sabiduría antigua transmitida a Sem y Jafet culminó en las antiguas escuelas de misterio, restaurando el conocimiento superior en la Tierra a través de profetas y videntes de las «fuerzas del bien». Esta sabiduría espiritual se reflejó en la belleza y esplendor de las primeras dinastías egipcias. Todas las personas eran importantes y valoradas, pues los líderes justos, los sumos sacerdotes y sacerdotisas de la luz implementaron los principios de una comunidad justa, como los practicados en la Atlántida. Durante la Edad de Oro de Egipto, prevalecía la justicia, sin corrupción, hambre, pobreza o conflictos. Todo marchaba bien en esta gran civilización hasta que el linaje de Nimrod logró infiltrar y corromper el gobierno egipcio. Esto llevó a la decadencia de la dinastía original y al ascenso de Ramsés, el tirano de Egipto, convirtiéndose en la segunda gran herramienta de la Hermandad Oscura Luciferina, después de Nimrod.

Bajo el dominio de Ramsés, Egipto experimentó un periodo de decadencia. Lo que alguna vez fue una mancomunidad ideal, comenzó a derrumbarse lentamente, sustituida por una oligarquía con raíces en Babilonia. Los habitantes originarios de Egipto que no se sometieron a los preceptos de Ramsés fueron reducidos a la esclavitud, un hecho registrado en la Biblia como la esclavización del pueblo de Israel. Este suceso formaba parte de un plan mayor, diseñado por el linaje de Cam, que buscaba subyugar a los descendientes de Sem, Jafet y a todos los pueblos que se multiplicaron tras el diluvio.

En este contexto, los luciferinos ya habían establecido una red secreta de poder que operaba en las sombras, similar a las sociedades secretas actuales. Así, cuando lograron infiltrarse y desmantelar la gran civilización egipcia, pocos se percataron de la resurgencia de la Hermandad Oscura de la serpiente, a pesar de su previo fracaso en Babilonia después del diluvio. La Hermandad secreta de los luciferinos persistió en su misión de control mundial bajo diferentes formas y contextos. La caída de Egipto representó su segundo intento de dominación global, un esfuerzo frustrado por la intervención de Moisés.

Egipto sucumbió ante la infiltración de la Hermandad Babilónica, lo que llevó a la instauración de un régimen de esclavitud a gran escala. Para la hermandad luciferina, esto fue otro intento de obtener el dominio total del mundo tras su fracaso en Babilonia. Fue en este punto cuando Moisés emergió como enviado divino, destinado a restaurar el equilibrio de poder y liberar al pueblo de Israel de la esclavitud babilónica. Un evento crucial en este contexto fue la batalla mística entre Moisés y Ramsés, donde ambos mostraron un conocimiento profundo del reino sobrenatural y actuaron como canales de fuerzas mayores. Ramsés se convirtió en instrumento de las fuerzas oscuras, mientras que Moisés canalizó las fuerzas de la luz. Según los conocimientos esotéricos, Moisés fue uno de los grandes magos blancos, capaz de dominar poderes cósmicos para demostrar al faraón que su Dios era superior a los maestros reptilianos demoníacos

(Anunnaki negativos) que respaldaban a la Hermandad de la serpiente.

En esta confrontación, Moisés salió victorioso, liberando a Israel de la esclavitud impuesta por los Anunnaki caídos que controlaban Egipto a través del faraón. Este acto de liberación mostró la supremacía de las fuerzas de la luz, explicando también cómo Moisés logró dividir el Mar Rojo, una hazaña de poder místico. Moisés no solo contrarrestó el intento luciferino de tomar Egipto, sino que también restauró las verdades universales y luchó contra la idolatría instaurada bajo el mando del dios extraterrestre Marduk. Moisés se convirtió en precursor de Cristo al reafirmar la Torá, los Diez Mandamientos, y renovar el pacto que Melquisedec estableció con Abraham. Sin embargo, tras su muerte, los luciferinos corrompieron nuevamente a los israelitas, quienes habían sobrevivido al cataclismo atlante a través de la línea de Noé, llevándolos de nuevo a la idolatría.

Tras la caída de Egipto, otra gran civilización surgió en el noreste, conocida como la antigua Grecia, fundada por los descendientes de Sem. Inspirados en las enseñanzas espirituales de Heliópolis, Grecia alcanzó un notable apogeo en belleza y sabiduría. Esta edad dorada reavivó las academias de alto conocimiento, dando origen a filósofos, matemáticos y sabios. Sin embargo, este esplendor también fue temporal, pues los agentes de la red babilónica comenzaron su infiltración, como lo habían hecho antes.

La decadencia de la Grecia clásica evidencia la infiltración babilónica. Antes de este suceso, Grecia disfrutó de una gran mancomunidad o República, creada por las fuerzas del bien a través de la Hermandad de la luz. La primera República de la historia emergió en Grecia, reflejando un gobierno basado en principios de libertad, una amenaza directa a los planes totalitarios de la Hermandad Luciferina. Así, los agentes de la oscuridad se infiltraron como habían hecho en Egipto, utilizando métodos similares para subvertir las estructuras internas. Este tipo de estrategia de infiltración es el mismo que se ve hoy en el intento de socavar la Constitución de Estados Unidos.

En Grecia, el control luciferino se manifestó a través de figuras como los sofistas de Atenas, paralelos a los fariseos y saduceos en tiempos de Cristo. Estos sofistas, productos de una educación manipulada por la Hermandad Oscura, promovían un saber limitado, anclado en un politeísmo dogmático que buscaba negar la existencia del alma, en contraposición a la filosofía socrática. Este conflicto resultó en la ejecución de Sócrates, un defensor del conocimiento superior inspirado por los templos de Delfos, centros de enseñanza avanzados que continuaban la tradición iniciada en Egipto.

El poder oculto de la Hermandad Luciferina se evidenció cuando los dirigentes de Grecia, al sentirse amenazados por Sócrates, orquestaron su muerte. Grecia, corrupta por la infiltración, comenzó entonces su declive, reflejado en la trágica ejecución de su mayor filósofo. Existía una clara conexión entre el conocimiento de Egipto y Grecia, evidenciado en figuras como Pitágoras, quien llevó las enseñanzas de Egipto a Grecia, fundando escuelas de pensamiento que mantenían viva la tradición del saber antiguo. Sin embargo, este conocimiento fue eventualmente corrompido por "La Mano Oculta", la Hermandad de la serpiente, que siguió operando en las sombras.

Así, el legado del saber egipcio fue preservado por la Grecia clásica hasta que la infiltración luciferina transformó su esencia, marcando el inicio de su declive.

En la Grecia antigua, el ambiente propicio para el debate abarcaba desde temas sobre la forma ideal de gobierno, como la República soberana de un Estado-nación, una idea que los padres fundadores adoptarían miles de años después. Además, la Grecia clásica proporcionó un terreno fértil para el renacimiento de la ciencia, el arte, la medicina y las matemáticas, impulsando la civilización hacia una sociedad más avanzada en su momento cumbre. Filósofos y matemáticos como Euclides, discípulo influido por Pitágoras, destacaron por sus descubrimientos en geometría. Euclides introdujo la geometría sagrada, una forma de geometría espiritual que implicaba una simetría de naturaleza metafísica.

Uno de los mayores legados de los griegos para la humanidad fue la noción de que el ser humano no era simplemente un ente físico. Hecho a imagen de lo divino, se consideraba que poseía un aspecto inmortal que representaba su verdadera esencia divina. La academia platónica de alto aprendizaje jugó un papel crucial en la difusión de las grandes verdades divinas entre los amantes de la sabiduría (Sophia), aunque estas fueron luego distorsionadas y suprimidas por la Hermandad Babilónica, la cual causó la caída de Grecia. Para esta oscura hermandad, cualquier forma de conocimiento, especialmente aquel que condujese al despertar espiritual, era percibido como su mayor enemigo en términos de control sobre la humanidad. ¿Cómo podría un grupo de hombres malvados ejercer control sobre una humanidad iluminada? La ignorancia se convirtió en la mayor arma de la Hermandad Oscura para llevar a cabo su antiguo complot de dominación mundial. La represión del conocimiento superior comenzó en Babilonia y continuó en Egipto tras la caída de Grecia.

Simultáneamente, los vastos conocimientos y verdades que circulaban en la Grecia clásica representaron un desafío considerable para la hermandad luciferina, que desde tiempos de Nimrod se había empeñado en suprimir tales verdades, en especial aquellas que afirmaban que los humanos eran creados a imagen de lo divino y poseían una esencia inmortal. Esto sugería que los seres humanos eran más que simples mortales. Las verdades universales y el conocimiento emergentes de la Grecia clásica estaban en oposición a las mentiras de la Hermandad Secreta Babilónica, que, mediante la creación de un sistema religioso que obligaba al hombre a buscar lo divino fuera de sí mismo, impedía a los humanos descubrir el gran espíritu inmortal que llevaban dentro.

A lo largo de generaciones y épocas, la ignorancia de la verdad permitió a la Hermandad Babilónica mantener a la humanidad en esclavitud. Esta es la razón por la cual la Hermandad Oscura siempre intentó suprimir las verdades universales, utilizando la ignorancia como su arma primordial contra la humanidad, junto con la instauración de una religión dogmática centralizada basada en el control y la ganancia política y económica.

Los luciferinos no solo se infiltraron en Grecia, evidenciado por la ejecución de Sócrates, sino que también fomentaron los conflictos que culminaron en la destrucción de la Grecia clásica. Esto revela otra verdad. A la luz de lo descubierto hasta ahora sobre las fuerzas de la oscuridad, como la Hermandad Luciferina, sus métodos de infiltración, y la idea de que el fin justifica los medios, se vuelve evidente que ellos fueron la fuerza detrás de todas las guerras que llevaron a la ruina a las eras clásicas y doradas. La historia se repite, pues en la actualidad siguen fomentando guerras modernas para establecer un Nuevo Orden Mundial bajo un gobierno totalitario global.

No obstante, la Hermandad Oscura también orquestó los conflictos entre Grecia y Esparta. No hay duda de que «La Mano Oculta» de esta hermandad fue la fuerza motriz. La única guerra promovida por la Hermandad de la Luz fue la Guerra de Independencia de los Estados Unidos, la cual dio origen a la Constitución en 1776 y recuperó la República, reprimida desde los días de la Grecia clásica.

La realidad es que la guerra que devastó a Grecia, provocada por la Hermandad Oscura, fue más un ataque al conocimiento generado por la Hermandad de la Luz a través de filósofos y grandes pensadores. Finalmente, la República de Grecia cayó y se transformó en una dictadura.

En Grecia, la Hermandad Oscura empleó a los espartanos para destruir la era clásica, de la misma manera que más tarde orquestarían la Guerra Civil Estadounidense, un intento más por destruir la República de los Estados Unidos de América. Así como fomentaron conflictos hace milenios en Grecia, lograron su objetivo, ya que la historia se repite. En algunas ocasiones, el bien triunfa sobre el mal, como en la victoria del Norte en la guerra civil estadounidense. Este método es una técnica de dividir para conquistar que la Hermandad Oscura ha usado desde sus comienzos en Babilonia.

Desafortunadamente, la caída de la Grecia clásica significó el fin de las artes, las ciencias, las matemáticas y la medicina, todos estos valiosos logros del mundo occidental.

En síntesis, Grecia se convirtió en un antiguo renacimiento cuyo fuego del conocimiento fue extinguido por las maquinaciones de la hermandad luciferina.

Tras la caída de Grecia, influenciada por los luciferinos, Alejandro Magno inició su campaña de conquistas. Se sabe que fue quien dominó gran parte del mundo mesopotámico después de la decadencia de Grecia. Según los relatos históricos, fue instruido por Aristóteles, discípulo de Platón. La Hermandad Luciferina ha utilizado a figuras prominentes para cumplir sus propósitos, como fue el caso de Alejandro Magno. Al fin y al cabo, los verdaderos conquistadores eran «La Mano Oculta», el gobierno secreto de aquella época que probablemente patrocinó y financió sus campañas. Este tipo de operaciones encubiertas se pueden observar hoy en día con figuras conquistadoras como Napoleón y Hitler, ambos también respaldados y financiados por el mismo gobierno secreto.

Desde la fundación de Babilonia, la Hermandad Oscura ha acumulado riquezas mediante prácticas económicas injustas, como la banca fractal, y ha utilizado la religión como una herramienta para amasar fortuna y someter a las naciones por la fuerza a través de las guerras. Alejandro Magno, en su empeño por consolidar el poder global, seguía la agenda luciferina. Se sabe que, poco después de conquistar gran parte del mundo mesopotámico, murió, y su imperio se dividió entre sus tres generales. La causa de su muerte sigue siendo un misterio, y como los vencedores siempre reescriben la historia a su favor, no hay evidencias concluyentes sobre una muerte natural. Parece plausible que, tras ser utilizado por «La Mano Oculta», Alejandro fuese eliminado para facilitar su siguiente plan.

Lo cierto es que, tras la muerte de Alejandro Magno, Mesopotamia se dividió entre sus tres generales. Según los registros, uno de estos generales, Marco Antonio, se enamoró de Cleopatra. Al principio, es posible que haya estado involucrado en una sociedad secreta luciferina ansiosa de poder, fingiendo enamorarse de la última reina de la dinastía egipcia. No obstante, podría ser que Marco Antonio realmente se hubiese enamorado de Cleopatra. Este amor podría explicar los conflictos entre él y los otros dos generales, sugiriendo que también ellos estaban implicados en una sociedad secreta al servicio de «La Mano Oculta». Este conflicto favoreció la consolidación del poder de «La Mano Oculta», los verdaderos poderes tras todos los regímenes opresores y conquistadores que se preparaban para erigir uno de los imperios más poderosos de la historia.

La Hermandad Babilónica, experta en la manipulación, ha moldeado figuras para cumplir tareas específicas, ya sea infiltrarse en sistemas pacíficos o sembrar el caos en regiones concretas con el objetivo de llevarlas a la ruina. Harán lo que sea necesario para cumplir su agenda de dominación mundial, como fue establecida por los patriarcas luciferinos a través de su linaje babilónico.

Es probable que Alejandro Magno haya sido utilizado por la Hermandad Oscura para conquistar gran parte del mundo mesopotámico conocido, ocupado por diversos pueblos e imperios como los persas, asirios y fenicios. Lo que sí es un hecho es que cuando un pueblo se enfrenta a otro, siempre hay una conspiración detrás. No obstante, el principio de que el fin justifica los medios ha sido siempre la máxima fundamental de la Hermandad Luciferina, sin importar las circunstancias.

# Capítulo 5: El Ascenso de la Segunda Babilonia y la Ramera de la Tierra

En aquellos días, gran parte de Mesopotamia había sido conquistada por Alejandro Magno y sus generales, lo que permitió a los seguidores de la agenda luciferina erigir un nuevo imperio destinado a cumplir sus planes secretos de dominación global. A pesar de algunas alteraciones en los registros históricos, este imperio fue conocido como uno de los sistemas sociales más brutales, despóticos y corruptos de la historia, solo superado por su predecesor, Babilonia.

Este nuevo imperio replicó las mismas estructuras y prácticas que habían caracterizado a Babilonia. Conocido también como la segunda Babilonia, o Imperio Romano, desde sus inicios exhibió cada uno de los rasgos de la doctrina luciferina. Esencialmente, el Imperio Romano se fundamentó en un sistema oligárquico despótico análogo al de Babilonia, con un gobierno provincial que repartía toda Mesopotamia entre varios gobernantes o gobernadores, todos ellos bajo el dominio absoluto del emperador. De este modo, la nueva Babilonia resurgió, aunque con una apariencia y un nombre distintos. Conforme este imperio se robustecía y expandía, se transformó en el instrumento ideal de la Hermandad Oscura, concebido para someter al mundo entero bajo su control absoluto.

El anhelo de dominación global era la agenda encubierta de este imperio, regido por un poder en las sombras. Sin embargo, un acontecimiento crucial alteró el curso de la historia. Este suceso se convirtió en un catalizador de transformación, especialmente porque el nuevo Imperio Romano, bajo la dirección de un gobierno oculto luciferino, estaba intentando subyugar al mundo a su dominio absoluto. Herodes, gobernador de Judea, también estaba bajo la autoridad romana. De manera similar a como Sócrates había representado una amenaza para los luciferinos 500 años antes en Grecia, Jesús el Cristo se convirtió en una amenaza significativa para este nuevo régimen del Imperio Romano en su momento justo.

Las referencias a la "Mano Oculta" en la Biblia se hallan en la Versión King James, donde Cristo menciona a la "Mano Oculta", el Sanedrín, haciendo alusión al gobierno secreto de la Hermandad Luciferina que controla este mundo. Jesús estaba plenamente consciente de sus adversarios, pero los consideraba almas extraviadas que requerían amor, lo que le llevó a añadir el precepto de amar a los enemigos. No obstante, varios pasajes bíblicos en la versión King James que mencionaban la "Mano Oculta" fueron suprimidos de las ediciones modernas de las biblias.

Los fariseos y saduceos, religiosos fanáticos con gran poder, también eran controlados por la Hermandad secreta luciferina de la Serpiente. De la misma manera que la Hermandad Oscura manipulaba a los sofistas en tiempos de

Sócrates, los fariseos estaban bajo la influencia de los poderes supremos a los que Jesús se refirió como el Sanedrín, la "Mano Oculta", o la sinagoga de Satanás, los déspotas que dominaban Roma.

Por consiguiente, se puede inferir que los verdaderos asesinos de Jesús provenían del gobierno secreto, ya que estaban al tanto de que él había sido profetizado para liberar al mundo del dominio de la sinagoga de Satanás, que había sido la principal fuerza gobernante, manteniendo a la humanidad en un estado de servidumbre. Jesús, sin embargo, vino como un pacífico portador de la verdad, predicando paz, amor, perdón, tolerancia y amor incondicional a toda la humanidad. Su propósito era cumplir con las profecías antiguas, introduciendo el mandamiento más esencial: amar al prójimo y orar por los enemigos. Su vida fue un testimonio de amor, paz y compasión por todos.

Para el gobierno secreto que controlaba el Imperio Romano, Jesús representaba la mayor amenaza. Fue bajo esta premisa que, a través de los fariseos, la "Mano Oculta" incitó el odio hacia Jesús y logró su condena a muerte sin un juicio justo. Cualquier verdadero cristiano sabe que Jesús fue condenado a muerte por blasfemia sin motivo legítimo, siendo la encarnación misma de la divinidad, la bondad y la pureza. Durante su ministerio, Jesús tocó, sanó y rescató a muchas almas de su miseria, lo cual fue visto como un problema por el Sanedrín, la "Mano Oculta". Cuando Jesús proclamó ser el Hijo de Dios, esta fue la gota que colmó el vaso para el Sanedrín y los gobernantes romanos. Jesús siempre supo que los llamados líderes religiosos, los fariseos y saduceos, eran agentes manipulados del Sanedrín, el cual, a su vez, era una agencia manipulada por el gobierno secreto de Satanás, la Hermandad Luciferina.

Evidentemente, Jesús se convirtió en el mayor enemigo del Sanedrín, que ordenó su muerte por crucifixión, el método romano de ejecución capital. Este es otro ejemplo de la conexión entre los poderes de Roma y el Sanedrín, el gobierno secreto durante el Imperio Romano. Para ellos, Jesús había cometido blasfemia. En realidad, fueron ellos, el Sanedrín, quienes blasfemaron. Cuando el mensajero de la luz, que vino a mostrar una mejor manera de vivir a la humanidad, fue ejecutado bajo las mismas prácticas y esquemas que habían dominado Babilonia. Esta segunda Babilonia, o el Imperio Romano, demostró cada elemento luciferino desde su origen. El Imperio Romano se basaba en un sistema oligárquico, similar a Babilonia, con un gobierno provincial que dividía Mesopotamia entre diversos gobernadores bajo el control absoluto del emperador. Esta nueva Babilonia era, en esencia, la misma entidad bajo un nombre y una fachada diferentes. A medida que el imperio crecía y se fortalecía, se convirtió en el vehículo perfecto para la Hermandad Oscura, diseñado para someter al mundo bajo su control total.

La agenda oculta de dominación global estaba dirigida por un gobierno secreto. No obstante, un suceso significativo cambió la dirección del mundo. Este evento fue un catalizador para el cambio, especialmente cuando el nuevo Imperio Romano, bajo la dirección de un gobierno oculto luciferino, estaba sometiendo al mundo bajo su dominio absoluto. Herodes, el gobernador de Judea, también estaba bajo el dominio romano. Así como Sócrates representó una amenaza para los luciferinos 500 años antes en Grecia, Jesús el Cristo se convirtió en una amenaza considerable para este nuevo régimen del Imperio Romano.

Las alusiones a la "Mano Oculta" en la Biblia se encuentran en la Versión King James, donde Jesús menciona la "Mano Oculta", el Sanedrín, refiriéndose al gobierno secreto de la Hermandad Luciferina que controla el mundo. Jesús estaba consciente de sus adversarios, pero los veía como almas perdidas que necesitaban amor, por lo cual introdujo el mandato de amar a los enemigos. Sin embargo, numerosos pasajes bíblicos en la versión King James donde se menciona la "Mano Oculta" han sido eliminados de las biblias actuales.

Religiosos fanáticos abiertamente poderosos, como los fariseos y saduceos, también eran agentes manipulados de la Hermandad secreta luciferina de la Serpiente. Así como la Hermandad Oscura controlaba a los sofistas en tiempos de Sócrates, los fariseos eran controlados por los poderes superiores a los que Jesús se refirió como el Sanedrín, la "Mano Oculta", o la sinagoga de Satanás, los déspotas que gobernaban Roma.

En definitiva, la nueva Babilonia, el Imperio Romano, se convirtió en la fuerza más dominante del mundo antiguo conocido y fue capaz de someter al resto del mundo bajo su imperio, manifestando la agenda luciferina.

Sin embargo, la llegada de Jesús en el momento perfecto cambió el rumbo del mundo, impidiendo que este cayera completamente bajo la agenda luciferina a través del Imperio Romano. Además, otros factores contribuyeron al colapso del Imperio Romano. El primero fue la significativa cantidad de seguidores que Jesús dejó a su paso. Originalmente conocidos como los seguidores del Camino, los Nazarenos de la comunidad Esenia, los primeros cristianos enfrentaron la persecución del Imperio Romano. Fueron lanzados a los leones como entretenimiento para los emperadores y masacrados en grandes números. Sin embargo, pese a las masacres, una gran cantidad de personas de todas las clases sociales, especialmente los pobres, se convirtieron a los principios que Jesús había enseñado.

El mensaje de una fraternidad universal basada en el amor incondicional se esparció como un reguero de pólvora, creando un gran problema para el Imperio Romano, que luchaba por mantener su dominio intacto. Esto afectaba al gobierno romano y sus religiones, basadas en la adoración al sol y en teologías politeístas, un reflejo de la misma idolatría religiosa practicada en Babilonia. Al parecer, los seguidores del Camino causaron una gran agitación en Roma.

En segundo lugar, el principal factor que evitó que el mundo cayera bajo la agenda de conquista luciferina del Imperio Romano fue el saqueo de Roma por lo que los libros de historia consideran tribus bárbaras del Norte, como los vikingos y los nórdicos. En realidad, estas tribus que contribuyeron al colapso de Roma fueron algunas de las diez tribus perdidas del antiguo Israel. Diez de las doce tribus de Israel nunca se perdieron; algunas viajaron al este, hacia el Tíbet, otras a regiones conocidas como Rusia y las Islas Británicas. Una tribu de Fenicia, 600 años antes de Cristo, incluso cruzó el Atlántico hasta las Américas, 2.100 años antes de Colón. El resto migró hacia el norte tras la caída de Grecia para escapar de la corrupción que se avecinaba con el Imperio Romano.

Dios permitió que las tribus perdidas, solo desaparecidas del mundo antiguo conocido, resurgieran posteriormente y sirvieran como un golpe decisivo contra el intento de la Hermandad Oscura de dominar el mundo. Es importante señalar que, aunque el control de la Tierra fue cedido temporalmente a las fuerzas de Lucifer, Dios sigue siendo el autor final de lo que sucede, ya que estamos bajo un plan divino, y por tanto, incluso los poderes del mal tienen sus límites. En realidad, Dios sabía de antemano sobre el poder futuro de Roma como una herramienta luciferina y permitió que las tribus perdidas desaparecieran durante unos siglos, no solo para preservarlas, sino para que pudieran ser los ejércitos desconocidos que llevaron a Roma a su colapso inevitable.

Con el colapso de Roma, la Hermandad secreta de los Luciferinos comprendió que sus planes de dominación global habían sido frustrados nuevamente. Se dieron cuenta de que necesitaban formular una nueva estrategia para continuar con su agenda secreta de sometimiento total del mundo y su gente bajo un sistema totalitario de control absoluto. De inmediato, la inteligencia de la Hermandad secreta comenzó a manipular las circunstancias a su favor para seguir con el plan luciferino. Con una planificación precisa y conspiración efectiva, la nueva solución emergió cuando la "Mano Oculta" transformó el caído Imperio Romano en una nueva estructura de poder central universal de control.

Dado que muchos seguidores cristianos del Camino estaban emergiendo en gran número, creando un gran impulso durante los días de Roma, la jerarquía de la Hermandad secreta decidió convertir la situación en una ventaja. Se podría decir que la "Mano Oculta" hizo que los Césares de Roma cambiaran rápidamente sus togas por túnicas y vestiduras religiosas. A través de la sinagoga de Satanás, individuos fueron entrenados, incluyendo a Constantino, quien estableció la segunda Babilonia, una religión universal organizada con un dogma de control muy centralizado, similar al primer sistema religioso babilónico en el 3400 a.C.

Esto marcó uno de los mayores engaños y encubrimientos de la historia. El establecimiento de la iglesia católica romana universal fue creado como una imitación de la iglesia cristiana por la Hermandad Oscura para continuar, de manera encubierta, con su agenda de dominación global bajo el disfraz de religión. Esta institución se convirtió en una réplica exacta de la religión babilónica antigua, con una agenda política y económica general y como un vehículo para suprimir las grandes verdades sobre nuestra conexión con el reino espiritual. Por esta razón, la religión dogmática siempre ha utilizado al clero como un intermediario entre el hombre y Dios, cuando en realidad cada hombre y mujer tiene la capacidad de conectarse directamente con lo divino. Esta verdad, largamente oculta, se encuentra en el centro del verdadero cristianismo o de cualquier organización espiritual auténtica.

El año 325 d.C. marcó una resolución de la comunidad de obispos secretos controlados por el gobierno, todos ellos instruidos por la institución de la Bestia, Babilonia. La personificación del Anticristo manipuló el Concilio de Nicea justo después de que establecieran el Edicto de Milán, surgido de las cenizas del imperio romano caído. Esta nueva institución se convirtió en una combinación de las viejas prácticas babilónicas, utilizando los mismos métodos y estructuras pero bajo un nombre diferente. Jesús fue transformado en el nuevo Apolo, como Baal en Babilonia, razón por la cual su cumpleaños fue trasladado al 25 de diciembre, cuando cualquier estudioso está de acuerdo en que nació en algún momento de la primavera. María, la Santísima Virgen, tomó el lugar de Venus Semiramis de Babilonia, la Madre y esposa de Baal, implementando las mismas prácticas de la religión romana Saturnalia.

Desde tiempos remotos, los babilonios habían corrompido el verdadero significado de los antiguos misterios para ajustarlos a su agenda de obtener control absoluto sobre el planeta. Ya en Babilonia, manipularon el verdadero significado de la espiritualidad religiosa desde su forma original hacia un sistema de control basado en el modelo politeísta que los luciferinos han utilizado durante siglos, hasta la organización de la iglesia romana. En este punto, la Hermandad Oscura reemplazó el modelo politeísta con el concepto monoteísta y lo pervirtió para que se ajustara a su agenda como una nueva religión de estado, continuando el plan oculto del imperio romano caído. El verdadero concepto del monoteísmo fue distorsionado y tergiversado por el gobierno secreto para consolidar el poder del control espiritual sobre un solo hombre, el Papa, estableciendo así la sucesión apostólica de los sacerdotes.

La Iglesia Romana no fue más que una continuación de las antiguas prácticas exotéricas de las enseñanzas caídas conocidas como Saturnalia, que dominaban Roma.

Saturnalia, el sistema religioso de idolatría originado en Babilonia, fue reinstaurado bajo el disfraz del Cristianismo, convirtiéndose en una poderosa herramienta para la Hermandad Luciferina cuando la Santa Iglesia Romana asumió el poder. Además, esta institución, presentándose como una Iglesia de Cristo, era en realidad una iglesia impostora que consolidaba todas las religiones de Roma sin ningún principio espiritual. Esto es precisamente lo que Jesús quiso decir cuando advirtió sobre la llegada de falsos profetas que vendrían en su nombre y engañarían a muchos, refiriéndose a la sucesión apostólica de los papas. En este contexto, resulta lógico que el primer lobo con piel de cordero se convirtiera en el nuevo pontífice, ya que este nuevo vehículo había creado uno de los mayores engaños y encubrimientos del mundo, sin mencionar la sangre derramada de millones.

En el Apocalipsis, esta institución es considerada como la ramera de la Tierra, la Madre de todas las abominaciones. El autor e investigador Alexander Hislop presenta pruebas que sugieren que la Santa Iglesia Católica Romana es, en efecto, la segunda Babilonia, la Madre de todas las abominaciones. Técnicamente, el Imperio Romano fue la segunda Babilonia, y la Santa Iglesia Católica Romana se convirtió en la tercera Babilonia. Tal vez la Unión Europea de hoy sea la cuarta y última Babilonia. En este contexto, podemos concluir que la jerarquía de la sucesión apostólica fue un fraude; los pontífices han sido utilizados como falsos profetas por la Hermandad Luciferina. La historia ha demostrado claramente que sus acciones han sido de naturaleza maligna. Pedro nunca fue el primer papa de Roma; de hecho, los romanos lo mataron en Jerusalén, y allí fue enterrado. Según las revelaciones de Yah, fue Simón el Mago quien se volvió instrumental en la organización de esta nueva religión.

Esto es comprensible si consideramos que la sinagoga de Satanás está controlada por una comunidad de hechiceros que siguen los caminos de Cam.

Por tanto, a pesar de lo que se ha enseñado, es crucial entender que la Santa Iglesia Católica Romana fue creada por la sinagoga de Satanás, la Hermandad de la Serpiente, que sigue las directrices de una comunidad de hechiceros que han sido consejeros del Papa desde sus comienzos. Este es, una vez más, un régimen encubierto diseñado por los luciferinos para gradualmente someter al mundo bajo su control total tras la caída de Roma. Con esto en mente, es importante destacar que fue Constantino quien se convirtió en el primer papa, no

Pedro, el Apóstol de Cristo. A la luz de nuevas revelaciones, fueron Santiago el Justo, hermano de Jesús, y Juan el Profeta quienes recibieron instrucciones del maestro para difundir el mensaje del amor. Con el establecimiento de esta iglesia de imitación, la Hermandad Oscura comenzó de nuevo el proceso de someter al mundo bajo dominación total, comenzando por Europa y luego el resto del mundo, manifestando su antiguo plan de tiranía absoluta.

Lo cierto es que desde la creación de esta institución, el mundo ha experimentado algunas de las realidades más dolorosas y sufridas conocidas por la humanidad. Torturar y matar en nombre de Dios se convirtió en el nuevo holocausto de la "Mano Oculta", los agentes que crearon el término "hereje" como pretexto para asesinar a los inconversos. Además, la Hermandad Oscura, a través de esta institución, logró una vez más suprimir todo cuerpo de conocimiento, incluyendo la ciencia, las matemáticas y las artes, que habían sido promovidos durante la era helenística por Alejandro Magno. La Edad Media se extendió por 1.300 años, hasta la llegada de la Reforma en el siglo XV. Durante este período oscuro, cualquiera que mostrara genio o talento era eliminado inmediatamente, ya que constituía una amenaza para la nueva Babilonia, el papado, que se veía a sí mismo como el único intermediario entre la humanidad y Dios. Esto perpetuó una falsa teología basada en el control a través del miedo, un sistema que solo podía existir dentro de las estructuras proporcionadas por las fuerzas oscuras.

La era de la información está sacando a la luz pruebas sustanciales sobre los atributos satánicos y la corrupción detrás de la mayoría de los papas, especialmente los primeros cinco, quienes han sido documentados como los más corruptos en la historia de su existencia. También se ha revelado que

Constantino mató a su propia madre para silenciarla, ya que ella había descubierto el engaño de esta nueva religión de estado, impulsada por la pura maldad y el interés político y económico, no por la espiritualidad. Muchos investigadores también han descubierto que Constantino era un devoto del culto al Sol Invictus, que dominaba la religión en Roma como la versión oculta de la corrupta Saturnalia luciferina. Algunos creen incluso que la Iglesia Romana fue una continuación de Saturnalia Sol Invictus, usando el nombre de Cristo. Otra teoría sugiere que la Iglesia Romana se convirtió en una fusión de las muchas religiones que existían en Roma en aquellos días para apaciguar a todas las religiones rivales mientras las ponía todas bajo un control universal.

Mientras los papas eliminaban todas las formas de espiritualidad y metafísica y ejecutaban a cualquiera sospechoso de prácticas espirituales, en secreto se guiaban por la brujería, la magia negra y el ocultismo. No obstante, era evidente que estos conocimientos eran empleados con propósitos siniestros. Los papas, al igual que los emperadores romanos, se transformaron en instrumentos del gobierno en las sombras, deleitándose con el poder. A pesar de que algunos papas ambiciosos buscaban el poder personal, otros creían sinceramente estar sirviendo a Dios. Así, justificaban el asesinato en nombre de lo divino, a pesar de transgredir la mayoría de los Diez Mandamientos. Dado que lidiamos con fuerzas y principados que trascienden nuestro mundo, es posible que estuvieran bajo un hechizo o una forma de posesión a través de la magia negra de los hechiceros que dirigían esta corrupta institución religiosa.

Sumado al gran engaño que se impuso sobre la humanidad, los fundadores de la nueva Iglesia católica utilizaron el término "católica", que significa universal, para fijar en la mente de las personas que no debería existir otra iglesia más que esta. La doctrina universal estableció un dogma absoluto, permitiendo a estos falsos poderes obtener eventualmente un control total del mundo mediante la religión. Las consecuencias de esta institución se manifestaron en la eliminación de verdaderos santos, místicos y millones de lo que se etiquetó como herejes, todos asesinados en nombre de Dios. Este sistema dio lugar a las inquisiciones que conocemos hoy.

Desde su nacimiento, cualquier práctica incompatible con la nueva fe universal fue destruida. Por ejemplo, los grupos espirituales conocidos como los gnósticos, que creían en una conexión directa con lo Divino, ejemplificada por Jesús, fueron condenados como herejes y se convirtieron en los primeros mártires de una inquisición que duró siglos, cobrando millones de vidas. Hoy es evidente que esta Hermandad Oscura no solo mató a millones en nombre de Dios, sino que realmente lo hacía en nombre de Satanás. La ignorancia se convirtió en la mayor arma contra la humanidad, y la Iglesia Romana, la nueva Babilonia, se convirtió en un instrumento para la destrucción de registros antiguos y la supresión del conocimiento, incluyendo ciencias como la matemática, la medicina y la astronomía.

Estos saberes fueron eliminados nuevamente de la circulación por esta Hermandad Oscura. Se sabe que incluso destruyeron una de las bibliotecas más antiguas del mundo, que contenía información anterior al diluvio: la Biblioteca de Alejandría. La Hermandad Oscura sabía que si lograban borrar todo conocimiento por medio de la ignorancia, las personas del mundo se verían obligadas a someterse al control de la iglesia. Esta fue la razón por la que el mundo fue arrojado a las edades más oscuras registradas en la historia.

Esta iglesia perversa, al igual que en Babilonia, controlaba a la gente a través del miedo. El temor al infierno se predicaba como un medio para someter a cada alma. Desde el año 325 DC, la Iglesia Universal entendió que, al centralizarse y establecer un dogma rígido bajo la apariencia de una religión benéfica, podían controlar a todos los nuevos reinos emergentes que luego se convirtieron en monarquías europeas.

La región europea, históricamente, fue el primer gran territorio que la hermandad luciferina intentó dominar por completo desde que su poder se originó en Mesopotamia. Argumentaban que el papa era el representante de Cristo en la Tierra, por lo tanto, bajo mandato divino, todos los monarcas debían ser católicos y someterse al papa. A cambio, se les concedía un territorio para gobernar. Como en Babilonia y Roma, esto instauró un gobierno provincial donde los nuevos monarcas gobernaban bajo la autoridad del papa, el nuevo César. Durante siglos, las monarquías estuvieron bajo el control papal absoluto. Hoy sabemos que la Edad Oscura se prolongó debido a este control centralizado y la erradicación del conocimiento, reservando la educación solo para el clero. Este estricto sistema educativo es una característica central de la agenda luciferina.

Durante siglos, este movimiento de la Hermandad Oscura llevó al mundo al temido período conocido como la Edad Oscura, donde los Luciferinos resucitaron un gobierno feudalista. Los señores designados por los papas se convirtieron en la aristocracia del nuevo mundo. Este sistema corrupto permitió que solo unos pocos vivieran en opulencia, mientras la mayoría sufría en la pobreza extrema durante la Edad Oscura. Los monarcas, bajo el control espiritual del papa, demostraron ser tiranos en la Europa medieval.

Los monarcas proporcionaban ejércitos al papa para las Cruzadas e inquisiciones, reforzando el poder papal. La promesa era que los soldados que murieran por la fe tendrían entrada al Cielo. Está claro que este nuevo orden dominó la Europa temprana a través del miedo al infierno. En el Génesis se afirma que Dios creó los Cielos y la Tierra, no el infierno, y que solo la iglesia podía salvar a la humanidad de este destino. Se entendía que para alcanzar el Cielo era necesario seguir todos los mandatos de la Iglesia y confesar los pecados a los sacerdotes. Esta doctrina, similar a las religiones idolátricas de Babilonia, se aplicó de nuevo en la Iglesia Romana. La idea de un infierno eterno de sufrimiento era un medio para subyugar a las masas, y esta falsa teología tenía raíces babilónicas. Cualquier persona espiritualmente consciente entiende que el concepto de infierno fue tergiversado por las doctrinas de la iglesia.

Además, como seres espirituales inmortales de luz, ningún fuego puede destruir nuestra esencia. Hoy, con los avances en la física cuántica, sabemos que la energía no se destruye; solo se transforma. Nuestro espíritu, una forma de energía inmortal, es indestructible. Solo su envoltura exterior es perecedera. Lamentablemente, esta doctrina ha dominado el cristianismo hasta hoy, no solo en el catolicismo sino también en el protestantismo que heredó sus enseñanzas. En aquellos tiempos, sin embargo, no se conocía la física cuántica.

En este contexto, es significativo que la Hermandad Oscura haya malinterpretado el conocimiento superior durante los tiempos de Nimrod y fabricara una condenación literal, impartiendo miedo en lugar de paz y serenidad, como lo hacía la iglesia original antes de ser corrompida por influencias babilónicas.

En la Europa medieval, el miedo a la condenación eterna dominaba las monarquías. Por ejemplo, hubo un momento en que ciertos monarcas intentaron liberarse del control absoluto de la iglesia. El papa de la época falsificó un documento, la Donación de Constantino, para asegurar su control sobre los reinos europeos que intentaban escapar de su dominio. Durante siglos, no hubo progreso literario ni científico, solo una concentración de poder en la Iglesia Romana, el nuevo vehículo luciferino.

Las inquisiciones y purgas históricas llevadas a cabo por esta institución buscaron asegurar el dominio total, no solo de Europa sino del mundo, cumpliendo así el juramento de Nimrod y su ancestro Ham. La historia durante la Edad Oscura es escasa, ya que no había escritura ni documentación. Solo hubo sufrimiento y tortura, alineando al mundo con la agenda luciferina mediante la religión y la ignorancia como armas.

En este punto, otro acto divino estaba en marcha para contrarrestar el tercer intento de dominación mundial de Babilonia. Cualquiera con sentido común podría ver que el mundo entero habría caído bajo el dominio del papa, el supuesto Anticristo, de no ser por otra intervención divina que inspiró la Reforma y el Renacimiento a finales del siglo XIV.

# Capítulo 6: La Reforma, el Renacimiento y la Contrarreforma

Al igual que las fuerzas de la luz protegieron a las diez tribus originales de Israel, también se convirtieron en el motor impulsor de la Reforma que debilitó el dominio espiritual del Sacro Imperio Romano. Este movimiento histórico, conocido como la Reforma Protestante, trascendió su carácter religioso. La Reforma del siglo XV representó un esfuerzo de las fuerzas de la luz para escapar de la Edad Oscura y avanzar hacia una era de conocimiento y alfabetización.

Este cambio trascendental se gestó a través de órdenes positivas y sociedades secretas que se opusieron a la Hermandad Oscura. Este acontecimiento no solo mermó el poder del Papado, sino que también abrió las puertas al Renacimiento, la Revolución Científica y la Ilustración, liberando al mundo de un prolongado período de tinieblas hacia una era de resurgimiento del conocimiento. Por primera vez, las personas comenzaron a leer la Biblia, lo que les permitió interpretar las enseñanzas veladas sin la intervención del clero y la jerarquía eclesiástica.

Monarcas como Jaime I y Enrique IV de Francia aspiraban a transformar la monarquía en un sistema parlamentario que eventualmente evolucionaría hacia una república, siguiendo el modelo de la antigua Grecia. Además, la Reforma no solo preparó el terreno para la libertad religiosa a través de figuras como Guillermo de Orange, Cromwell y Saint Coligny, sino que también permitió que el concepto de una república soberana y el bien común emergieran tras siglos de represión.

Sin la Reforma del siglo XV, los ideales de libertad y conocimiento jamás habrían florecido; la Hermandad de las Tinieblas habría prevalecido, y el mundo libre nunca habría existido. Este movimiento no solo cambió el curso de la historia, sino que fue también otro acto divino para frustrar el complot de la Hermandad Oscura de alcanzar la dominación global mediante la emulación de la Iglesia de Roma.

Sin embargo, la Hermandad no estaba dispuesta a rendirse. Al igual que en Babilonia y Roma, desarrollaron un nuevo plan para conservar su poder tanto en el ámbito espiritual como temporal. En este punto, la Hermandad Oscura adoptó una nueva dirección, evolucionando en una orden militar que continuó la existencia de la sinagoga del mal, que estaba perdiendo su control a raíz de la Reforma. Esta vez se volvieron más sofisticados y técnicos.

Después de años de planificación, crearon otra orden militar para contrarrestar la Reforma. Esta renovada sinagoga del mal se convirtió en el núcleo moderno de la bestia, con el propósito de asegurar sus planes de dominación global. En el proceso, la Hermandad Oscura promovió la creación de una figura clave en la nueva organización, que allanaría el camino para continuar las inquisiciones y mantener su búsqueda de poder mundial, lo que muchos identificaron como el surgimiento de la Nobleza Negra en Europa.

Dado que la Reforma puso fin al control espiritual absoluto de la Hermandad Oscura sobre la humanidad, esta, a través de su nueva orden militante, formuló otro plan para dar a los descendientes de Nimrod el control sobre la humanidad e instalar su linaje en el poder, tal como se había prometido hace milenios. Levantaron a una figura concebida como el segundo reich Anticristo, siguiendo a Constantino como el primer reich. Este segundo reich fue Ignacio De Loyola, un mago que ya estaba involucrado en una sociedad secreta notoria en España conocida como los Alumbrados, que más tarde se conocería como los Illuminati. Loyola se convirtió en el elegido por el gobierno en la sombra de entonces para liderar la continuación de la dominación global como el líder de la nueva Hermandad Oscura: los jesuitas.

La Hermandad Oscura, bajo la guía de Ignacio de Loyola, estableció una sociedad secreta que lanzó un contraataque a la Reforma, desmantelando la revolución protestante en Europa. Posteriormente, se utilizó para desarrollar un nuevo vehículo que proporcionó a los Luciferinos nuevas tácticas y habilidades para retomar el control del mundo, ya que estaban perdiendo su influencia espiritual y temporal sobre la humanidad. Esta vez, en lugar de usar la religión como una fachada, desarrollaron otra estrategia. Esta sociedad secreta se convirtió en el vínculo perdido entre "La Mano Oculta" de Roma y los Illuminati modernos. Este nuevo frente, concebido por Loyola, se conoció como los Jesuitas, y son considerados el núcleo del Nuevo Orden Mundial actual.

Durante los siguientes dos siglos, el Concilio de Trento del Vaticano consolidó la orden militar internacional de los Jesuitas, que condenaron cualquier forma de libertad en Europa. Aunque la Reforma trajo rupturas políticas y religiosas, los siglos siguientes se convirtieron en un periodo tumultuoso debido a la nueva y renovada mano oculta conocida como los Jesuitas. A lo largo de este tiempo, hubo múltiples intentos en Europa por restaurar la antigua República Constitucional de la Grecia Clásica, como la practicada por Solón de Atenas, pero todos resultaron infructuosos debido a que la nueva orden de Loyola era una constante fuente de discordia en Europa.

Este nuevo vehículo de poder impidió cualquier forma de democracia o libertad, enfrentándose directamente a la Reforma. Esto desató las primeras guerras europeas, comenzando con la expulsión de los judíos en España. Los monarcas se dividieron; sabemos que Jaime I, Enrique IV y Luis VI intentaron promover un cambio hacia un mundo mejor como resultado de la Reforma, tratando de liberar a Europa del dominio de la oligarquía católica. Sin embargo, algunos monarcas se aliaron con los jesuitas y el Papa, infligiendo una guerra devastadora a Europa para resucitar el Sacro Imperio Romano Germánico.

Desde finales del siglo XV, el Papa hizo imposible la coexistencia de otros grupos religiosos en Europa. Tras varios conflictos, la orden jesuita de Loyola intensificó la situación, llevando a Europa a lo que se conoció como la Guerra de los Treinta Años, de 1618 a 1648. Según la obra histórica de Ridpath, publicada en 1899, los verdaderos culpables de estas guerras fueron los jesuitas, quienes buscaron frenar la Reforma. Fueron la fuerza motriz detrás de cada conflicto, fomentando estas guerras para detener el avance de las nuevas ideas reformistas.

Estas guerras fueron devastadoras, resultando en la muerte de millones de personas, como señala el investigador John Eric Phelps. Afortunadamente, esas guerras culminaron con la victoria del Rey de las Nieves de Suecia, Gustavo Adolfo, quien derrotó a las fuerzas jesuitas comandadas por Wallenstein y Tilly. Esta victoria temporal permitió la firma del Tratado de Westfalia, que puso fin a las guerras religiosas y políticas impulsadas por los jesuitas. Además, fue la orden jesuita la que eliminó a las figuras que promovieron la libertad religiosa y política en Europa, como Guillermo de Orange, Enrique IV, Oliver Cromwell y Saint Coligny.

Los jesuitas también estuvieron implicados en la Conspiración de la Pólvora de 1605 y en intentos de destruir los escritos de William Howitt, quien documentó la historia del sacerdocio. Sus escritos revelan la verdad sobre la orden jesuita y su esfuerzo por derrocar a los defensores de la libertad. También fueron responsables de la Masacre Irlandesa, que duró casi una década, y de la muerte de medio millón de franceses tras el Edicto de Nantes. Muchas personas prominentes, incluyendo futuros presidentes de los Estados Unidos, cayeron víctimas de los jesuitas.

La estructura de poder de este grupo se sostenía en un líder siniestro conocido como el Papa Negro, título derivado del control secreto del Papado. Desde sus orígenes, los papas han sido manipulados por la sinagoga del mal. Ignacio de Loyola, considerándose a sí mismo el primer Papa Negro de la nueva Hermandad Oscura, continuó esta tradición.

Los miembros de esta sociedad secreta debían someterse a rigurosos ejercicios espirituales impuestos por Loyola. Aquellos que se unían a los jesuitas se sometían a estos ejercicios para convertirse en soldados eficaces de la nueva orden militar. Aunque algunos registros históricos los presentan como otra orden religiosa dentro de la Iglesia Católica, en realidad eran una despiadada organización militar clandestina, un poder que no solo controlaba el Vaticano sino que también impulsaba la agenda luciferina hasta nuestros días.

Según las investigaciones de John Eric Phelps, eliminaban a cualquier Papa benevolente o monarca que se opusiera a su estructura de poder oligárquico centralizado bajo el Vaticano. Inicialmente, como sociedad secreta, eran considerados peligrosos por algunos monarcas debido a sus siniestras intrigas y, como resultado, fueron expulsados repetidamente. No obstante, siempre regresaban con más fuerza, como si estuvieran guiados por fuerzas sobrenaturales. Recordemos la advertencia bíblica: "No estamos en guerra contra carne y sangre, sino contra poderes y principados de otros mundos."

La Sociedad de los Jesuitas, en su nivel más alto, estaba compuesta por hechiceros guiados por fuerzas oscuras, como se menciona en las escrituras. Originalmente una organización pequeña, rápidamente se expandió a miles de miembros. Loyola estructuró la orden de manera piramidal, donde solo ciertos jesuitas de alto rango tenían acceso al Papa Negro, mientras que los demás operaban en niveles compartimentados, recibiendo órdenes de los superiores. Esta es la misma estructura que los Jesuitas establecieron para los Illuminati, una extensión de su orden.

Los jesuitas profesos, los más altos en la jerarquía de lo que se conoció como la conspiración global del mal, recibían regiones específicas del mundo para gobernar en nombre del Papa Negro. Estos jesuitas actuaban como generales menores para el consejo interno de la orden, compuesto por hechiceros en los círculos más íntimos del Papa Negro. A cada nivel de la jerarquía se le asignaban tareas específicas, siguiendo las directrices de los superiores. De esta manera, el Papa Negro comandaba un ejército de miles de hombres.

Desde tiempos antiguos, estos grupos oscuros desarrollaron un poder tan fuerte y secreto que lograron infiltrar no solo gobiernos y religiones, sino también otras sociedades secretas como los Francmasones, que originalmente fueron una sociedad benéfica creada por los Caballeros Templarios, antes de ser infiltrados por los jesuitas a través de los Illuminati.

La orden masónica tiene raíces profundas que se extienden hasta el antiguo Egipto. Se cree que nació con Ptah, el gran arquitecto original responsable de las pirámides y la esfinge. Bajo su guía, los primeros constructores de piedra erigieron templos antiguos, y él fue considerado el mentor espiritual del bíblico Enoc, reconocido como el arquitecto de las primeras pirámides. Enoc adquirió su conocimiento de las antiguas escuelas de misterios que existieron en el mundo antiguo antes de la llegada de la decadencia babilónica. Los primeros masones utilizaron el arte sagrado de la geometría divina, transmitido por Enoc, el iniciador de la luz eterna y maestro en el arte de la geometría sagrada.

Enoc, conocido también por los griegos como Hermes Trismegisto, contribuyó a la construcción de templos y ciudades en diversas tierras. Los constructores que él instruyó fueron llamados los arquitectos dionisíacos, quienes levantaron los grandes templos de la antigua Grecia. La orden masónica original surgió como una rama de la gran hermandad blanca, desempeñando un papel clave no solo en el arte sagrado de la edificación de templos, sino también como guardianes del saber antiguo y representantes de la luz en la Tierra, enfrentándose a la Hermandad Luciferina de la serpiente.

Estas órdenes de la luz jugaron un papel fundamental en la conservación del conocimiento antiguo, abarcando no solo la arquitectura y construcción, sino también el saber superior de la geometría sagrada y otros trabajos esotéricos de la tradición secreta, legado por Enoc, el primer gran revelador del conocimiento sagrado. La dirección de estas órdenes cambió en tiempos de Salomón, cuando el hierofante Hiram Abiff falleció en circunstancias misteriosas. Algunos interpretan su muerte como un símbolo de su incapacidad para alcanzar la ascensión espiritual definitiva, una culminación necesaria para integrar el cuerpo físico con la Luz Espiritual. Debido a esto, la orden quedó sin las claves finales para alcanzar el Lakh Boymer, que representa el pináculo de la ascensión.

Otra hipótesis sugiere que Hiram debía encontrarse con tres iniciados de alto rango, incluido Salomón, para completar la última clave del Lakh Boymer, el nivel supremo de iniciación previo a la divinidad humana. Cada uno de ellos poseía una parte de la solución, pero, según esta versión, Salomón fue consumido por la codicia y, en alianza con otro rey, conspiró para eliminar a Hiram Abiff y proclamarse el supremo líder de la orden y el hombre más sabio del mundo.

Se dice que la orden no fue la misma tras los días de Salomón y quizá se desvaneció hasta que fue revivida por un grupo de descendientes gnósticos, vinculados a la sagrada orden de los esenios, de la cual Jesús formaba parte. Estos continuaron practicando en secreto a lo largo de la Edad Media, preservando el antiguo saber y la sabiduría, incluyendo el neoplatonismo y las matemáticas pitagóricas. Gracias a este secretismo, las órdenes justas de la luz sobrevivieron durante estos tiempos oscuros.

En la Europa medieval, los precursores de los masones eran conocidos como los artesanos del Gremio de la Piedra. No fueron perseguidos durante la Inquisición porque su conocimiento arquitectónico era esencial para la construcción de catedrales, templos y palacios. Los masones del Gremio de la Piedra fingían ser devotos católicos para engañar al Papa, mientras secretamente planificaban debilitar la influencia de la Iglesia sobre Europa. Además, fueron protegidos por otra orden de la luz conocida como los Caballeros Templarios.

Con el tiempo, los constructores del Gremio de Piedra evolucionaron hacia las logias modernas que se conocieron como la Logia Azul en Escocia. Esta Logia Azul de la Francmasonería se dedicó a los principios de libertad, búsqueda del conocimiento e intercambio filosófico. Con el apoyo de los Rosacruces, otra orden de la luz guardiana del conocimiento antiguo, la Logia Azul se convirtió en la fuerza motora detrás del surgimiento del mundo libre.

La República soberana moderna de América, como en otros momentos del pasado, enfrentó la infiltración jesuita en las logias europeas de los masones a través de un poderoso oligarca, Federico el Grande, un jesuita que se infiltró en la masonería como parte de un plan orquestado por los jesuitas.

Bajo su control, los jesuitas se convirtieron en los maestros de la orden durante su supresión por un Papa conocido como Ganganelli, quien secretamente trabajaba para los Caballeros Templarios. Esta represión provocó la creación del rito escocés y un intento de dividir la masonería.

Con la infiltración jesuita, las logias masónicas se corrompieron, excepto aquellas que mantuvieron en secreto su lealtad a la Logia Azul. Bajo la dirección del Papa Negro, figuras poderosas como Federico el Grande y el rey Jorge III se alinearon con los jesuitas para evitar que Europa experimentara la libertad.

Ante el fracaso de establecer una mancomunidad en Europa, las fuerzas de la luz comenzaron a enviar emisarios al Atlántico a finales del siglo XIV. Los remanentes de los Caballeros Templarios, que buscaron refugio en Escocia bajo los St. Clair y otros descendientes de la familia Rex Duex del Santo Grial, intentaron infructuosamente establecer una República en Europa. Sin embargo, este sueño se materializó en América cuando los padres fundadores establecieron la República constitucional. Los St. Clairs y sus aliados no lograron su objetivo en Europa debido a la influencia de los oligarcas controlados por los jesuitas, quienes bloquearon todos los intentos de establecer una república en la región.

Afortunadamente, el mundo libre se estableció gracias a los esfuerzos de todas las órdenes positivas de luz que permanecieron ocultas. La principal orden detrás del mundo libre fue la de los Rosacruces, los Caballeros Templarios y la facción de la Logia Azul de los Francmasones en América, que resistió la corrupción jesuita. Miembros notables de las logias originales no corrompidas incluyeron a John Hancock, George Washington, Madison y Jefferson. Esto fue posible gracias a que siglos antes, un grupo de los Caballeros Templarios escapó de la persecución de la Iglesia Romana durante la Inquisición de 1307 y protegió el proyecto de la República soberana bajo la apariencia de varias órdenes de caballería.

Los padres fundadores, que legaron el mundo libre, eran hombres ilustrados en la orden Rosacruz y eruditos en la fraternidad universal y la verdad. Hubo numerosos intentos previos a 1776, como la lucha por la independencia de la Colonia de la Bahía de Massachusetts en 1650. Durante siglos, el mundo careció de una verdadera República y libertad hasta 1776, lo que representó un gran triunfo para la Hermandad de la Luz y un revés significativo para la Hermandad Oscura.

Mientras las buenas órdenes trabajaban en el Nuevo Mundo para instaurar la libertad, los jesuitas y su infiltración en las logias masónicas europeas, a través de Federico el Grande, preparaban un nuevo método que conduciría al mundo hacia la agenda de poder absoluto. La Hermandad Oscura sabía que la batalla por el dominio religioso en Europa se había perdido debido a la Reforma, el Renacimiento, la Revolución Científica y la fundación de la República en América. Los jesuitas planificaron entonces un nuevo enfoque para contrarrestar la llegada de la República y destruirla desde dentro. En este contexto, la Hermandad Oscura realizó otro movimiento que afectó profundamente el curso del mundo, resultando en la actual injusticia económica. Este nuevo método se convirtió en una extensión de la orden jesuita, estableciendo un control global no solo en Europa, sino en todo el mundo.

El control a través de la religión, como ejemplificado por la Iglesia Romana, ya no era viable para la Hermandad

Luciferina, por lo que cambiaron su enfoque, como lo hicieron tras el colapso del Imperio Romano. Su dominio pasó del control religioso al económico, instaurando sistemas bancarios centrales bajo la dirección de los jesuitas y sus aliados, los Rothschild. Este nuevo método no solo buscaba retomar el control del mundo, sino también garantizar la influencia jesuita sobre las logias masónicas extendidas en el Nuevo Continente. Originalmente, la Logia Azul había contribuido al surgimiento del mundo libre. La Hermandad Oscura, en su búsqueda de poder, se infiltró y corrompió gradualmente estas logias, alineándolas con los dictados del nuevo vehículo Illuminati en nombre del Papa Negro.

Desde el principio, los jesuitas formaron a individuos mientras ganaban influencia en las universidades europeas, adoctrinándolos para ascender al poder. Entre estos individuos se encontraba Adam Weishaupt, identificado como descendiente de Nimrod, y Moses Bauer, padre de Mayer Amschel Bauer. Ambos recibieron educación especial de los jesuitas. Mayer Amschel Bauer cambió su apellido a Rothschild, inspirado en un símbolo que colgaba en la puerta de su padre, "Escudo Rojo". Con este cambio, la Casa de Rothschild emergió como una poderosa entidad financiera que dominaba Europa política y económicamente. Al controlar el dinero de una nación, también controlaban su política.

Los Rothschild reorganizaron su influencia y formaron una oligarquía financiera europea bajo su liderazgo. Esta élite, conocida como la nobleza negra, se convirtió en la fuerza oculta detrás de los eventos financieros y políticos de Europa, operando como Caballeros de Malta bajo la guía del Papa Negro. Este ascenso eclipsó a todas las sociedades secretas y fortaleció a la nobleza negra, estableciendo un sistema bancario central en Europa basado en el antiguo modelo veneciano.

La nobleza negra buscaba mantener el poder aristocrático, luchando tanto encubierta como abiertamente contra los conceptos de libertad y república. Se convirtieron, sin saberlo, en herramientas del orden jesuita. La aparición de la Casa de Rothschild dio origen a la nobleza negra de Europa, y todos se unieron por su afán de poder y riqueza. Así comenzó el intento de revivir el antiguo Imperio Romano. Esta ambición económica dio lugar a un nuevo tipo de inquisición, representado por las guerras políticas modernas.

El ascenso de la Casa de Rothschild, junto a las élites de la nobleza negra europea y sus amos jesuitas, permitió la creación de los Illuminati de Baviera, una sociedad secreta diseñada para consolidar el control financiero y político global. Fundada el mismo año que la independencia americana, los Illuminati fueron el instrumento para que el Papa Negro controlara las logias internacionales de los masones. Esta infiltración proporcionó a la Hermandad Oscura una red global de aliados dispuestos a sacrificar su integridad a cambio de riqueza, consolidando la agenda moderna del Nuevo Orden Mundial.

Las logias masónicas, antes baluartes de libertad, se convirtieron en frentes para los Illuminati, que ahora operaban en los niveles más altos de la masonería corrupta. La antigua Logia Azul, o lo que quedaba de ella, fue absorbida por los Rosacruces, guardianes de la República y divulgadores de la sabiduría metafísica. En contraste, los Illuminati buscaban acaparar todo el conocimiento esotérico y metafísico para sí mismos.

El año 1776 marcó un punto de inflexión en la batalla entre las dos hermandades, determinando qué sistema de gobierno prevalecería en el mundo del siglo XXI. No solo fue el año del nacimiento del mundo libre, sino también el año en que el Imperio Oscuro se consolidó como un gobierno secreto global a través de los Illuminati de Baviera. El Papa Negro había creado una red internacional secreta, controlada por su nuevo aparato financiero, que junto a la nobleza negra y la infiltración de las logias masónicas, dio origen al gobierno oculto del Papa Negro, la manifestación final de "La Mano Oculta" a escala mundial. Desde entonces, esta red secreta se ha convertido en los agentes ejecutores de las fuerzas oscuras en el mundo contemporáneo.

Además, como se ha mencionado, el sistema de control Illuminati basado en la centralización financiera tiene raíces antiguas, remontándose a Babilonia y la Roma Imperial, y continuando con el modelo veneciano en Europa, que formó la base del feudalismo. Este sistema busca un control absoluto sobre el mundo, usando el aparato financiero como herramienta principal.

El poder absoluto inevitablemente conduce a la corrupción, y para esta Hermandad Oscura, el fin justifica los medios. La manipulación financiera, creando dinero de la nada y transformando su valor, es un ejemplo de esta corrupción. Al prestar este dinero a altas tasas de interés y exigir el pago en activos reales, como oro y plata, se perpetúa un sistema de opresión económica que comenzó en Babilonia para mantener el control sobre el pueblo.

Lamentablemente, este sistema bancario ha persistido hasta hoy, bajo la dirección de banqueros internacionales. Se sabe que quien controla la moneda de una nación puede, indirectamente, controlar su gobierno. Esta conspiración financiera es la razón por la que la Casa de Rothschild se convirtió en el instrumento principal de los jesuitas, convirtiéndose en la familia más influyente y poderosa del mundo, controlando aproximadamente un tercio de la riqueza global. Su dominio se consolidó gracias a su habilidad para maniobrar a través del sistema bancario central, esclavizando económicamente al mundo.

El poder de los Rothschild comenzó en las cortes de Hesse-Kessel, cuando Mayer Amschel Rothschild se convirtió en el banquero personal del príncipe Guillermo de Hesse-Kessel, considerado el monarca más rico de los siglos XVII y XVIII. Mayer Rothschild se acercó al príncipe, ofreciéndole su apoyo y servicios conforme a los planes de los jesuitas. Según registros ocultos, el príncipe, al partir a la guerra, dejó sus riquezas bajo el cuidado de los Rothschild.

No obstante, lo que el príncipe Guillermo de Hesse-Kassel desconocía era que la guerra en la que tuvo que participar había sido manipulada por los mismos que fundaron la dinastía Rothschild, los jesuitas. Parece que ni siquiera el Tratado de Westfalia fue suficiente para detener la maquinaria de guerra de los jesuitas (las inquisiciones modernas) hasta que lograran retomar todo el poder en sus manos.

Con la fortuna de Hesse-Kassel en poder de los Rothschild, el balance de la riqueza en Europa regresó a los jesuitas. Los jesuitas estaban ahora listos para realizar la jugada que les permitiría adueñarse del control total de las economías de Inglaterra y Francia, y por ende, de sus gobiernos. Los Rothschild, como piezas fundamentales, ejecutaban una operación doble para los jesuitas. Sabían que podían acumular grandes riquezas al fomentar conflictos entre naciones y financiar en secreto a ambos bandos. A la luz de hoy, es evidente que cada guerra desde el siglo XVIII recibió apoyo financiero de la Casa Rothschild.

Algunas fuentes incluso sostienen que la guerra de Independencia americana también fue financiada por los Rothschild en un intento de debilitar el poder británico. Inglaterra era la mayor potencia de Europa en el siglo XVIII. El plan era claro: el sindicato de la Casa Rothschild, bajo la dirección de los jesuitas, aprovecharía la oportunidad de hacer grandes fortunas enfrentando países entre sí y financiando ambos lados del conflicto. Estas operaciones encubiertas no solo endeudarían a los países con este nuevo clan internacional, sino que también erosionarían gradualmente las soberanías nacionales de las naciones que deseaban controlar secretamente.

Estas entidades representaban la recién formada alianza financiera europea que llegó a conocerse como la Compañía Británica de las Indias Orientales a partir de 1763, con el «Tratado de París». La Casa Rothschild lo ideó en Europa para consolidar toda la riqueza mundial en sus manos. El resultado final sería un sistema bancario centralizado a nivel mundial, lo que hoy es el FMI, basado en el concepto babilónico de la oligarquía financiera gobernada por unos pocos, como se había visto en el sistema Ultramontano medieval de los poderosos señores venecianos.

La estrategia de generar conflictos para imponer sistemas de banca central en todo el mundo se convirtió en el aparato y plan maestro final de la recién establecida Casa de los Rothschild y sus maestros, los jesuitas. Con esta movilización, la marcha hacia la dominación mundial se había iniciado nuevamente.

Al parecer, la creación de los Illuminati de Baviera cumplió varios propósitos para la llamada sinagoga del gobierno secreto. No obstante, fue concebida principalmente como una extensión y un instrumento que se convirtió en el brazo financiero del sistema de las "bestias" y un último velo para el núcleo de la agenda luciferina.

Contrario a lo que muchos investigadores habían deducido, Adam Weishaupt fue utilizado como una pieza en esta conspiración, como muchos lo han sido a lo largo de la historia. Educado por los jesuitas, Weishaupt había abandonado el cristianismo para abrazar la agenda luciferina cuando se unió a la orden jesuita. Llegó a ser profesor de Derecho Canónico en la Universidad de Ingolstadt en Alemania. Los jesuitas lo usaron no solo porque tenía un fervor intenso por destruir todos los gobiernos y religiones del mundo, sino porque necesitaban un chivo expiatorio que asumiera la responsabilidad de la creación de la nueva sociedad secreta. Uno de los elementos más cruciales en la fundación de los Illuminati bávaros fue un plan concreto que utilizarían para lograr la dominación mundial absoluta. Los jesuitas y los Rothschild perfeccionaron un esquema de protocolos titulado «Los Protocolos de los Sabios de Sion».

En esencia, «Los Protocolos de los Sabios de Sion» fueron escritos por el Papa Negro, el gobernante supremo del nuevo gobierno secreto global en las sombras. Sin embargo, hicieron parecer que los Protocolos fueron redactados por judíos, colocando a Adam Weishaupt como el fundador nominal de los Illuminati de Baviera y el supuesto autor único de los Protocolos, porque estos documentos se perfilaban como el plan ideal para la dominación mundial. Adam debía cargar con la culpa, una maniobra astuta de los jesuitas para posicionarlo al frente, de modo que, si los nefastos Protocolos se filtraban, pareciera que toda la conspiración había sido concebida por los judíos.

Este fue el inicio de lo que hoy se conoce como Sionismo, que también sirvió para fomentar un odio masivo hacia el pueblo judío. ¿Por qué la Hermandad Oscura querría culpar a los judíos de la dominación mundial? Esto puede explicarse examinando quiénes eran los judíos originales en el Antiguo Testamento entre las doce tribus de Israel. En la antigüedad, el término judío se aplicaba a aquellos provenientes de la casa real de Judá. Judá era uno de los doce hijos de Jacob, cuyos descendientes conformaron la línea del linaje mesiánico original del rey David.

Este linaje produjo a Moisés, Elías y todos los grandes profetas del Antiguo Testamento, que pertenecían a la tradición de Melquisedec de la Hermandad de la Luz. Esta línea fue la sangre real de la que nació Jesús, la casa real de Judá, también conocida como la línea de sangre davídica del linaje mesiánico, que los Caballeros Templarios protegieron durante la Edad Media como la sangre del Santo Grial.

Este linaje real de Judá (el león) ha sido rival del linaje babilónico de Nimrod/Ramsey de la Hermandad Oscura. Desde tiempos antiguos, la Hermandad Oscura ha estado maquinando para eliminar la casa real del linaje mesiánico, pues este representaba la mayor amenaza para su agenda de dominación mundial. Además, la Hermandad Oscura siempre entendió el inmenso poder inherente a este linaje y que un Mesías prometido, que liberaría al mundo, nacería de él. Por ello, la eliminación de este linaje original siempre fue un objetivo primordial para la Hermandad Oscura.

Para proteger este linaje tras el reinado de los reyes David y Salomón, se vio la necesidad de esconderse después del exilio babilónico y la revuelta macabea. La casa real original de Judá se refugió en un lugar seguro, estableciendo una comunidad espiritual privada que posteriormente sería conocida como la comunidad de Qumrán. Esta era una comunidad basada en la rectitud, que prosperó en paralelo, pero en secreto, al resto del mundo visible. Como resultado de la dinastía asmonea, que produjo al rey Herodes, un rey impostor de Israel, Jerusalén quedó bajo la jurisdicción romana.

Así, la amenaza contra la existencia del linaje mesiánico es la razón real por la que «La Mano Oculta» ha estado históricamente persiguiendo a los descendientes judíos. Esta idea ha llevado a la masacre de judíos a lo largo de la historia, con el fin de eliminar el linaje davídico de la sangre sagrada. Por ejemplo, cuando el rey Herodes escuchó que había nacido el verdadero rey de los judíos, él y sus superiores romanos se apresuraron a asesinar a todos los niños varones en Judea y Galilea. Este patrón ha continuado a lo largo de los siglos, y más recientemente se vio reflejado en el Holocausto nazi.

Según el ex sacerdote jesuita Alberto Rivera, después de la caída de Roma, la Iglesia Católica Romana continuó con esta agenda mediante las Cruzadas y las Inquisiciones, siendo los judíos su objetivo principal durante toda la Edad Media en Europa. Por alguna razón extraña, la Hermandad Oscura siempre creyó que si algún rastro del linaje davídico había sobrevivido, este residiría entre los judíos. Estaban equivocados. Desafortunadamente, muchos judíos inocentes han tenido que ser asesinados a lo largo de los siglos debido a esta creencia errónea.

De todos modos, «Los Protocolos de los Sabios de Sion» se filtraron. Según múltiples fuentes, el complot se desveló en 1784 cuando un agente de los Rothschild fue alcanzado por un rayo mientras se dirigía a Francia llevando una copia de los Protocolos. Como resultado, el gobierno bávaro allanó todas las logias de Weishaupt, mientras que los verdaderos artífices intelectuales se ocultaban aún más profundamente. Lo irónico de todo esto es que las mismas personas para las que se escribieron los Protocolos son quienes hoy en día se proclaman judíos.

Estos supuestos judíos modernos, los sionistas políticos, son los Rothschild y sus familias aliadas de las élites, quienes afirmaron ser judíos como parte de una gran conspiración y un engaño.

Estas poderosas familias de los Illuminati proclaman ser descendientes del rey David para justificar su dominio sobre la Tierra. Esto es una falacia y parte de su complot para someter a todo el mundo bajo su control. Recuerden, inicialmente, los Rothschild cambiaron su apellido de Bauer a Rothschild para hacerse pasar por judíos, porque en los Protocolos de los Sabios de Sion se presentan como el pueblo elegido de Dios y descendientes del rey David, lo cual es falso. Esto implica que el resto del mundo es considerado como el pueblo no elegido de Dios y, por ende, son vistos como goyim o ganado humano, tal como se menciona en los Protocolos, y deben someterse a los supuestos elegidos.

En realidad, los Rothschild no son verdaderos judíos, sino falsos, descendientes del linaje babilónico de Nimrod, no del rey David, al igual que sus círculos de sionistas políticos. Por otro lado, los verdaderos descendientes de la casa real de Judá han sido siempre protegidos por la Hermandad de la Luz y por fuerzas celestiales que han asegurado su existencia a lo largo de la historia; sin embargo, en la actualidad se han mezclado con la sociedad como personas comunes.

Hay más sobre el linaje de Nimrod/Ramsey. En el libro bíblico del Génesis, se encuentra la historia de Esaú y Jacob, los dos hermanos gemelos nacidos de Isaac y Rebeca. Esaú, conocido como el hijo mayor, nació unos minutos antes que su hermano Jacob. Según la tradición abrahámica, era el primogénito quien recibía tanto las bendiciones como la Alianza de Israel para cumplir con los deberes de su antepasado Abraham. La Alianza es un contrato espiritual que Abraham estableció con Melquisedec.

Cuando Esaú y Jacob crecieron, Esaú decidió vender su primogenitura. Tanto las bendiciones como la promesa de la Alianza fueron cedidas a su hermano Jacob a cambio de un plato de guiso, según relata la Biblia. Así, Jacob, en lugar de Esaú, recibió la promesa. Sin embargo, Esaú no quedó complacido y también quiso recibir las bendiciones y la promesa de su padre, pero ya era demasiado tarde, pues Jacob había sido el receptor de ellas.

Según las escrituras, Rebeca favoreció a su hijo menor, Jacob, sobre Esaú y orquestó para que solo Jacob recibiera las bendiciones y la promesa de su padre. Este hecho enfureció a Esaú, quien se rebeló y se casó fuera de la tribu de su padre, los descendientes de Sem. Como resultado, Esaú se unió en matrimonio con una descendiente del linaje de Cam de Babilonia, quienes portaban la semilla de poder del leviatán serpiente. Estos eran los antiguos cananeos, con los que los primeros israelitas tenían prohibido mezclarse debido a su notable genética reptiliana, la cual en la Biblia se mencionaba como una impureza.

Este es el linaje que ha continuado en el mundo de hoy como las familias de la cábala Illuminati.

A pesar de la renuncia de Esaú, este juró que sus descendientes destruirían a los descendientes de su hermano Jacob, como se detalla en los Protocolos de los Sabios de Sion. Esto explica por qué la Hermandad Oscura ha buscado colocar descendientes de Esaú, mezclados con los descendientes de Nimrod, en posiciones de poder a lo largo de los últimos 3.600 años. Esto también explica la naturaleza opresiva de la aristocracia y por qué siempre ha sido un pequeño grupo de personas, los oligarcas, descendientes de Nimrod y Esaú, quienes han tratado de dominar el mundo y subyugar al resto de la humanidad.

La narrativa que presenta a los descendientes de Esaú en busca de venganza contra los descendientes de Jacob se percibe como una extensión de la táctica de Ham-Nimrod, perpetuada a través de las generaciones por sociedades secretas que operan bajo la sombrilla de la Hermandad Oscura en las redes luciferinas. Este relato se vincula ahora con las trece Líneas de Sangre de los Illuminati, de las cuales se afirma que poseen una notable concentración de genética serpentina. En la actualidad, estos descendientes son representados como judíos, aunque, en esencia, se les identifica como sionistas y jázaros, actuando bajo la supervisión del denominado Papa Negro. Este enfoque plantea que, a lo largo de generaciones, solo un grupo exclusivo de familias ha mantenido el poder y acumulado una considerable parte de la riqueza mundial a través de la historia.

La inclinación hacia el dominio absoluto y el control total se manifiesta en figuras clave que han sido instrumentales en la instauración de la tiranía, como Ignacio de Loyola, el primer Papa Negro jesuita, Constantino de Roma, Napoleón, Hitler y, en particular, Mayer Amschel Rothschild. Su ascenso a la prominencia y su influencia no se consideran fortuitos, sino más bien como el resultado directo de su linaje y su supuesta conexión con una agenda luciferina profundamente arraigada en su genética. Por esta razón, «Los Protocolos de los Sabios de Sion» se interpretan como el plan supremo para la dominación global, elaborado por los descendientes de la línea de sangre Nimrod-Esau.

Estos Protocolos representan la estrategia final de Marduk-Satanás, consciente de la limitación temporal de su dominio. La atribución de estos planes a los judíos actúa como un mecanismo de protección. El objetivo es desviar la atención y la culpa de los verdaderos arquitectos de este esquema, aquellos que hoy se presentan como judíos, pero que en realidad están alineados con las ideologías sionistas. En esencia, los Protocolos fueron diseñados para desestabilizar a los auténticos descendientes de Israel, quienes no provienen de raíces cananeas ni babilónicas.

# Capítulo 7: Los Protocolos

La información proviene de Victor E. Marsden, traductor al inglés de los 24 Protocolos antes de ser asesinado por los jesuitas Illuminati. Estos Protocolos permiten comprender los eventos mundiales actuales, pues sus principios se han implementado en casi todas las situaciones globales. Se presentan de manera enumerada, pero no en su totalidad, debido a limitaciones de espacio. Es importante destacar que estos Protocolos representan un contraste exacto con la República constitucional y los Diez Mandamientos, siendo más bien el diseño de una tiranía totalitaria.

# Protocolo 1: La Doctrina Fundamental

El poder otorga el derecho; la política se impone sobre la moral, el fin justifica los medios, esta es la nueva conspiración. Debe considerarse que los hombres con inclinaciones negativas son más numerosos que los de buenos instintos. Por ello, los mejores resultados para gobernarlos se logran mediante la violencia y el temor, no a través del diálogo racional. Todo hombre ansía el poder; todos querrían ser dictadores si tuvieran la oportunidad.

Efectivamente, hay quienes sacrificarían el bienestar común para garantizar su propio beneficio. La libertad política es una idea, pero no un hecho. Esta idea debe utilizarse cuando se necesite atraer a las masas hacia una facción, con el propósito de debilitar a otra que esté en el poder. Esta tarea se facilita si el oponente se ha contaminado con la idea de libertad, o liberalismo, y está dispuesto a ceder parte de su poder por algún ideal. Aquí radica el triunfo de la estrategia. El debilitamiento del control gubernamental es rápidamente contenido por la ley de la supervivencia, asumido por una nueva autoridad, porque el poder desorganizado de la nación no puede existir ni un solo día sin dirección y rápidamente se reubica en el lugar del antiguo ya debilitado por la libertad. Solo el judío puede gobernar a los goyim (considerados como ganado humano) porque necesitan ser controlados. Es esencial comprender que en este contexto, los Protocolos aluden a las líneas de sangre babilónicas de los Rothschild y la nobleza negra que se hacen pasar por judíos modernos, aunque no lo sean, pues ven a los demás como ganado humano.

Además, la política no guarda relación con la moralidad. Según este Protocolo, un gobernante que actúa con principios morales no es un político eficaz y, por lo tanto, es inestable en su posición. Quien aspira a gobernar debe recurrir tanto a la astucia como al engaño. Las grandes virtudes nacionales, como la honestidad y la franqueza, son consideradas defectos en la política, ya que derriban a los líderes más efectivamente que el enemigo más formidable. Estas características deben ser propias de los gobiernos de los gentiles, como si fueran ganado humano. La fuerza define el derecho según este Protocolo. La palabra es una abstracción sin pruebas. El poder, en estas condiciones tormentosas de toda forma de poder, será más invisible que cualquier otro porque se mantendrá oculto hasta que alcance tal magnitud que ningún ardid pueda socavarlo. Por lo tanto, solo un gobernante despótico puede trazar planes amplios y claros para distribuir adecuadamente las partes de la maquinaria del Estado.

De esta conclusión, se deduce que la forma más adecuada de gobierno para cualquier nación es aquella que se concentra en las manos de una sola persona responsable; sin absolutismo, no puede existir una civilización que no sea conducida por las masas sino por déspotas. Solo la fuerza prevalece en los asuntos políticos, especialmente si se esconde en las habilidades esenciales para los estadistas. La violencia debe ser el principio rector, disfrazada y astuta para los gobiernos que no desean rendir sus coronas a los pies de nuevos poderes. Esta es una breve descripción del primer Protocolo.

## Protocolo 2: Guerras Económicas

Es fundamental para el objetivo que las guerras no se traduzcan en ganancias territoriales; las confrontaciones deben trasladarse al ámbito económico, donde las operaciones no dejarán de percibir, a través del apoyo proporcionado, la magnitud del dominio. Así, las partes quedarán subordinadas a la agencia internacional, con innumerables ojos atentos y sin restricciones. Los derechos internacionales anularán los nacionales, dominando a las naciones como un derecho estatal que interrelaciona diversos sujetos.

Los administradores seleccionados del público, según su habilidad para la obediencia sumisa, serán entrenados en las artes de gobernar y, por lo tanto, serán fácilmente manipulables en el juego, bajo la guía de eruditos y genios, educados desde la infancia para dirigir los asuntos mundiales. La información que requieren sobre los planes políticos proviene del estudio de la historia y de la observación continua de los acontecimientos actuales. Los goyim, considerados como ganado humano, serán vistos como esclavos dentro de un sistema fascista totalitario. No se les debe considerar hasta que llegue el momento adecuado, permitiéndoles vivir en la esperanza de nuevas formas de entretenimiento o en el recuerdo de lo que han disfrutado. Deberán desempeñar el papel principal que aceptaron como mandatos de la ciencia. Este es el objetivo: fomentar continuamente, mediante la prensa, la confianza ciega en estas series. Los intelectuales de los goyim, descendientes de las doce tribus, se inflarán de orgullo por su conocimiento, aplicando sin verificación lógica la información proporcionada por los especialistas Illuminati, que ha sido astutamente recopilada para moldear sus mentes en la dirección deseada.

No se debe creer ni por un instante que estas palabras son vacías. Es necesario reflexionar sobre el éxito logrado con el darwinismo, el marxismo y el nietzscheísmo. Es vital considerar el pensamiento, el carácter y las tendencias de las naciones para evitar errores políticos y en la administración. El éxito del sistema, cuyos componentes pueden ser ajustados según el temperamento de los pueblos que se encuentren, fracasará si su implementación práctica no se basa en las lecciones del pasado y la luz del presente.

Hoy en día, existe una gran fuerza que mueve el pensamiento popular: la prensa. Su rol es señalar supuestos requisitos indispensables, amplificar las quejas del pueblo, expresar y generar descontento. Sin embargo, los Estados no han sabido aprovechar esta fuerza, que ha caído en manos equivocadas. Gracias a la prensa, se ha obtenido el poder de influir desde las sombras. A través de la prensa, se ha acumulado oro, incluso si ha sido a costa de océanos de sangre y lágrimas. Pero ha valido la pena, aunque se hayan sacrificado a muchos de los propios. Cada víctima del lado oculto es valiosa ante los ojos de su dios -refiriéndose, por supuesto, a Satanás.

# Protocolo 3: Métodos de Conquista

La balanza de la Constitución será desmantelada, pues ha sido diseñada con un desequilibrio intencional que la hace oscilar incesantemente hasta desgastar su eje. Los goyim creen que son lo suficientemente fuertes. Sin embargo, los ejes -los reyes en sus tronos- están atrapados por sus propios representantes, quienes actúan como locos, perturbados por su propio poder incontrolable e irresponsable. Este poder lo deben al terror instigado en los palacios. Al no tener forma de conectarse con su pueblo, los reyes en los tronos ya no pueden llegar a un acuerdo con ellos. Ambos han perdido todo sentido, como el ciego y su bastón, impotentes por separado.

Para incitar a los buscadores de poder a abusar de él, se han puesto todas las fuerzas en oposición, quebrando sus tendencias hacia la independencia. Para esto, se ha provocado toda clase de conflictos; se han armado a todos los bandos; se han convertido a la autoridad en blanco de toda ambición. De los Estados, se han hecho arenas de gladiadores donde se disputan numerosos temas confusos. Los desórdenes y la bancarrota se volverán universales.

## Protocolo 4: El Materialismo Reemplaza a la Religión

¿Quién o qué podría derribar una fuerza invencible? Esta es precisamente la fortaleza: La masonería gentil sirve ciegamente de pantalla, pero el plan de acción de la fuerza sigue siendo un misterio para todos. Para que los gentiles no tengan tiempo de reflexionar y observar, hay que dirigir sus mentes hacia la industria y el comercio. De este modo, todas las naciones serán absorbidas por la búsqueda de ganancias, sin reconocer a su enemigo común. Pero nuevamente, para que la libertad desintegre y destruya las comunidades gentiles, se debe basar la industria en la especulación. Esto provocará que lo que se extrae de la tierra por medio de la industria se deslice de las manos y pase a la especulación, es decir, a manos equivocadas.

La intensificación de la lucha por la supremacía y los conflictos en la vida económica ya han creado comunidades desilusionadas, frías y sin empatía. Estas comunidades desarrollarán una fuerte aversión hacia los ideales políticos y religiosos más elevados. Su única guía será la acumulación de oro, que elevarán a la categoría de culto, atraídos por los placeres materiales que ofrece. Llegará entonces el momento en que, no por aspirar al bien ni siquiera por adquirir riquezas, sino por mero odio hacia los privilegiados, las clases inferiores de los gentiles seguirán el ejemplo contra los rivales en el poder, los intelectuales de los gentiles.

# Protocolo 5: Despotismo y el Progreso Moderno

¿Qué tipo de administración se puede imponer a comunidades donde la corrupción es omnipresente, donde las riquezas se obtienen solo mediante tácticas de engaño, donde reina la indolencia, y donde la moralidad se sostiene con medidas punitivas y leyes estrictas, no por principios voluntariamente aceptados como los Diez Mandamientos?

Se debe crear una centralización intensa del gobierno para controlar todas las fuerzas de la comunidad. Se regularizarán todas las acciones políticas mediante nuevas leyes. Estas leyes retirarán, una a una, todas las libertades y concesiones permitidas por los goyim, y el dominio se distinguirá por un despotismo tan magnificente que estará en condiciones de aniquilar a cualquier opositor, ya sea en palabra o acción.

# Protocolo 6: Técnica de Adquisición

Pronto se establecerán grandes monopolios, guardianes de vastas reservas de riqueza, de los que dependerán incluso las grandes fortunas de los goyim, hasta tal punto que se desplomarán junto con el crédito de los estados al día siguiente de su derrota política.

Al mismo tiempo, se fomentará intensamente el comercio y la industria, pero ante todo la especulación, que sirve de contrapunto a la industria. La falta de una industria especulativa multiplicará el capital en manos privadas y permitirá recuperar la agricultura al liberar la tierra de las deudas bancarias. La industria debe drenar de la tierra tanto el trabajo como el capital, y a través de la especulación, transferir a manos equivocadas todo el dinero del mundo, arrojando así a los gentiles a las filas del proletariado. Entonces, los goyim se inclinarán ante los poderosos, aunque solo sea para tener derecho a existir.

Para completar la destrucción de la industria gentil, se aprovechará el lujo que se ha fomentado entre ellos para especulación. Se aumentarán los salarios, lo que no beneficiará a los trabajadores, pues al mismo tiempo se elevarán los precios de los bienes esenciales, alegando que es debido a la decadencia de la agricultura y la ganadería. Se saboteará aún más, de manera sutil y profunda, las fuentes de producción, acostumbrando a los trabajadores a la anarquía y el vicio, mientras se toman medidas para erradicar a todas las fuerzas educadas de los gentiles. Para que el verdadero significado de estas acciones no golpee a los gentiles antes de tiempo, se ocultará bajo una supuesta ardiente intención de servir a las clases trabajadoras y los principios fundamentales de la economía política, sobre los cuales las teorías económicas hacen una vigorosa propaganda.

# Protocolo 7: Conflictos Globales

El fortalecimiento de los arsenales y el incremento de las fuerzas de seguridad son esenciales para llevar a cabo los proyectos delineados. En todos los países del mundo existirán, además de los poderosos, solo las masas trabajadoras, unos cuantos millonarios alineados con sus intereses, políticos y fuerzas armadas. A través de Europa, y mediante sus conexiones con otros continentes, se debe fomentar la agitación, el desacuerdo y la hostilidad. Esta estrategia otorga una doble ventaja. Se mantendrán a todas las naciones bajo control, ya que comprenderán que los poderosos poseen la capacidad de provocar caos o restaurar el orden según sus deseos. Estos países los considerarán una fuerza coercitiva imprescindible.

Además, mediante las maquinaciones, se entrelazarán los hilos que se han tejido en los gobiernos de todos los Estados, valiéndose de tratados políticos, económicos o compromisos financieros. Para alcanzar los objetivos, se debe actuar con gran astucia y perspicacia durante las negociaciones, aunque en cuanto al discurso oficial, se utilizará una táctica contraria, asumiendo la fachada de la sinceridad y la benevolencia. Así, los pueblos y gobiernos a los que se ha enseñado a mirar solo el aspecto superficial de lo que se les presenta, seguirán viéndolos como benefactores y guardianes de la humanidad. Se debe ser capaz de contrarrestar cualquier acto de resistencia con una guerra contra los países vecinos que se atrevan a oponerse. Pero si esos países vecinos también se alzan contra los poderosos, entonces se debe responder con una guerra a escala global.

El principal factor de éxito en la política es el secreto en sus operaciones; las palabras del diplomático no deben coincidir con sus acciones. Se obligará a los gobiernos a actuar conforme al plan cuidadosamente diseñado, que está próximo a alcanzar la meta deseada, mediante lo que se presentará como opinión pública, fomentada en secreto a través de los medios de comunicación, que, salvo contadas excepciones, ya se controlan por completo.

# Protocolo 8: Autoridad Transitoria

El gobierno debe armarse con todas las herramientas que el enemigo podría utilizar en su contra. Es necesario explorar los matices más sutiles de la expresión y los aspectos más complejos del lenguaje jurídico. Se deben encontrar justificaciones para aquellos dictámenes que puedan parecer excesivamente audaces o injustos, pues es crucial que estas decisiones se presenten como los principios más elevados de moralidad formulados en un contexto legal. Cada gobierno debe rodearse de todas las fuerzas que influyen en la civilización donde opera. Contará con políticos experimentados, jueces, administradores, diplomáticos, y personas especialmente formadas en academias exclusivas.

Estos individuos poseerán conocimientos profundos sobre todos los secretos del entramado social; entenderán todos los lenguajes que se pueden formar con alfabetos y términos políticos. Conocerán cada faceta de la naturaleza humana, con todas sus sensibilidades. Estas sensibilidades son la mente de las personas, sus inclinaciones, defectos, vicios y virtudes. La valiosa asistencia de la autoridad que se menciona no se obtendrá de aquellos acostumbrados a desempeñar funciones administrativas sin reflexionar sobre su propósito, firmando documentos sin leerlos; personas que actúan por motivos mercenarios o ambición.

El gobierno estará rodeado de un verdadero universo de economistas. Por ello, las ciencias económicas son el pilar de la educación impartida a los seguidores. Alrededor se reunirá una constelación de banqueros, industriales, capitalistas y millonarios, porque, en esencia, todo se reduce a una cuestión de números. Hasta que no haya ningún peligro en confiar cargos de responsabilidad a los aliados, se asignarán a personas cuyo historial y reputación los mantengan separados de la gente, individuos que, en caso de desobedecer las directrices, enfrentarán acusaciones penales o desaparecerán. Esto garantizará que defiendan los intereses hasta el último aliento.

## Protocolo 9: Transformación Educativa

Al implementar los principios, es crucial considerar el carácter de las personas en el país donde se opera. Una aplicación uniforme e idéntica de estos principios, hasta que el pueblo sea transformado según el modelo, no tendrá éxito. Con una aplicación cuidadosa, no pasará una década antes de que incluso el carácter más firme cambie, y se sumen nuevos individuos a las filas de los ya sometidos. Para los poderosos, no existen restricciones que limiten el alcance de las actividades. El supergobierno opera bajo condiciones legales precisas que se definen con la firme y efectiva palabra "dictadura". Se gobierna con la fuerza de la determinación porque, en las manos, están los fragmentos de un poder antaño fuerte, ahora sometido. Las armas en las manos son ambiciones ilimitadas, codicia intensa, venganza despiadada, odios y malicia.

De los poderosos emana el terror que todo lo devora. A su servicio están personas de todas las ideologías: restauradores de monarquías, agitadores populares, socialistas, comunistas y soñadores utópicos de todo tipo. Cada uno de ellos, en su propia esfera, destruye los últimos vestigios de autoridad, buscando derrocar todas las formas establecidas de orden. A través de estos actos, los Estados se ven atormentados; claman por paz, dispuestos a sacrificar todo por ella, pero no se les concederá paz hasta que reconozcan abiertamente el gobierno global y se sometan a él. Se manipula, utiliza y corrompe a la juventud, instruyéndola en principios y teorías que se saben falsos, aunque han sido inculcados por los poderosos. Por encima de las leyes existentes, sin alterarlas sustancialmente, y limitándose a tergiversarlas con interpretaciones contradictorias, se ha construido algo grandioso. Estos resultados se han manifestado en el hecho de que las interpretaciones han oscurecido la ley. Finalmente, las ocultaron por completo a los ojos de los gobiernos, debido a la imposibilidad de extraer algo claro de la compleja red legislativa.

# Protocolo 10: Preparación para la Dominación

El objetivo es atraer a todas las naciones a colaborar en la creación de nuevas estructuras fundamentales, cuyo diseño ha sido previamente formulado. Para ello, es esencial revestirse de una audacia imprudente y de una fuerza implacable, espíritu que en los operativos más diligentes, derribará cualquier barrera que se interponga en el camino.

Cuando se ejecute el golpe de Estado, se dirigirá a los pueblos diciendo: «Todo ha ido de mal en peor; estáis exhaustos por el sufrimiento. Se están eliminando las causas de vuestra aflicción: nacionalidades, fronteras, disparidades monetarias. Por supuesto, sois libres de juzgar, pero ¿puede ese juicio ser justo si se emite antes de experimentar lo que se os ofrece?». Para conseguir este resultado, se manipularán las elecciones a favor de aquellos líderes que tengan en su pasado algún secreto oscuro no revelado, convirtiéndolos en herramientas confiables para la ejecución de los planes, motivados tanto por el miedo a ser expuestos como por su inherente deseo de retener los privilegios, ventajas y honores asociados a su cargo. La cámara legislativa protegerá y elegirá a estos líderes, pero al despojarlos del derecho de proponer nuevas leyes o modificar las existentes, otorgando ese derecho únicamente a presidentes irresponsables, que serán simples marionetas bajo el control.

Por supuesto, estos presidentes se convertirán en blancos de numerosos ataques, pero se les proporcionará un medio de defensa mediante el derecho de apelar al pueblo, ya que la decisión popular sobre sus representantes es una apelación al esclavo ciego: la mayoría. Adicionalmente, se otorgará al presidente el derecho de declarar la guerra, justificando esto con la premisa de que, como jefe supremo del ejército, debe tener a su disposición el poder necesario para defender el gobierno. Con estas medidas, se asegurará desmantelar, paso a paso, todos los elementos que se han visto obligados a introducir en las constituciones, preparando así el terreno para una transición gradual hacia la abolición de cualquier tipo de constitución y finalmente instaurar el despotismo absoluto.

# Protocolo 11: El Estado Autoritario

Una vez establecida la agenda, se procederá a ajustar aquellos mecanismos que aún requieren perfeccionarse para completar la revolución dentro del aparato estatal según las directrices. En esta categoría se incluyen la libertad de prensa, el derecho de asociación, la libertad de conciencia, el sufragio, y otros tantos que deberán desaparecer para siempre o sufrir transformaciones radicales inmediatamente después de la promulgación de la nueva constitución.

Solo entonces se podrán declarar abiertamente todas las órdenes, pues cualquier cambio posterior podría ser peligroso: si se introduce con dureza, podría provocar un sentimiento de desesperación por el temor a más restricciones. Si, por el contrario, es más indulgente, se podría interpretar como un reconocimiento de error, lo cual minaría la percepción de infalibilidad de la autoridad, o como un signo de debilidad, y no se obtendría agradecimiento alguno. Ambas situaciones son perjudiciales para la nueva Constitución.

Se desea que, desde el primer momento de su implementación, mientras las naciones aún están aturdidas por la revolución y en un estado de miedo e incertidumbre, se perciba la fuerza como inagotable, tanto que no se prestará atención a sus deseos o demandas, estando dispuestos a aplastar cualquier intento de resistencia con un poder abrumador. Así, temerosos y sumisos, los pueblos aceptarán la autoridad y esperarán el desenlace inevitable.

# Protocolo 12: Dominio de los Medios

¿Qué función cumple hoy en día la prensa? Sirve para incitar y alimentar las pasiones que favorecen los objetivos o para satisfacer los intereses de los partidos. A menudo es insípida, injusta, falsa, y la mayoría del público desconoce los verdaderos fines que sirve. Se impondrá un control riguroso sobre ella. Se hará lo mismo con todas las publicaciones impresas, pues de nada serviría neutralizar a la prensa si se sigue siendo blanco de panfletos o libros. Se convertirá la regulación de la prensa en una fuente lucrativa de ingresos para el Estado mediante un impuesto especial de timbre y la exigencia de depósitos previos de dinero antes de permitir cualquier tipo de publicación. Estas medidas protegerán contra cualquier ataque mediático. En caso de que ocurra algún intento de ataque, si aún es posible, se impondrían multas sin piedad.

Es posible que los partidos no escatimen en gastos por la publicidad, pero se silenciarán tras el segundo ataque. Nadie podrá impunemente desafiar la infalibilidad del gobierno. El pretexto para detener cualquier publicación será la alegación de que está alterando la mente pública sin motivo justificado.

Debe entenderse que incluso entre los que ataquen habrá órganos que el propio gobierno habrá establecido, pero solo para abordar puntos que se hayan decidido modificar. Ninguna noticia llegará al público sin control. Incluso ahora, esto ya se está implementando, ya que todas las noticias son gestionadas por unas pocas agencias que difunden información a nivel global. Estas agencias estarán completamente bajo control y solo publicarán lo que se les ordene.

Tales métodos de organización, invisibles a los ojos del público pero calculados con precisión, son los más efectivos para atraer la confianza del pueblo hacia el gobierno. Gracias a estos métodos, se será capaz de manipular la opinión pública sobre temas políticos, de persuadir o confundir, presentando la verdad o su contradicción. Se vencerá a los opositores, ya que no tendrán un medio de comunicación para expresar completamente sus puntos de vista. No será necesario contrarrestarlos más que superficialmente.

## Protocolo 13: Desviaciones

Para distraer a aquellos que podrían resultar demasiado inquietos en los debates sobre cuestiones políticas, se plantearán lo que se afirma que son nuevas cuestiones políticas, como asuntos industriales. En este campo, ¡que se ocupen inútilmente! Las masas han accedido a mantenerse inactivas en lo político, solo a condición de que se les ofrezca un nuevo entretenimiento, que se les presentará como si fuera de la misma relevancia política. Para evitar que adivinen las verdaderas intenciones, se las distraerá aún más con espectáculos, juegos, diversiones y otras distracciones.

Pronto, a través de los medios, se fomentarán competencias artísticas, deportivas y de todo tipo: estas actividades terminarán por desviar su atención de las cuestiones que se verían obligados a enfrentar. La gente, cada vez menos acostumbrada a reflexionar y a formarse sus propias opiniones, empezará a repetir lo que se le sugiera, por supuesto a través de personas que no levantarán sospechas de ser parte del plan.

## Protocolo 14: Erradicación Religiosa

Destrucción de todas las religiones existentes, especialmente el cristianismo, e imposición de una única religión universal que será obligatoria para todos.

## Protocolo 15: Represión Brutal

Cuando finalmente se asuma el control total mediante golpes de estado sincronizados a nivel mundial, nadie podrá desafiar impunemente la infalibilidad del gobierno. Se eliminará sin compasión a cualquiera que tome las armas contra la llegada al poder. Cualquier nueva organización similar a una sociedad secreta será castigada con la muerte; las existentes, si son útiles, serán disueltas y sus miembros enviados al exilio a regiones remotas. Se procederá de esta manera con aquellos masones que conozcan demasiado; los restantes serán obligados a participar en diversos servicios. Se los hará temer al exilio, promulgando una ley que permita expulsar a todos los antiguos miembros de sociedades secretas de Europa, el centro del dominio.

## Protocolo 16: Reprogramación Mental

Debilitación de las universidades y eliminación de la libertad de enseñanza. Para destruir todas las fuerzas colectivas que no sean las del gobierno, se modificarán las universidades desde su núcleo, redirigiéndolas según los designios. Sus directivos y docentes serán preparados para seguir estrictamente programas secretos, bajo amenaza de sanción en caso de desviarse.

Se eliminará la educación clásica, que se considera inútil, y se limitará el pensamiento juvenil a detalles y conocimientos que requieren trabajo servil, impidiendo así su desarrollo intelectual. Además, se prohibirán las clases particulares y cualquier enseñanza directa a las nuevas generaciones. Se reemplazará el estudio de la historia antigua con un enfoque en el futuro, eliminando cualquier recuerdo de hechos pasados que sean desfavorables, dejando solo aquellos que resalten los errores de los gobiernos anteriores. El aprendizaje práctico sobre la convivencia y las obligaciones del orden ocupará el primer plano del currículo educativo, que se diseñará específicamente para cada vocación o estatus social, evitando generalizar la enseñanza. Este enfoque es crucial.

Cada individuo debe ser entrenado dentro de los límites estrictos de su destino y papel en la sociedad. El genio ocasional siempre encontrará la manera de destacarse, pero es la excepción que confirma la regla. El talento desarrollado en un entorno adecuado se elevará por encima de las adversidades y alcanzará las posiciones más altas, guiado por las enseñanzas de sus ancestros.

# Protocolo 17: Manipulación de la Ley

La práctica de la abogacía fomenta la creación de individuos fríos, crueles, persistentes y sin principios, que adoptan siempre un enfoque impersonal y puramente técnico. Su tendencia a priorizar la defensa sobre el bien común desmoraliza la justicia. Por esta razón, se restringirá esta profesión a un marco que la mantenga bajo control estatal. Los abogados, al igual que los jueces, perderán el derecho a comunicarse directamente con sus clientes; solo podrán recibir casos del tribunal, estudiarlos a través de documentos y notas, y defender a su cliente tras un interrogatorio público. Sus honorarios no dependerán de la calidad de la defensa. Esto los convertirá en simples relatores, dedicados exclusivamente a la justicia y como contrapeso a los fiscales, lo que acelerará los procesos judiciales. De este modo, se establecerá una práctica legal honesta y desinteresada, eliminando la corrupción y las negociaciones entre abogados para favorecer a quien pague más.

# Protocolo 18: Detención de Disidentes

Estrategias de defensa encubierta y debilitamiento de la autoridad. Cuando sea necesario intensificar las tácticas de defensa encubierta —el arma más letal contra la imagen de la autoridad—, se organizarán simulacros de disturbios o manifestaciones de descontento que se expresen a través de oradores carismáticos. En torno a estos líderes se congregarán aquellos que simpaticen con sus ideas. Esto permitirá justificar registros domiciliarios y vigilancia constante por parte de los agentes infiltrados en la policía de los goyim.

# Protocolo 19: Relación entre Gobernantes y Ciudadanía

Aunque no se permite ninguna iniciativa política independiente, se fomentará en cambio todo tipo de peticiones o propuestas que insten al gobierno a examinar proyectos para mejorar las condiciones del pueblo; esto permitirá conocer las debilidades o ilusiones de los súbditos, a los que se responderá ya sea cumpliéndolas o con una refutación inteligente que exponga la falta de visión de sus autores. La rebelión es como el ladrido de un pequeño perro ante un elefante. Para un gobierno bien organizado, el perro ladra inconsciente de la fuerza y magnitud del elefante. Basta con un buen ejemplo para mostrar la verdadera relación de fuerzas, y los perros dejarán de ladrar, moviendo la cola al avistar al elefante. Para minar el prestigio del activismo político, se lo juzgará en la misma categoría que el robo, el asesinato y otros crímenes despreciables. Así, la opinión pública los confundirá con estos delitos, cargándolos del mismo desprecio.

Se ha trabajado arduamente, y se confía en haber tenido éxito, para que los gentiles no encuentren una forma efectiva de confrontar la rebelión. Por esta razón, a través de los medios y discursos, indirectamente —en libros de historia cuidadosamente elaborados—, se ha difundido la imagen del martirio supuestamente asociado a los rebeldes en nombre del bien común. Esta propaganda ha incrementado el número de liberales y atraído a miles de gentiles a las filas, como parte del rebaño.

# Protocolo 20: Estrategia Financiera

Cuando se asuma el control del reino, el gobierno autocrático, en interés de la autoconservación, evitará gravar excesivamente a las masas, reconociendo su papel paternalista y protector. Sin embargo, dado que la gestión del Estado conlleva gastos, es esencial asegurar los fondos necesarios. Por tanto, se abordará con cautela cómo equilibrar este aspecto.

El gobierno, donde el rey tiene la ficción legal de que todo dentro de su Estado le pertenece, permitirá la confiscación legítima de fondos para regular la civilización estatal. Por ello, los impuestos se aplicarán de manera más efectiva mediante una tributación progresiva sobre la propiedad, calculada como un porcentaje del valor, evitando llevar a nadie a la ruina. Los ricos deben entender que es su deber contribuir parte de sus excedentes al Estado, que a su vez protege el resto de sus propiedades.

Imponer cargas fiscales a los más desfavorecidos es una receta para la revolución y el daño al Estado. Además, atacar al capitalismo, que reduce la riqueza en manos privadas —donde se ha concentrado como contrapeso al poder gubernamental de los goyim y las finanzas estatales—, es contraproducente. Tales políticas aliviarán el resentimiento de los pobres hacia los ricos, viéndolos como el soporte financiero del Estado y organizadores de la paz, reconociendo que son los ricos quienes proveen los medios para estos logros.

El monarca gobernante no tendrá propiedad personal, ya que todo dentro del Estado constituye su patrimonio. Las crisis económicas, infligidas a los goyim mediante la retirada de dinero de la circulación y la acumulación de enormes capitales, han forzado a los estados a pedir préstamos a esos mismos fondos estancados. Estos préstamos han sobrecargado las finanzas estatales con el pago de intereses, sometiéndolas al capital. La concentración industrial en manos de capitalistas ha debilitado tanto al pueblo como a los estados.

# Protocolo 21: Crédito y Deuda

Aprovechando la corrupción de las administraciones y la debilidad de los líderes, se han sacado enormes beneficios prestando dinero a los gobiernos, dinero que en realidad no necesitaban. ¿Quién más podría haber logrado tales beneficios? Así, el análisis se centrará en los detalles específicos de los préstamos internos.

Al alcanzar el control global, cualquier operación financiera que no se alinee con los intereses será eliminada. Los mercados financieros serán también abolidos, ya que no se permitirá que el prestigio se vea afectado por fluctuaciones de precios, los cuales solo serán determinados a través de leyes, reflejando su verdadero valor sin margen para devaluaciones o apreciaciones. Esta estrategia comenzó con la manipulación de los valores de los goyim. Se establecerán grandes instituciones crediticias gubernamentales para dictar los valores industriales según la perspectiva, permitiendo liberar o adquirir grandes cantidades de títulos industriales a voluntad. De este modo, todas las actividades industriales dependerán de los poderosos, consolidando su inmenso poder.

# Protocolo 22: Dominio del Oro

En manos de los poderosos reside el mayor poder actual: el oro. En dos días pueden obtener cualquier cantidad de sus reservas. No se necesita más prueba de que su dominio está divinamente ordenado. Con esta riqueza, demostrarán que siglos de sus actos, aunque aparentemente malignos, fueron en última instancia por el verdadero bienestar y orden del mundo. Mostrarán que son benefactores que, mediante el orden y el restablecimiento de la auténtica libertad y dignidad —aunque bajo estricta obediencia a sus leyes—, han reparado un mundo quebrado. Probarán que la verdadera libertad no radica en la indulgencia o la conducta desenfrenada, al igual que la dignidad y la fortaleza no consisten en promover principios destructivos bajo el disfraz de la libertad de conciencia o la igualdad.

Su única autoridad será venerada, guiándolos sin el desorden de los principios caóticos y sin sentido de los líderes contemporáneos. Su autoridad será sinónimo de orden, englobando la felicidad absoluta. Este respeto y admiración casi místicos por su gobierno consolidarán su poder incuestionable, afirmando derechos que ni siquiera una divinidad podría discutir.

# Protocolo 23: Fomentar la Obediencia

Para acostumbrar a la población a la obediencia, es vital inculcar lecciones de humildad y restringir la producción de bienes de lujo, elevando así los estándares morales que han sido degradados por la emulación del lujo. Se revitalizará la producción de pequeños artesanos, fundamental para evitar que los grandes fabricantes influyan inadvertidamente en la opinión pública contra el gobierno.

Los pequeños artesanos, no afectados por el desempleo, permanecen leales al orden existente. Las leyes también prohibirán la embriaguez, castigada como un delito contra la naturaleza humana, impidiendo la degeneración en bestialidad inducida por el alcohol.

El Señor Supremo, sustituyendo a todos los actuales gobernantes, debe erradicar las sociedades existentes, incluso a costa de su propia sangre, para resurgir como fuerzas bien organizadas que combatan cualquier amenaza a la integridad del Estado.

# Protocolo 24: Cualidades del Líder

Ciertos miembros del linaje de David instruirán a los reyes y a sus herederos, seleccionados no por derecho de nacimiento sino por sus notables capacidades, y los guiarán en los secretos de la política y la gobernanza, asegurándose de que nadie pueda conocer estos secretos en su totalidad. El objetivo de este enfoque es demostrar que el gobierno no puede confiarse a quienes no han sido iniciados en los arcanos de su arte. El plan del rey, tanto para el presente como para el futuro, permanecerá en secreto, incluso para aquellos considerados sus consejeros más cercanos. Solo el rey y tres de sus patrocinadores conocerán los acontecimientos venideros.

Nadie conocerá los propósitos del rey con sus decisiones y, por tanto, nadie se atreverá a explorar caminos desconocidos. Se asume que la reserva intelectual del rey debe estar en consonancia con el plan de gobierno que abarca. Por ello, ascenderá al trono solo tras ser evaluado por los ancianos eruditos mencionados, situando así a los sabios del Sanedrín por encima de sus reyes manipulables y controlándolos.

Este es un breve resumen de los Protocolos conocidos como los Protocolos de los Sabios Ancianos de Sion. Fueron redactados a finales del siglo XVI por el líder autocrático de la nueva Hermandad Oscura, conocida como el Papa Negro, dos siglos antes de la creación del último vehículo luciferino para la dominación mundial, los Illuminati. Los Protocolos fueron diseñados para delinear la estructura y marco para que los miembros del nuevo orden internacional planificaran sus estrategias para la conquista global.

La Casa de Rothschild y la Nobleza Negra de Europa han desempeñado roles fundamentales en la implementación de estos Protocolos, esforzándose por convencer a la población de que son descendientes del linaje de David. El único monarca del linaje real de David que alcanzó la realeza fue el Rey Arturo de las Cortes de Wessex. Aparte de este monarca, un descendiente de la temprana dinastía carolingia, la Nobleza Negra traza su ascendencia hasta la línea babilónica de Nimrod Esaú.

La Hermandad Oscura ha utilizado consistentemente términos eufemísticos para describir sus órdenes y planes. Por ejemplo, Ignacio de Loyola llamó a su orden la Compañía de Jesús para que, en caso de ser expuestos, parecieran una entidad benevolente, de ahí su nombre, Compañía de Jesús. En esencia, evolucionaron hasta convertirse en el núcleo moderno de la bestia (Babilonia), sirviendo como una rama militar poderosa y secreta del gobierno oculto en tiempos contemporáneos.

De igual modo, cuando los jesuitas organizaron la Hermandad moderna de los Illuminati, le dieron el nombre de la antigua orden de los iluminados, buscando confundir a las masas y hacerles creer que ellos eran los verdaderos iluminados de la antigüedad. El próximo capítulo explorará la historia de la antigua Hermandad de la Luz, conocida en la historia esotérica como las ramas de la Gran Hermandad Blanca de la Logia Azul.

# Capítulo 8: La Hermandad de la Luz

Esta orden ancestral fue, en esencia, la primera de los verdaderos iluminados. Concebida originalmente como un grupo de trabajadores de la luz, su propósito era servir al mundo, ayudando a la humanidad que había perdido su conexión espiritual debido a la influencia negativa de la Hermandad Oscura, desde los tiempos de la Atlántida y luego en Babilonia. Sin embargo, esta antigua orden de iluminados se convirtió en el precursor del conocimiento espiritual más elevado en nuestro mundo. Recibieron varios nombres, pero uno que resonó profundamente en el mundo occidental fue la Antigua Orden de Melquisedec.

En Egipto, la Hermandad de la Luz estableció grandes órdenes dedicadas no solo a fomentar la educación superior para regresar a un estado de conciencia elevado, sino también a resguardar el conocimiento oculto, la verdad, la justicia, la paz y la comunidad. Su misión incluía contrarrestar cualquier intento de dominación mundial por parte de la Hermandad Oscura, actuando como representantes de las fuerzas de la luz en la Tierra. Gracias a esta formidable Hermandad de la Luz, el mundo ha sido protegido de sucumbir completamente al régimen de control más extremo. Además de combatir a la sinagoga de Satanás, han sido la fuente de la educación necesaria para la iluminación y el ascenso a nuestra divinidad.

Estas enseñanzas sagradas formaron el núcleo de la antigua sabiduría olvidada, representando la doctrina original y la creencia central de la verdadera alianza espiritual, preservada por la Hermandad original de la Luz, la Antigua Orden de Melquisedec.

El término "Sión", que originalmente significaba la tierra prometida antes de ser distorsionado por la Hermandad Oscura, pertenecía a la tradición oral de los antiguos israelitas bíblicos asociados con la orden de Melquisedec. Quienes lograron descifrar el verdadero significado de las profecías bíblicas entienden ahora que Sión era, en realidad, América. Los Estados Unidos de América representaban esa tierra prometida que los descendientes de Abraham buscaban establecer, descrita en la Biblia como la tierra de leche y miel. Los fundadores de esta nación sembraron las semillas de la libertad en un esfuerzo por traer prosperidad para todos mediante la creación de una República constitucional, lo que sugería que eran auténticos descendientes de Abraham. El propósito original de esta gran nación no era solo establecer una estructura ideal, sino también servir como modelo para el mundo. Esta nación simbolizaba una profecía cumplida, la tierra de abundancia, libertad y felicidad antes de ser corrompida por la Hermandad Oscura.

Por otro lado, la Hermandad Oscura, como se menciona en los Protocolos, utilizó el término "Sión" para describir un reino de poder y control absolutos, pervirtiendo su significado original para representar su dominio luciferino.

Mientras que la Hermandad Oscura se ha centrado en la opresión mediante una agenda luciferina, la Hermandad de la Luz ha buscado la exaltación y ascensión de la humanidad. La idea de una República propia fue celosamente protegida por las "fuerzas del bien" durante más de veinticinco mil años, con múltiples intentos de manifestarla como un sistema de gobierno utópico. Sin embargo, la existencia de la Hermandad Luciferina resultó en una prolongada lucha entre estas dos redes opuestas de sociedades secretas. Las fuerzas de la oscuridad han tendido a inclinar la balanza del poder a su favor debido al control temporal de Marduk-Satanás sobre nuestro planeta. Sin embargo, su tiempo es limitado, y su fin está cerca.

En la actualidad, vivimos una dispensación especial sin precedentes en nuestra historia, mientras avanzamos hacia una nueva era. Esta es una época de restauración y equilibrio, devolviendo a la Tierra su plan divino original. Estos eventos forman parte de profecías guardadas a lo largo del tiempo, junto con un cuerpo de conocimiento antiguo, por órdenes positivas que han sido suprimidas, ignoradas o desacreditadas por los vencedores de los imperios y aquellos que reescribieron la historia. La verdad es que la luz siempre ha estado presente en el planeta, salvaguardando estas verdades originales, que han emergido en diferentes épocas bajo distintos nombres y órdenes, como los guardianes de la llama de la iluminación.

La visión de estos guardianes de la República y de la iluminación para un futuro positivo se basaba en otorgar al pueblo libre albedrío, estableciendo así las bases para la evolución espiritual. La única manera de que esto ocurriera era mediante la creación de un sistema de gobierno perfecto y viable: una República constitucional basada en la comunidad del pueblo y para el pueblo. Este sistema permitiría la expresión de plena libertad y fomentaría la cooperación entre las personas, generando paz, armonía y equilibrio entre los miembros de sus comunidades, como resultado de una educación adecuada. Desafortunadamente, estos periodos de "edad dorada" siempre fueron socavados por el gobierno oculto de la Hermandad de la Serpiente.

Las órdenes benévolas de la luz han sido guardianas del conocimiento espiritual superior. No solo lo han protegido, sino que también han evitado que este conocimiento caiga en manos de su enemigo, la Hermandad Oscura, que siempre ha intentado corromperlo, distorsionarlo y utilizarlo en su beneficio.

Según las Escrituras, Abraham fue instruido en los misterios superiores por Melquisedec, una figura significativa que, como líder portador de luz en los primeros días postdiluvianos, era tan recto que incluso Abraham buscó su sabiduría y consejo. Muchos creen que podría haber sido un ser celestial o un arcángel que transmitió a la humanidad el verdadero sacerdocio, preservado a través de los descendientes de Abraham y, más tarde, los hijos de David, como el sumo sacerdote de Sadoc de la línea de sangre mesiánica. Uno de los principios fundamentales de este sacerdocio era que solo personas de rectitud y con intenciones puras podían ser iniciadas en él, protegiéndolo de los poderes corruptos de la hermandad babilónica. Con la herencia de este sacerdocio venía la iniciación en el conocimiento superior de la sabiduría divina. Melquisedec se convirtió en una figura clave, transmitiendo esta sabiduría a Abraham, quien a su vez la pasó a sus descendientes, llegando hasta Moisés y el rey David.

Los registros de la Hermandad de la Luz indican que la orden de Melquisedec existía incluso antes de la creación de este mundo. Según los textos de Urantia, era la orden original de filiación enviada desde los mundos evolucionados superiores a los mundos inferiores para servir como reparadores universales, bajo la dirección de Cristo Miguel, el principal guardián de todo el universo.

En tiempos de Abraham, la orden de Melquisedec introdujo en la Tierra el sacerdocio de Melquisedec. En el antiguo Egipto, se consideraba el sumo sacerdocio de la alianza entre dios y hombre, que existía antes de la creación de nuestro mundo como una orden universal supervisada por el Señor Miguel, el nombre original del Arcángel Miguel.

Antes de que el sacerdocio de Melquisedec llegara a la Tierra, existían otros dos sacerdocios que operaban como vehículos de la hermandad luciferina: el sacerdocio Thai y el sacerdocio Atep, practicantes de las artes oscuras de la magia negra y la hechicería. Estos sacerdocios corruptos fueron los que Akhenaton-Moisés buscó derrocar, ya que surgieron cuando los Ángeles Caídos tomaron el control de la Tierra durante la era de la Atlántida.

Después del gran diluvio, el conocimiento se transmitía de maestro a discípulo o iniciado, dando inicio a la tradición oral. Esta tradición se implantó debido al carácter sagrado de estos conocimientos, que eran custodiados por la orden de Melquisedec. Los misterios superiores pasaron a formar parte de la tradición esotérica, revelados solo a aquellos iniciados que demostraban estar preparados para comprender la sagrada sabiduría de todas las eras. Durante este tiempo, Babilonia ya había difundido un falso sistema religioso que no podía mezclarse con la pureza mantenida por los auténticos poseedores del sumo sacerdocio de Melquisedec.

Estas dos corrientes rivales crearon una división entre la tradición exotérica, los misterios menores, que era la interpretación general para la población común, y la tradición esotérica, o conocimiento secreto de los misterios superiores, destinado a unos pocos seleccionados. Por lo tanto, era crucial que la antigua orden de Melquisedec desarrollara un camino iniciático hacia lo sagrado para aquellos que demostraran ser dignos.

La iniciación en los misterios tenía como propósito, primero, proteger el conocimiento divino superior de los no iniciados, especialmente de los luciferinos, quienes siempre intentaban distorsionar las grandes verdades de Dios. En segundo lugar, debido a que el público estaba profundamente inmerso en las religiones corruptas de los babilonios, una transición directa al conocimiento divino resultaba imposible sin una comprensión más refinada de nuestra esencia superior.

En esa época, la humanidad era gobernada por el miedo y se creía que los humanos eran seres racionales que debían ser guiados por dioses, los únicos con verdadera naturaleza divina. La humanidad había perdido su conexión divina debido al intenso adoctrinamiento de esta falsa doctrina.

Ante esta situación, un camino iniciático preciso fue establecido por la Hermandad de la Luz, que comprendía que la humanidad había descendido de un estado divino a una condición más baja. Esta comprensión marcó el inicio del conocimiento oculto, preservado en las enseñanzas de las escuelas de misterio. Una vez que los hombres estuvieran listos para ascender y regresar a su hogar divino, este camino iniciático les estaría disponible. No obstante, según la profecía, llegaría un momento en que toda la humanidad estaría preparada para aprender los misterios sagrados del conocimiento antiguo de la sabiduría eterna, así como las verdades universales olvidadas, que iniciarían el gran despertar de toda la humanidad.

Lo esotérico, por lo tanto, prosperó en secreto durante milenios y solo estuvo disponible para aquellos que demostraran estar preparados y ser dignos de una mayor iniciación en el conocimiento superior de Dios, confiado a las órdenes de la luz. Estas órdenes se convirtieron en pilares fundamentales para el avance del reino de los cielos en la Tierra. Actuaban como representantes del lado de la luz y la vida, protegiendo y custodiando la llama viva de Dios en el mundo antiguo y moderno. La orden Melquisedek de la luz llegó a ser conocida como la Gran Hermandad Blanca. Su propósito central era culminar el trabajo de todas las edades para alcanzar la inmortalidad y la vida eterna, como se indica en el Libro de Moisés.

La Hermandad de la Luz trasladó las antiguas escuelas de misterio a Egipto durante sus primeras dinastías. Allí, establecieron los antiguos oráculos, templos y grandes academias de enseñanza superior, dando lugar a una hermosa era dorada. También han protegido siempre a los descendientes de este antiguo linaje, conocidos como los reyes y reinas del santo grial, de la extinción a manos de la Hermandad Oscura, que ha intentado borrar cualquier rastro de este linaje. Esta es la razón por la cual el faraón Akenatón, también conocido como Moisés, fue heredero al trono de Egipto como descendiente de la casa original de Israel antes de la infiltración de la Hermandad Oscura. En Egipto, este linaje fue simbolizado por la Esfinge, con cuerpo de león y rostro humano, representando a la tribu de Judá. Este patrón de eliminar a cualquier descendiente de la casa de Judá se repitió en los tiempos de Herodes, cuando nació Jesús.

El conocimiento superior es lo que dio a Egipto el primer grupo de sanadores conocidos como Therapeutae, que desarrollaron métodos de curación natural combinando espiritualidad con alquimia, utilizando sus dones para el bien como sanadores de Egipto. Este tipo de sanación se convirtió en el precursor del Reiki en el mundo moderno, una forma de sanación espiritual holística utilizando la energía etérica, conocida como pránica o Chi en Oriente, dirigiendo la energía espiritual del universo hacia el chakra donde se manifiesta la enfermedad.

Otras formas de sanación se practicaban mediante el uso de hierbas naturales. Estas eran algunas de las ciencias espirituales de la tradición esotérica empleadas por estos sanadores. Además, el principio central en el proceso iniciático de la tradición secreta legado por la Gran Hermandad Blanca era que el ser humano es un ser espiritual expresado en forma humana. Por lo tanto, el proceso iniciático proporcionaba a la humanidad una vía para redescubrir esa esencia del verdadero yo, conocido como el yo superior o el Cristo interior.

El objetivo era integrar nuestra esencia espiritual con nuestra forma física a través de ejercicios espirituales en un proceso conocido como ascensión, fusionando nuevamente el espíritu y la materia, lo cual marca el destino final de toda la humanidad. Este aspecto de nosotros ha sido ocultado por las ilusiones creadas desde Babilonia por la hermandad de las tinieblas. Es esta gran verdad la que las fuerzas de la oscuridad han tratado de suprimir, cualquier conocimiento que conduzca al redescubrimiento del yo superior Divino, también conocido como la conciencia Crística, que nos conecta con las esferas superiores del reino espiritual.

Si toda la humanidad llegara a reconocer esta verdad escondida de descubrir el ser Divino o el Cristo interior, y lo cultivara mediante prácticas espirituales adecuadas, el reino de Dios se manifestaría aquí en la Tierra, accesible para todos. Esta realización y manifestación es lo que la Gran Hermandad Blanca y sus guardianes del conocimiento espiritual han protegido celosamente, como custodios de la Verdad y del poder divino en nuestro mundo.

A lo largo de los siglos, los misterios menores se transformaron en la religión popular, mientras que los misterios superiores, más ocultos, se reservaban para aquellos considerados dignos de ser iniciados en el camino por el sacerdocio de Melquisedec. Estos misterios superiores solo se abrían a los aspirantes que demostraran una auténtica humildad. Los que se encontraban bajo la influencia de sacerdocios corruptos, guiados por principios luciferinos, permanecían en los misterios menores, donde los conocimientos ocultos se enseñaban de manera alegórica.

Como se ha mencionado antes, la profunda sabiduría de las Escuelas de Misterios de Egipto se expandió a otras regiones, atrayendo a buscadores de la verdad de diferentes tierras que acudieron a aprender de los antiguos egipcios. Este saber influyó en la creación de la academia de Platón en Grecia y sus propias escuelas de misterios, que fomentaron la grandeza de su era clásica. Grecia alcanzó logros significativos en las artes, la música, la filosofía, las matemáticas y la ciencia, y experimentó una fase de república soberana bajo la influencia de Solón de Atenas, que fue descrita por Platón en su tratado sobre el Estado ideal.

Esto demuestra que el destino de una sociedad está profundamente ligado al tipo de educación que adopta. Una formación adecuada permite que una sociedad prospere de manera armónica, promoviendo la hermandad y la fraternidad auténticas. Desde siempre, la creación de una fraternidad universal ha sido el objetivo final de la Gran Hermandad Blanca. Hoy en día, la existencia de la República de los Estados Unidos se debe, en parte, a la preservación de estos ideales por parte de sociedades secretas benevolentes.

Dentro de los sacerdocios de la luz, las mujeres siempre han sido valoradas como iguales a los hombres. Aquellas mujeres que demostraban justicia y preparación eran también elegibles para la iniciación y podían alcanzar el grado de sumas sacerdotisas. En esta tradición, tanto hombres como mujeres eran considerados hijos de la luz, y cualquier alma que mostrara una comprensión de los misterios del conocimiento celestial podría ser iniciada y exaltada. Sin embargo, los sacerdocios luciferinos degradaron a las mujeres, relegándolas a una posición inferior.

Los misterios superiores eran el dominio de aquellos que buscaban la verdad y los principios universales. En este contexto, Moisés-Akenatón escribió la Torá en múltiples niveles de comprensión. La interpretación literal representaba una continuación de los misterios menores, que más tarde fueron distorsionados por la Hermandad Oscura. Sin embargo, el conocimiento superior se mantuvo en una composición conocida como la Cábala. Hay evidencia de que Moisés dominaba estos saberes superiores, habiendo sido educado en el conocimiento de los egipcios, la misma sabiduría que Melquisedec transmitió a Abraham.

Melquisedec inició a Abraham, y más tarde Moisés fue iniciado en ese mismo sacerdocio. Algunos estudiosos creen que este es el sacerdocio más elevado y hereditario de la orden original de Melquisedec de la Gran Hermandad Blanca, y la razón por la cual se inició el programa de Israel en tiempos antiguos. El sacerdocio menor, o aarónico, existía para los principiantes, mientras que el de Melquisedec era para los que iniciaban en el verdadero camino. Este proceso iniciático se mantuvo en secreto para proteger el conocimiento superior de caer en malas manos, lo que llevó a la creación de sociedades secretas positivas como extensiones de la Gran Hermandad Blanca, con el fin de resguardar esta tradición oculta hasta que llegara el momento adecuado para que la sabiduría eterna y las verdades universales fueran reveladas. Al final, esto conducía a la ascensión o unión con lo divino, integrando espíritu y cuerpo.

Los sabios de este conocimiento comprendían que la humanidad utilizaba solo una fracción de su potencial mental. Creían que, al elevar la conciencia y el conocimiento, la humanidad eventualmente se uniría con su verdadero ser divino. Como el objetivo final de la humanidad es completar el proceso de ascensión, la tradición secreta que comenzó en Egipto fue celosamente resguardada y transmitida por la sagrada orden de Melquisedec a lo largo de generaciones, manifestándose luego en la comunidad judía de Qumrán, conocida como los esenios. Esta sociedad secreta heredó las enseñanzas de las antiguas escuelas de misterios egipcias y las practicó en secreto, manteniéndose apartada del resto del mundo.

Los esenios, conocidos como "los puros", alcanzaron altos niveles de conciencia, dominando sus pensamientos, emociones y acciones. Superaron circunstancias adversas mediante su familiaridad con el reino espiritual, eterno e inmutable. Además de este dominio personal, alcanzaron un profundo entendimiento de la gnosis, que les otorgó habilidades espirituales como la telepatía, la clarividencia, la levitación y la sanación, tal como sucedió con sus predecesores egipcios. Jesús, en esta orden, era visto como un alquimista, capaz de transformar sustancias, como cuando convirtió el agua en vino durante su boda con María Magdalena.

Uno de los mayores secretos que desafió a la iglesia cristiana fue el matrimonio de Jesús con María Magdalena. La historia de las bodas de Caná en Galilea fue, en realidad, la boda de Jesús y María Magdalena. Según los principios de la Antigua Orden de Melquisedec, todos los sumos sacerdotes y sumas sacerdotisas debían estar casados. Los estudiosos de la Cábala y la tradición sagrada conocen que esta antigua verdad era un derecho de la orden para todos los iniciados que alcanzaran el grado de sumo sacerdocio.

El matrimonio era, en otras palabras, un requisito esencial y parte del pacto de la orden de Melquisedec. Jesús fue nombrado sumo sacerdote según esta orden, al igual que Moisés, Abraham y sus esposas. No obstante, esta verdad fue eliminada por los primeros padres de la iglesia, que ocultaron más de 700 libros de la Biblia.

Con los descubrimientos de los Manuscritos del Mar Muerto, traducidos y recuperados en el siglo XX, se ha revelado que Jesús y Magdalena estaban casados. Esta revelación proviene de documentos dejados por los esenios, quienes conocieron personalmente a Jesús. Traducciones más esotéricas de los evangelios, como los de los Apóstoles, el evangelio secreto de Tomás, y el evangelio secreto de Marcos, e incluso de Juan, confirman este matrimonio.

Estudiosos que han analizado las verdades ocultas en los evangelios concluyen que Jesús enseñaba al público en parábolas mientras reservaba los conocimientos más profundos para sus seguidores cercanos, mostrando los ritos de iniciación. Un pasaje bíblico confirma esto, cuando Jesús dice a sus discípulos: «Hablo en parábolas a las masas, pero a vosotros os revelaré los misterios del conocimiento superior y el reino de Dios».

Jesús de Nazaret era el maestro de los esenios y el custodio de las enseñanzas antiguas de las escuelas de misterios. Tras su crucifixión, las enseñanzas originales fueron corrompidas por algunos de sus seguidores. Así, Pablo de Tarso, conocido como el fundador del cristianismo occidental, fue manipulado por la Hermandad Oscura para distorsionar el verdadero mensaje de Cristo y de sus seguidores originales, los "seguidores del camino". La intervención de Pablo dio lugar al cristianismo impuesto por Constantino, que buscaba fusionar la antigua religión romana, Sol Invictus, con un nuevo credo.

Evidencias recientes sugieren que Santiago el Justo, hermano de Jesús, representaba una oposición al cristianismo paulino, la versión alterada del cristianismo que marcó el inicio de la Iglesia Romana. Estos conflictos entre los cristianos paulinos y los verdaderos cristianos liderados por Santiago el Justo están documentados en el libro «Custodios de la verdad», de Tim Wallace Murphy y Marilyn Hopkins. Se revela que los seguidores originales del camino, liderados por

Santiago el Justo y San Juan el Revelador, eran los verdaderos cristianos designados por Cristo para enseñar su mensaje, contradiciendo la falsa idea de que Cristo entregó esta responsabilidad a Pedro. Este fue uno de los mayores engaños que la Hermandad Oscura utilizó para perpetuar el manifiesto luciferino tras la caída del Imperio Romano.

Se plantea que Pablo, el supuesto convertido al cristianismo, fue manipulado por hechiceros de la sinagoga de Satanás y se convirtió en un peón de la hermandad luciferina. El cristianismo paulino, de hecho, ofreció a la Hermandad Oscura una base para eliminar el aspecto femenino sagrado de la divinidad, estableciendo un sistema patriarcal dominado por el Papado. La eliminación del componente matriarcal de la divinidad ha sido una meta constante de la Hermandad Oscura. Incluso el nombre de Cristo fue distorsionado por la iglesia romana, siendo originalmente Esaú Emmanuel, que significa «Dios con nosotros», o Josué en griego. Esaú Emmanuel se convirtió en la encarnación suprema de la Conciencia Crística en la Tierra, recibiendo el título de "el ungido".

Tras la creación de la iglesia romana luciferina, la mayoría de los esenios y sus ramas fueron exterminados. Algunos, como José de Arimatea, María Magdalena, Marta de Betania y otros pocos, lograron huir a un lugar seguro, preservando en secreto la tradición del conocimiento místico y el linaje sagrado davídico. Hoy, esta información está emergiendo, especialmente en relación con la línea de sangre del Santo Grial de Jesús y María Magdalena.

Casi todos los esenios fueron eliminados, salvo unos pocos que lograron escapar. Estos sobrevivientes continuaron su trabajo en secreto, demostrando que no todas las sociedades secretas han tenido intenciones malignas. Se han escrito varios libros que describen cómo los esenios de Betania, la familia de Jesús, y otros allegados navegaron hacia lugares seguros, como el sur de la actual Francia. Algunos registros indican que otros se dirigieron hacia el este.

Durante seis siglos, el linaje sagrado, manifestado en 24 familias según «Custodios de la Verdad», resurgió como la sagrada orden del Grial, el nuevo nombre de la Antigua Orden de Melquisedec reorganizada en Francia. Esta nueva orden de la luz prosperó y se mantuvo en secreto a través de la Edad Media, preservando el linaje sagrado y el conocimiento esotérico. Este es el verdadero significado del Priorato de Sión en la leyenda del Santo Grial. Según Tim Wallace Murphy y Marilyn Hopkins, los verdaderos descendientes de Jesús y María Magdalena fueron conocidos como los Desposyni.

En términos generales, la Hermandad de la Luz, bajo el nombre de la orden sagrada del Grial, continuó su existencia en secreto durante toda la Edad Media, guiada por la rectitud. Algunos creen que estos descendientes eran los merovingios de los primeros francos, mientras que otros los identifican con los carolingios del reino de Septimania en el norte de España. Este linaje ha sido protegido por las órdenes benevolentes de la luz y también por ángeles y seres celestiales de dimensiones superiores.

Un ejemplo de la manifestación de este linaje sagrado está en las leyendas del Rey Arturo y la Mesa Redonda de los Doce Caballeros. La narrativa oficial ha intentado hacernos creer que la historia de Camelot era solo un mito, pero en realidad, la leyenda del Rey Arturo es un hecho. Los descendientes del Rey Arturo estaban destinados a ser los gobernantes legítimos de la corona británica, como descendientes directos del rey David. La Mesa Redonda promovida por el Rey Arturo simbolizaba un ideal de gobierno democrático y una auténtica manifestación de la orden de Melquisedec, ya que los Doce Caballeros representaban a los doce apóstoles. No cabe duda de que, de no haber sido por las conspiraciones de los luciferinos que causaron la caída de la dinastía artúrica, la Edad Oscura podría haberse evitado, y un mundo libre habría surgido mil doscientos años antes.

Otras familias descendientes de la tribu de David también alcanzaron el poder varios siglos después, durante la era carolingia. Esto fue posible gracias a la Hermandad de la Luz, que había logrado infiltrar a sus agentes en la Iglesia Romana, valiéndose de figuras como Bernardo de Claraval, quien estableció monasterios diseñados para asistir a las familias Desposyni del Santo Grial en el siglo VI d.C. Así como los luciferinos se infiltraron en las órdenes de luz del mundo antiguo, las fuerzas del bien también se infiltraron en las instituciones de la Hermandad Oscura, continuando así la lucha entre el bien y el mal.

Según «Custodios de la Verdad» de Wallace Murphy y Marilyn Hopkins, hubo un tiempo en que las familias del Grial de Judá ascendieron al poder y establecieron el reino de Septimania, que comprendía el norte de España y el sur de Francia. Durante la Edad Media, estas familias revivieron los antiguos ritos de iniciación para aquellos que demostraban estar listos para recibir los conocimientos superiores de la tradición esotérica, ese saber sagrado.

En gran medida, cuando la Madre Iglesia pensó que había destruido todos los registros relacionados con la tradición esotérica, la sagrada orden del Grial y las 24 familias habían preservado este conocimiento en la clandestinidad hasta el ascenso de la dinastía carolingia, momento en el que pudieron traerlo de nuevo a la luz pública. Además, otro grupo gnóstico, los sufíes, que también serían ramas sobrevivientes de los esenios, desempeñaron un rol crucial en la preservación y el resurgimiento del antiguo conocimiento místico que llegó a España bajo la dinastía omeya.

Por ejemplo, una de las principales ramas de la orden sagrada del Grial fue la de los constructores medievales del Gremio de la Piedra, precursores de la actual masonería de la Logia Azul. Estos iniciados fueron seleccionados por los miembros de la Sagrada Orden del Grial para convertirse en los grandes arquitectos de Europa. En algunas órdenes espirituales, se les conocía como los Hijos de Salomón. Para la Iglesia Romana, eran simples constructores errantes del Gremio de la Piedra, a quienes consideraban como humildes artesanos que levantarían la mayoría de los edificios europeos. Se convirtieron en grandes arquitectos, constructores de templos, catedrales, iglesias y otros monumentos europeos. Gracias a su humildad y a hacer creer a la iglesia que estaban de su lado, esta no sospechó que estaban trabajando para la oposición, los templarios.

Los constructores viajeros del Gremio de la Piedra marcaron el comienzo del resurgimiento en contra del creciente poder de la Iglesia Romana, un linaje que se remontaba a los esenios y los antiguos egipcios. Fue esta rama de constructores la que evolucionó hasta convertirse en los Francmasones, quienes propiciaron el nacimiento de nuestra República Constitucional. Se consideraban hombres y mujeres libres y aceptados en un mundo dominado por la represión y la opresión del Sacro Imperio Romano Germánico, que monopolizaba la educación, la religión y el conocimiento. Para ellos, la libertad era un sueño y una esperanza, inspirados por las épocas doradas del pasado. En sus reuniones privadas y secretas, ellos y otras órdenes de luz, como la Rosacruz, empezaron a delinear las formas en que la República moderna del Estado-nación podría renacer.

Es crucial entender que, para el surgimiento de los Caballeros Templarios, las órdenes del bien debían jugar el juego de infiltración de sus enemigos. Por esta razón, miembros de la Sagrada Orden del Grial se infiltraron en la Iglesia Romana creando órdenes monásticas como los Cistercienses para ganar influencia dentro de la iglesia. Esta estrategia de la Hermandad de la Luz fue eficaz para que el Santo Grial creara su fuerza militar de monjes guerreros, los Pobres Caballeros de Cristo, que con el tiempo se convirtieron en los Caballeros Templarios. Aunque la historia oficial afirma que fueron creados para proteger a los peregrinos en su viaje hacia y desde Tierra Santa, en realidad fueron formados secretamente como guardianes de la continuidad de la Antigua Orden de Melquisedec, conocida entonces como la Sagrada Orden del Grial, el auténtico Priorato de Sión.

Ahora, las "fuerzas del bien" competían con los luciferinos en su propio terreno. Para la orden sagrada del Grial, la Hermandad Blanca es el verdadero Priorato de Sión, los que traerían un mundo libre o la República, que los benévolos Caballeros del Templo fueron creados para proteger. Desde la época de los esenios en Jerusalén, la Hermandad de la Luz tenía conocimiento de reliquias, tesoros y registros ocultos en las profundidades de las antiguas ruinas del Templo de Salomón. Al formar los Caballeros Templarios, creados a semejanza de los caballeros del Rey Arturo, estos inmediatamente comenzaron a excavar en busca del tesoro perdido y de los textos antiguos de conocimiento de la Antigua Orden de Melquisedec, dejados por Salomón. Los Caballeros Templarios se convirtieron en el brazo visible de la

Hermandad de la Luz en la Europa medieval de la Edad Oscura, infiltrándose en la Iglesia Romana.

Era necesario infiltrarse desde dentro de la Iglesia Romana para proteger el orden de luz existente. Se cree que los Templarios crearon algunas de las culturas más espirituales de la Edad Oscura, que permanecen fuera de los registros históricos. Un ejemplo de esto fueron los Cátaros de Francia, una comunidad que vivía en rectitud y seguía los principios de la Iglesia original de los seguidores del camino, con raíces en los esenios. Fueron los templarios quienes abrieron los canales de la educación a todas las personas que la buscaban, no solo a los nobles y ricos. Propusieron nuevos métodos bancarios descubiertos en sus excavaciones que beneficiarían a todos, no solo a los acaudalados. También actuaron como depositarios de la riqueza, emitiendo billetes para evitar que la gente fuera asaltada en su viaje por los peligrosos caminos de la Edad Oscura. Su protección se extendía a los plebeyos y a los más desfavorecidos, siempre que sus acciones reflejaran los principios de Cristo.

Los templarios se transformaron en más que meros protectores del linaje del Santo Grial. Representaban la caballería, la verdad, la justicia y la humanidad, siendo grandes instrumentos de la Hermandad de la Luz, luchando por sacar a Europa de la Edad Oscura mientras se oponían secretamente a las acciones de la Iglesia Romana controlada por los luciferinos. Las acciones de esta orden de Caballería brindaron a la Edad Oscura momentos de luz, libertad y prosperidad a las comunidades con las que tuvieron contacto. Sus actos promovieron la alfabetización, creando comunidades justas y prósperas, como los cátaros de Francia y los trovadores de España.

Sin embargo, estos momentos de progreso fueron efímeros, pues los luciferinos no tardaban en percibirlos y actuaban para detener cualquier avance que obstaculizara su manifiesto de control absoluto. Porque, ¿cómo controlar a un pueblo que ha adquirido cultura y conocimiento? La iglesia, entonces, no tuvo otra opción más que lanzar una nueva cruzada papal, convencida de que la ignorancia era su mayor arma contra la humanidad. La comunidad de los cátaros, que había adquirido un alto nivel de cultura, se convirtió en una amenaza para la Iglesia Romana. Este trágico episodio histórico se conoce como la Cruzada Albigense.

En este terrible evento, conocido también como la Santa Inquisición Romana, el Papa ordenó la masacre de todos en esas comunidades, incluidos los propios católicos romanos que convivían con los cátaros. Se dice que los legados papales exterminaron a toda alma viviente en esa región, tanto católicos como cátaros, con la consigna de que Dios reconocería a los suyos. Esto deja en claro la verdadera naturaleza de la Iglesia Romana como la segunda bestia de Babilonia.

La Cruzada Albigense desmanteló todos los bastiones cátaros, iniciando con la masacre en Beziers, seguida por la caída de Carcasona, y concluyendo en Montsegur, el último refugio de esta comunidad. A partir de estos eventos, la Hermandad Oscura identificó a los Caballeros Templarios como los principales defensores de estas comunidades autónomas que vivían fuera del dominio de Roma. No tardaron en volverse contra ellos. La iglesia romana, manipulando al rey Felipe el Hermoso, y a través de él al papa Clemente V, rompió con la influencia del concilio de Bernardo de Claraval, quien actuaba como mediador entre los templarios y la iglesia. Este complot resultó en la supresión y ejecución de los templarios, un acto atroz contra una orden que abogaba por el bien y la justicia.

Algunos templarios lograron escapar, llevándose consigo la Sagrada Orden del Grial hacia regiones del norte de Europa como Escocia, e incluso cruzando el Atlántico, llegando a América antes que los enviados de Roma. Este conocimiento se conservó en antiguos manuscritos de la Orden de Melquisedec, que desde siempre conocía la existencia de un continente descrito en textos antiguos como La América, visto como una tierra de promisión, destinada a ser la gran Sión, la República.

Sin embargo, caballeros de alto rango como Jacques de Molay, Gran Maestre de la orden, fueron ejecutados en la hoguera durante la Santa Inquisición orquestada por la Iglesia Romana bajo el control del Sanedrín luciferino. Desde los tiempos de Babilonia, profetas, visionarios y hombres justos han sido víctimas de "La Mano Oculta", conocida como la sinagoga de Satanás o la Hermandad Luciferina.

Los Caballeros Templarios y la Sagrada Orden del Grial, también conocida como la Hermandad de la Luz, el núcleo interno de los templarios, preservaron la semilla y el concepto de una mancomunidad de pueblos, una gran República de Estados soberanos. Las órdenes de la luz siempre han sido meticulosas en proteger los principios de un gobierno justo, como lo descrito por Platón en su obra **La República**, enfrentándose a los intentos de exterminio por parte de la Hermandad Oscura, que utilizaba a la Iglesia Romana para borrar cualquier rastro de este modelo de gobierno. Estos principios de justicia fueron guardados junto con conocimientos ancestrales y el verdadero linaje del Rey David, razón por la cual la orden secreta de los esenios se vio obligada a huir y esconderse por siglos después de la crucifixión de Josué, conscientes de que sus descendientes desenterrarían los registros en las antiguas ruinas del Templo de Salomón.

Luego de la persecución de los templarios en 1307, los sobrevivientes se dispersaron y se integraron en diversas órdenes de caballería por toda Europa, buscando evadir la brutal Inquisición que perduró por otros dos siglos. La facción de los templarios que cruzó el Atlántico bajo el liderazgo de St. Clair de Escocia llegó a América antes que los enviados de la Hermandad Luciferina, hacia finales del siglo XIV. Conscientes de que el continente ya estaba habitado, establecieron relaciones pacíficas con los pueblos nativos, plantando las semillas de libertad y justicia que florecerían en los Estados Unidos de América en 1776.

Paralelamente, en Europa, los Caballeros Templarios, bajo diversos nombres como los Caballeros de Santiago, de la Orden de Miguel, del Baño, y especialmente del Croissant, sentaron las bases de lo que más tarde sería conocido como la Reforma del siglo XV y el Renacimiento. La Hermandad de la Luz entendía que para debilitar el poder de la Iglesia Romana, controlada por los luciferinos que buscaban un dominio total sobre el mundo, debían generar condiciones que minaran la influencia de la iglesia sobre los monarcas, similar a lo que ocurrió con la caída de Roma. La Reforma del siglo XV evitó que el mundo cayera nuevamente bajo una agenda de oscuridad.

El monopolio de la Iglesia Romana sobre los reyes se sostenía en un control tanto temporal como espiritual, desde los tiempos de Constantino. Los templarios, operando bajo diversas órdenes, infiltraron a sus enemigos colocando agentes dentro de la Iglesia Romana, como el obispo Martín Lutero y Calvino, quienes promovieron la lectura de la Biblia de forma individual. Esta revolución fue silenciosa y paulatina, trabajada desde el interior de la iglesia, y fue precisamente esta insistencia en la lectura personal de las escrituras lo que impulsó la Reforma Protestante. Con este movimiento en marcha, los templarios supieron que era el momento de impulsar una nueva era de ilustración, esta vez de alcance europeo.

Esta revolución religiosa silenciosa fue posible gracias a que la Reforma Protestante permitió a las fuerzas de la luz arrebatar a la Iglesia Romana su control absoluto sobre Europa. Cada paso fue crucial; primero, al despojar a la Iglesia de su autoridad espiritual, la Reforma Protestante también allanó el camino para un florecimiento en el arte, la ciencia, las matemáticas y un renacimiento de los clásicos griegos. Este renacimiento cultural fue impulsado por otro infiltrado de la luz en la Iglesia Romana, el Cardenal Nicolás de Cusa, quien, paralelo a la Reforma de Lutero, promovió el Gran Concilio Ecuménico de Florencia, allanando así el camino para el Renacimiento. Figuras prominentes como Cosme de Médicis y René de Anjou también colaboraron, rescatando vastos conocimientos que resurgieron gracias a los sufíes y los templarios.

Por primera vez, la Iglesia Romana había perdido su dominio absoluto sobre Europa, un logro de la Reforma Protestante y el Renacimiento. Este avance de las fuerzas de la luz sacó al mundo de una larga era de oscuridad y temor. Era el momento para que estas fuerzas impulsaran una reforma del absolutismo en Europa hacia una mancomunidad democrática del pueblo y para el pueblo. No obstante, esta tarea sería compleja debido a la creación por parte de la

Hermandad Oscura de la infame orden jesuita, que continuó la Inquisición bajo el pretexto de una guerra religiosa contra los protestantes que buscaban reformas en Europa.

Aunque no fue posible establecer la República Soberana como Nación-Estado en Europa tras la Reforma y el Renacimiento, la idea de un mundo libre finalmente tomó forma gracias a los pactos forjados por las fuerzas benévolas en América, a través de nuestros antepasados. Esta es una síntesis de la lucha constante de las fuerzas de la luz contra las fuerzas de la oscuridad a lo largo de la historia. A estas órdenes de la luz, debemos un profundo reconocimiento, pues han sido guardianes y, en ocasiones, mártires en nombre de la humanidad. Son aquellos hombres y mujeres de honor que existieron, fueron condenados y, con el tiempo, lograron establecer la tan ansiada República en 1776.

A pesar de que las fuerzas oscuras han prevalecido como las dominantes en este mundo, es fundamental entender que las fuerzas de la Luz siempre han estado presentes, operando estratégicamente como sociedades secretas que han protegido y conservado la sabiduría ancestral a través de los tiempos. Ellos nos legaron la República, equilibrando las fuerzas del poder a lo largo de la historia. Las fuerzas de la Luz siempre han intentado elevar a la humanidad desde su estado degradado. Es bien sabido que muchas personas están despertando y tomando conciencia de ciertos principios universales que les permiten manifestar lo que desean en sus vidas. Sin embargo, mientras algunas logran empoderarse, muchas otras caen en la sumisión, permitiendo ser controladas y manipuladas por un sistema corrupto que aún persiste.

# Capítulo 9: La Batalla Continúa

La Hermandad Luciferina, en su afán por frenar el avance del Renacimiento, manipuló otro movimiento: la Ilustración del siglo XIX, camuflada bajo el Romanticismo y liderada por su agente, Joseph de Maistre. Esta corriente fue orquestada por la Hermandad Oscura para contrarrestar el auge del conocimiento y la sabiduría que emergió tras la Reforma del siglo XV, el Renacimiento y la revolución científica. La Reforma había corregido muchas imprecisiones, como el cambio del modelo geocéntrico al heliocéntrico defendido por Galileo Galilei.

En ese tiempo, surgieron diversas corrientes filosóficas: el existencialismo, el empirismo —respaldado por los discípulos de Francis Bacon, quienes establecieron las bases del método científico bajo la égida de la hermandad positiva— y los racionalistas, que revivieron las enseñanzas de Platón y Pitágoras, permitiendo que los textos clásicos regresaran a Occidente. Sin embargo, la estrategia Romanticista de la Hermandad Oscura también pretendía desvirtuar este renacimiento intelectual, buscando desacreditar a los verdaderos filósofos de la Verdad, como Friedrich Schiller y su círculo. Al mismo tiempo, promovieron y financiaron a pensadores como Federico Hegel e Immanuel Kant, cuyas filosofías se alineaban más con sus intereses. Así, la hermandad luciferina moldeó una casta filosófica acorde a sus objetivos después del Renacimiento.

Un personaje clave en la formulación de ideologías totalitarias fue el profesor Carl Ritter, precursor del fascismo moderno. La Hermandad Oscura, consciente de que el control del conocimiento es esencial para dominar el pensamiento colectivo, ha intentado siempre influir en la educación. En este contexto, Ritter, de formación jesuita, se volvió fundamental para la Hermandad al establecer los principios del Nihilismo, posteriormente perfeccionados por Friedrich Nietzsche, a quien a menudo se atribuye incorrectamente la creación del movimiento fascista que llevó al nietzscheísmo y al nacionalsocialismo.

Por otro lado, el comunismo fue distorsionado de su contexto original y usado como herramienta de dominación, más que como un Estado Libre Asociado. Este sistema fue manipulado para mantener una clase media homogénea, eliminando las disparidades extremas de riqueza y pobreza del feudalismo, sirviendo como otro régimen opresivo bajo el control estatal, en sintonía con la agenda Luciferina.

"La Historia Secreta de los Jesuitas" de Edmond Paris documenta cómo los Jesuitas perfeccionaron este modelo en Paraguay durante el siglo XVII, información corroborada por el ex-sacerdote jesuita Alberto Rivera en su serie "Doble Cruz". Este experimento se convirtió en el laboratorio donde se gestó el comunismo como medio para establecer una dictadura fascista global, siguiendo el plan de los Protocolos de los Sabios de Sion.

Los sistemas políticos pueden dividirse en dos grandes categorías: el sistema totalitario centralizado, donde el poder reside en una élite oligárquica, objetivo de la agenda Luciferina, y el sistema que Platón definiría como una utopía ideal: una sociedad democrática con poder distribuido equitativamente entre sus ciudadanos, gobernada por el pueblo y para el pueblo.

Cualquier otra forma de gobierno deriva de estos dos modelos: totalitarismo o República Democrática. El comunismo, pese a su teoría de igualdad económica, en la práctica actúa como un régimen dictatorial con otro nombre. Este modelo, experimentado en Sudamérica bajo control jesuita, se basó en comunas administradas por la orden religiosa.

En Paraguay, durante este experimento, los indígenas fueron sometidos a una especie de servidumbre mientras los jesuitas desarrollaban un modelo para aplicar en Europa. Tras siglos de perfeccionamiento, este modelo se introdujo en Rusia para fomentar un enfrentamiento entre el nuevo mundo capitalista de Occidente y el bloque comunista del Este, facilitando la creación de un gobierno mundial totalitario.

El comunismo, perfeccionado en Paraguay, fue importado a Europa por personas entrenadas por los jesuitas, como Karl Marx. Esto permitió que figuras como Trotsky, Lenin y Stalin derrocaran el gobierno zarista ruso, utilizando el comunismo como justificación ideológica.

Sin embargo, en su forma original, el comunismo como Commonwealth podría haber garantizado una verdadera igualdad, donde el poder del pueblo sería la base del gobierno. Este modelo proporcionaría a cada miembro de la sociedad lo necesario, asegurando oportunidades para el desarrollo y prosperidad, garantizando vivienda, salud y educación para todos, en un contexto de soberanía compartida.

Este modelo de Commonwealth, según filósofos de la libertad como Schiller y Platón, se opondría directamente a las ideologías totalitarias defendidas por Hegel, Nietzsche, Kant y Marx. Un equilibrio entre propiedad privada y equidad es esencial para evitar tanto la explotación capitalista como la opresión comunista.

El capitalismo, al igual que el comunismo, puede ser corrupto, derivando en una plutocracia donde los ricos dominan al resto, como lo evidencia la élite de los Illuminati a través de su control del sistema bancario y las corporaciones multinacionales. Es crucial encontrar un equilibrio que permita a todos prosperar sin la hegemonía de unos pocos.

Esta idea de una Commonwealth utópica también reflejaría una verdadera espiritualidad. La igualdad no implica necesariamente un gobierno que controle todos los recursos, sino una justa distribución donde cada individuo pueda desarrollarse plenamente. Este sería el tipo de gobierno que Jesús establecería en la Tierra.

Cuando la humanidad alcance una comprensión universal de su origen divino, las sociedades comenzarán a estructurarse para beneficiar al mayor número de personas. En una sociedad ideal, problemas como la falta de vivienda, el hambre y la pobreza serían eliminados. Una educación basada en principios universales como el equilibrio, la resonancia y la atracción fomentaría un crecimiento espiritual y un desarrollo colectivo.

Solo una educación adecuada, accesible para todos, permitirá alcanzar el ideal utópico de Platón, donde cada individuo pueda realizarse plenamente como médico, ingeniero, científico o líder en una sociedad que provea salud y vivienda para todos. Una vez asegurados estos fundamentos, la humanidad podrá desarrollar su máximo potencial espiritual y convertirse en los gigantes espirituales que están destinados a ser, reflejando la imagen divina. Este es el verdadero propósito de la humanidad y la mayor amenaza para la Hermandad Oscura.

Este principio fue defendido por los auténticos filósofos de la libertad, quienes enfrentaron la represión del Romanticismo liderado por Joseph De Maistre, utilizado por la Hermandad Oscura para contrarrestar a los filósofos humanistas de la Libertad, como Friedrich Schiller, que promovían una República Soberana del Estado-nación en Europa.

Schiller, con obras como "Los ladrones" y su trilogía "Wallenstein", combatió las ideologías fascistas y promovió la educación estética como camino hacia la libertad política, en oposición a la filosofía tiránica de Kant, promovida por los jesuitas para diseminar ideologías totalitarias. Tristemente, los filósofos humanistas fueron finalmente silenciados por las corrientes dominantes del pensamiento jesuita.

Schiller defendía que la moralidad solo podía alcanzarse educando las emociones del ser humano para que estuvieran en armonía con la razón. A pesar de esto, sostenía que dentro de cada persona existía un ser ideal y puro que solo necesitaba la guía de una educación adecuada. También creía que este ser ideal debía ser representado por el Estado.

Schiller, a diferencia de Aristóteles, afirmaba que el ser humano tiene una capacidad cognitiva inherente y que los principios y las ideas eternas existen y pueden ser comprendidos con la formación adecuada. Mientras Aristóteles veía al ser humano como un animal racional limitado al razonamiento deductivo, justificando así el control despótico, Schiller retomó la idea platónica de que todos los seres humanos fueron creados a imagen de Dios y, por tanto, poseen la capacidad innata de la razón creativa y el amor universal.

Schiller y otros filósofos humanistas basaron sus ideas en la creencia de que el hombre es un ser espiritual, hecho a imagen de Dios, que solo necesita el conocimiento adecuado para desarrollarse conforme a su esencia divina. Estos principios son los mismos que Jesús enseñó y demostró a sus discípulos y seguidores.

Una de las mejores formas de manifestar cualidades semejantes a las de Cristo es a través del servicio y la ayuda a los demás. Esta es la filosofía que propuso Schiller, conocido como el poeta de la Libertad, la Verdad y la Belleza. Sus "Cartas sobre la Educación Estética del Hombre" son una de las más grandes contribuciones a la humanidad, razón por la cual fue atacado por la oligarquía y sus filósofos, quienes promovían un sistema que consideraba al ser humano como un animal salvaje, como lo expresaba Immanuel Kant, en lugar de verlo como un ser espiritual hecho a imagen de Dios.

Es lamentable que la Hermandad Oscura haya suprimido a los verdaderos pensadores humanistas de la Ilustración. Durante la era de la Razón, después del Renacimiento y la revolución científica, hubo un ataque sistemático contra los filósofos de la verdad y el humanismo.

Filósofos como Schiller, Goethe, Schubart, Humboldt y Heine revivieron el pensamiento clásico de los filósofos griegos como Platón, Sócrates, Pitágoras y Heráclito. Este conocimiento, originario de los antiguos egipcios, fue preservado por generaciones, primero por la orden de Melquisedec, luego por los esenios en tiempos de Jesús, y finalmente por la orden del Grial y los Caballeros Templarios. La lucha ha sido siempre por la humanidad hecha a imagen de Dios, una verdad que las fuerzas de la Luz han intentado enseñar.

En contraste, la Hermandad Oscura, las fuerzas que controlan nuestras instituciones, han luchado por suprimir esta verdad. Los Jesuitas Illuminati atacaron a Schiller y a su círculo de amigos pro-humanistas en el siglo XVIII. Este patrón de represión se ha repetido a lo largo de la historia: en Grecia, condenaron a Sócrates; en Jerusalén, crucificaron a Jesús por enseñar la verdad, y en el renacimiento europeo, los filósofos fueron suprimidos por esta Hermandad que buscaba controlar el conocimiento y la educación.

Es evidente que los Jesuitas han dominado las principales universidades europeas y algunas en Occidente, como Georgetown, Fordham y Yale. A lo largo de la historia, este gobierno oculto ha mantenido a la humanidad en un nivel bajo de conocimiento, controlando los centros de aprendizaje.

Sin embargo, el control de la Hermandad Oscura sobre el sistema educativo en Europa les permitió reescribir la historia según sus objetivos, promoviendo a filósofos como Hegel, Kant, Descartes, Nietzsche y Marx.

Principalmente a través de la filosofía de Hegel, la Hermandad Oscura perpetuó su dominio sobre la humanidad.

Descartes limitó a la humanidad a la percepción sensorial, confinándola a una realidad ilusoria, como Platón describió en la alegoría de las sombras en la caverna. Kant reforzó la ideología hegeliana con su hipótesis del imperativo categórico, que consideraba al hombre como un ser irracional, en lugar de un ser espiritual creado a imagen de Dios.

La figura favorita de esta élite, y la más destacada sin verdadero talento, continuó la obra de un profesor jesuita llamado Carl Ritter, quien consolidó las ideas de Hegel y Kant para formular la filosofía más totalitaria. Este pensador fue Friedrich Nietzsche, quien desarrolló el Nietzscheísmo, que luego dio paso al Nihilismo.

Estas filosofías antihumanistas, apoyadas por los jesuitas, facilitaron el ascenso de futuros dictadores y permitieron a la oligarquía europea continuar su lucha por el control absoluto de Europa y, eventualmente, del mundo. Las bases filosóficas de Hegel influyeron en teóricos políticos como Hobbes y, hasta cierto punto, Locke, fundamentales para la teoría del contrato social junto con Marx. Según la revista Executive Intelligence Review, Schiller criticó a Locke por sus ideas sobre la esclavitud, que no encajaban en una verdadera comunidad ideal, ya que todos los hombres fueron creados a imagen de Dios, lo que haría de la esclavitud una violación de la Constitución. La Hermandad Oscura utilizó la teoría del contrato social para mantener su forma de totalitarismo, modernizando la práctica monárquica.

# Capítulo 10 El Congreso de Viena

## La primera infiltración de América y las nuevas sociedades secretas creadas por la Hermandad Oscura

Desde los albores de nuestra nación, agentes de la Hermandad Oscura han intentado penetrar en nuestra República democrática y soberana. Este esfuerzo surgió tras la infiltración de los Illuminati Bávaros en las logias masónicas. Su objetivo era crear una sociedad secreta dentro de otra, una que originalmente promovía la idea de una República libre. Sobre este peligro advirtió el filósofo británico John Robinson en su obra "Prueba de una conspiración para destruir todas las religiones y gobiernos del mundo". Aunque su libro fue publicado en Estados Unidos, para 1789 los Illuminati ya habían infiltrado la mayoría de las logias masónicas. Solo algunas se mantuvieron fieles a la Logia Azul original de la Hermandad Blanca, mientras que la mayoría cayó bajo la influencia del Papa Negro y su esquema financiero global.

Por ejemplo, la lucha entre el bien y el mal se manifestó claramente en los primeros años de nuestra nación cuando dos facciones rivales de las logias masónicas debatieron políticamente si la nueva República debería tener un gobierno centralizado. Alexander Hamilton abogaba por esta estructura autoritaria, mientras que Thomas Jefferson defendía un modelo de gobierno que respetara la soberanía de cada estado, manteniéndose fiel a la constitución. Jefferson aspiraba a preservar una república de estados soberanos, como lo había concebido la facción de la Logia Azul, que aparentemente tenía el control.

Está claro que cualquier forma de gobierno centralizado puede llevar a una dictadura. Por otra parte, inspirados por las "fuerzas del bien", los fundadores de nuestra nación crearon un gobierno del pueblo y para el pueblo, convirtiéndose en un modelo de mancomunidad aplicable también a nivel global.

El establecimiento exitoso de la segunda República auténtica del mundo demostró ser un sistema más efectivo que cualquier otro modelo bajo la dirección de la hermandad luciferina. Este sistema de estados-nación soberanos sirvió como ejemplo para el resto del mundo. Sin embargo, en Europa, esto resultaba inviable debido al poder y la influencia de los Jesuitas, quienes buscaban imponer una agenda de control absoluto, en contraposición a la expansión de una República mundial libre promovida por la Logia Azul.

Inspirados por el éxito de América, Francia y Alemania aspiraban a la libertad. Filósofos como Schiller y su círculo pro-humanista estaban entusiasmados con la posibilidad de que Francia adoptara un gobierno republicano. Este anhelo de transformación fue el motor de la Revolución Francesa, impulsada por los masones de la Logia Azul, especialmente los Jacobinos, quienes querían reformar a Francia desde su sistema oligárquico hacia una República. Sin embargo, los Illuminati jesuitas intentaron suprimir rápidamente la revolución utilizando a Napoleón, entrenado y financiado por ellos.

Durante la represión llevada a cabo por los pocos monarcas leales que quedaban, los Jesuitas fueron exiliados a Córcega, donde encontraron y entrenaron a Napoleón Bonaparte. Convertidos en sus asesores principales, guiaron a Napoleón en todo momento bajo el nombre de Abby Seyes. La financiación, como siempre, provino de la casa Rothschild, que vio una oportunidad en financiar ambos bandos de cada conflicto para endeudar a las naciones, siguiendo los Protocolos.

La Revolución Francesa, que prometía la creación de la primera República Francesa, fue rápidamente sofocada por las guerras napoleónicas. Inglaterra pronto se involucró en el conflicto, según lo planeado por los estrategas de los Jesuitas Illuminati. La casa Rothschild aprovechó para financiar a todas las naciones en guerra y así controlar sus políticas, primero dominando sus economías. Aunque la narrativa oficial dice que Inglaterra entró en guerra para derrotar a Napoleón, la verdad es que los mismos que iniciaron las guerras napoleónicas también propiciaron la intervención inglesa. Tanto los Jesuitas como los Rothschild estaban detrás de todo.

Los Rothschild utilizaron un agente para llevar a Inglaterra al conflicto, difundiendo un rumor que les permitió adquirir el control de la economía inglesa comprando todas las acciones a precios irrisorios cuando el mercado colapsó por el falso rumor de que Napoleón ganaría. Al final, fue un señuelo; Napoleón fue derrotado tal como lo habían planeado los cerebros del gobierno secreto.

A través de la casa Rothschild, los Jesuitas lograron dos objetivos: primero, evitar la creación de una República en Francia; segundo, tomar el control de las economías de Inglaterra y Francia. Esto les permitió empezar a planear la resurrección del antiguo Sacro Imperio Romano en Europa, un plan que sería el primer intento de establecer una Liga de las Naciones un siglo antes de su tiempo.

Este desenlace otorgó a la Hermandad Oscura el control secreto de Inglaterra y Francia, lo que culminó en la creación del Congreso de Viena, dominado por representantes del Papa Negro y su nobleza. Este evento marcó la culminación de un proceso de aproximadamente 35 años, desde el inicio de la Revolución Francesa hasta el final de las guerras napoleónicas.

Con el establecimiento del Congreso de Viena, los Illuminati jesuitas consideraron que estaban listos para fundar la primera Liga de Naciones, un hecho que la historia ha pasado por alto. Este primer intento de crear una Liga de Naciones habría sido el vehículo para unificar Europa bajo un único poder, resucitando así el antiguo Imperio Romano o, más bien, el Imperio Babilónico, tal como juraron los descendientes de la línea de sangre de Nimrod-Esau. De haber tenido éxito, los Illuminati jesuitas habrían eliminado a todos los grupos rebeldes asociados con la Logia Azul que se oponían a su gobierno oligárquico.

Este primer intento de revivir el Sacro Imperio Romano como Liga de las Naciones fue bloqueado por los Zares de Rusia, que conocían las siniestras intenciones detrás de esta idea en 1815. Imaginemos cómo sería nuestro mundo hoy si la Hermandad Oscura hubiera logrado crear una Unión Europea cien años antes. Gracias a los zares rusos, el primer intento de unificar Europa fracasó a comienzos del siglo XIX. El plan del Congreso de Viena de 1815 para imponer una Europa federal unida estaba destinado a resucitar el Sacro Imperio Romano Germánico, sometiendo a toda Europa a un sistema feudal de control imperial.

Luego vino la infiltración en América, que permitió a la Hermandad Oscura influir en la política de nuestro país. Tras el Congreso de Viena, se centraron en establecer un gobierno en la sombra en América que, en secreto, pusiera a esta nación bajo su control. Claramente, Europa no era suficiente; necesitaban dominar lo que se convertiría en la nación más poderosa del mundo, Estados Unidos. Su estrategia de conquista fue la infiltración, una táctica que habían empleado desde los tiempos de Babilonia.

El establecimiento de América representó un obstáculo significativo que amenazaba la agenda global de dominación de la Hermandad Oscura. Durante su infiltración en el gobierno estadounidense, la cábala envió agentes para controlar tanto el gobierno como la economía. Este movimiento resultó en la instauración recurrente de un sistema de banca central en Estados Unidos. Los Rothschild sostenían que quien controla la economía de una nación, controla la nación. Además, la Hermandad Oscura extendió su poder infiltrándose en los sistemas educativos de Estados Unidos.

Para entonces, la Hermandad Oscura había erigido un imperio global, una red secreta de diversas sociedades trabajando juntas en una vasta trama de conspiradores interconectados. Una de estas ramas, conocida como los Caballeros de Malta, supervisaba la infiltración de gobiernos para derribarlos desde dentro y colocar a sus títeres en posiciones de poder; otra facción, los Caballeros de Colón, colaboraba con el Vaticano. Los Caballeros de Malta también controlaban el sindicato del crimen internacional, incluyendo al capo de Italia, quien era miembro de esta orden. Eran conocidos como los asesinos de los Jesuitas, eliminando a todos los opositores políticos que se interponían en su agenda de resurrección del Sacro Imperio Romano.

Después de infiltrarse en el gobierno estadounidense, establecieron una sociedad secreta tras obtener control sobre el currículo educativo de Yale, conocida como Skull and Bones. Esta organización fue creada para moldear y entrenar a los hijos de familias poderosas, consideradas parte de la élite y descendientes de la línea de sangre babilónica. Así se explica la prominencia de los Rockefeller, Harriman, Vanderbilt y Morgan, quienes se convirtieron en la élite de América, transformándose en magnates industriales, banqueros y señores del petróleo.

Esta estrategia generó una inmensa riqueza para un selecto grupo de la élite estadounidense. Hoy en día, investigadores independientes han descubierto una conexión aparente entre estas familias de élite y la nobleza europea. En 1830, el sistema financiero recién organizado por los Jesuitas bajo la dirección de la casa Rothschild influyó en figuras como William Huntington Russell y Alfonso Taft, educándolos en sus universidades para establecer la rama de la nobleza negra en Estados Unidos, también conocida como Skull and Bones, según reveló Anthony Sutton.

Esta maniobra permitió a la Hermandad Oscura no solo influir en América, sino también en prestigiosas universidades como Yale, Georgetown, Harvard y Fordham, donde crearon programas educativos especiales para la élite de las líneas de sangre del mundo occidental. Otros grupos secretos de élite como Skull and Key y Bohemian Grove también surgieron en esta línea, aunque Skull and Bones se convirtió en el más destacado. La infiltración fue exitosa en muchos frentes. Por ejemplo, después de la creación de Skull and Bones, las circunstancias llevaron a Estados Unidos a una gran división que culminó en la separación del Norte y el Sur, como se menciona en los Protocolos de Sion.

Inicialmente, la nueva República estaba unida, era fuerte e inquebrantable. La Hermandad Oscura sabía que aplicando la vieja táctica de dividir y conquistar, como sugirió Hegel, podrían desmantelar la República constitucional de los Estados Unidos desde dentro. Sabían que después de un gran conflicto social, la división de la nación podría desestabilizar a la joven República unida. Por ello, el plan inicial fue provocar los eventos que llevaron a la separación del Norte y el Sur. Todo esto bajo la dirección de las familias de élite, obedientes al Papa Negro, el líder del gobierno en la sombra.

Manipularon los eventos a través de sus agentes de control, logrando dividir el país y llevando a la separación entre la Unión y los Confederados. Así, la Guerra Civil estalló con la Unión en el Norte y los Confederados en el Sur, resultado de las intrigas del gobierno oculto a través de Skull and Bones. Además, los libros de historia olvidan mencionar que la Hermandad Oscura organizó una intervención de los ejércitos británico y francés que, en el momento más crítico de la Guerra Civil, se acercaron a Estados Unidos con la intención de llevar a cabo una invasión militar cuando el país estuviera debilitado. Este hecho fue convenientemente omitido de los textos históricos, mostrando el poder de la Hermandad Oscura sobre lo que se enseña en las escuelas.

La estrategia de dividir y conquistar tiene sus raíces en la caída de Grecia. En aquel entonces, la Hermandad Oscura manipuló las guerras espartanas mediante la influencia de Licurgo, un líder fascista que, al igual que los estados confederados, buscaba derribar la unidad de la Antigua República de Grecia. A la luz de esto, se puede concluir que la República de Grecia fue destruida por los mismos métodos que casi destruyeron la República americana durante la Guerra Civil. La Hermandad Oscura fue la mente maestra detrás de la Guerra Fría, conspirando para destruir la República, la segunda verdadera República del mundo.

Durante la Guerra Fría, como se mencionó antes, los ejércitos británicos y franceses fueron posicionados en Canadá y México, listos para entrar en acción una vez que los estados se debilitaran tras prolongados combates. Sin embargo, un giro inesperado ocurrió cuando los zares rusos descubrieron la conspiración y, conscientes de que los británicos y franceses estaban preparados para invadir, crearon un bloqueo enviando sus propias tropas para defender a la nueva República de una inminente invasión. Ante la llegada de los ejércitos rusos, los británicos y franceses retiraron sus fuerzas, lo que permitió que la unión se mantuviera y se fortaleciera cuando el Norte venció al Sur.

En la era de la información y a medida que nos acercamos al final del dominio de la Hermandad Oscura, surgen evidencias sustanciales que sugieren que la desintegración de la unión fue diseñada y manipulada por la nobleza oscura del gobierno secreto bajo la dirección del Papa Negro.

Nuevas revelaciones, descubiertas por diversos investigadores, indican que Judah Benjamin, el principal asesor de Jefferson Davis, operaba en secreto bajo las órdenes de Rothschild, manipulando a Davis para provocar el conflicto con el Norte. A diferencia de lo que se enseña en las clases de historia, esta fue la verdadera razón detrás de la división de la República. No se trataba de la esclavitud o de la falta de industrialización del Sur; el objetivo era la destrucción calculada de la República para favorecer la consolidación del poder del gobierno secreto en su búsqueda por establecer su Sacro Imperio Romano.

Otra revelación que ha salido a la luz es que los Jesuitas crearon el Ku Klux Klan con el propósito de purgar a judíos y protestantes en Estados Unidos, siguiendo las órdenes del concilio de Trento. Esto tiene sentido al considerar que al Ku Klux Klan solo se le permitió operar en el Sur, no en el Norte, y que perseguía a todos excepto a los católicos romanos. Tras la Guerra Civil, agentes de Rothschild se infiltraron en el gabinete de Lincoln para forzarlo a firmar un tratado que permitiera la creación de un sistema de Banca Central. Lincoln se negó y fue asesinado como consecuencia.

Este enigma se aclara más cuando se considera el papel desempeñado por Skull and Bones, que se estableció 20 años antes de que la separación ocurriera. Su fundación permitió a los Jesuitas Illuminati colocar a sus hombres en posiciones de poder, fomentando el cisma que provocó la terrible división. Debe reconocerse que el establecimiento de Skull and Bones forma parte de los Protocolos de los Sabios de Sion, cuyo objetivo es controlar la educación en las mejores universidades para moldear líderes en posiciones de poder, tal como los Jesuitas Illuminati lo habían hecho en Europa.

Desde la creación de los Jesuitas bajo la dirección del Papa Negro, el gobierno oculto ha dado instrucciones específicas para infiltrarse en todos los sistemas educativos, según se detalla en los Protocolos de los Sabios de Sion. Esto continuó con la facción Illuminati, que de inmediato comenzó a cumplir este Protocolo Luciferino de infiltración, especialmente en las universidades estadounidenses. La infiltración de la Hermandad Oscura dio lugar a la creación de sociedades secretas como Skull and Bones, que han jugado y continúan jugando un papel significativo en la desestabilización de Estados Unidos.

Aunque la República fue salvada durante la Guerra Civil, la Hermandad Oscura, a través de Skull and Bones, logró establecer una rama del lado oscuro en nuestro mundo libre. Según el investigador y autor Anthony Sutton, esta nueva orden secreta también fue conocida como el Capítulo 322 de una sociedad secreta alemana, que fue restablecida en Estados Unidos para continuar, de forma inversa, con el plan secreto de destruir la nueva República. Esto, sin embargo, resultó ser un desafío, debido a la estructura de gobierno establecida por los padres fundadores, la cual impide que el poder sea capturado por una élite o dictador. Los padres fundadores conocían bien las siniestras intenciones de las fuerzas oscuras que habían tomado control de Europa. Si no hubieran protegido nuestra República, el mundo libre habría desaparecido, al igual que los cátaros de Francia.

En el presente, los jesuitas de alto rango, bajo el liderazgo autocrático y absoluto del Papa Negro, representan el núcleo vivo de la conspiración luciferina que se originó en Babilonia. Tras el Congreso de Viena, extendieron su gobierno secreto a nivel mundial, creando más sociedades secretas que actuarían como capas de protección para los niveles centrales del nuevo Sanedrín moderno. A finales del siglo XIX, la Hermandad Oscura maniobró a los grupos de la mesa redonda a través de su agente Illuminati, Cecil Rhodes, un criminal instrumental en el saqueo de las reservas de diamantes en África, lo que dejó al continente en un estado de pobreza que ha perdurado y se ha agravado con el tiempo. Documentos indican que su cómplice en estos actos fue Joseph Ratzinger. Se puede concluir que la persistente pobreza y las malas condiciones de vida en África, como nación del tercer mundo, son resultado de las maquinaciones y explotaciones deliberadas de los jesuitas e Illuminati.

Para concluir, la orden militar internacional de los Jesuitas ha estado infiltrando a todas las naciones. Esta información está corroborada en la historia secreta de los Jesuitas por Edmund Paris. Controlar la economía de nuestro país fue el primer paso fundamental para someter gradualmente a nuestra República y erradicar nuestros derechos constitucionales.

# Capítulo 11: La Infiltración de América por los Jesuitas a través de la Casa Rothschild

Para comprender cómo se ha infiltrado de manera progresiva en nuestra nación, es fundamental examinar la investigación que ha sido deliberadamente ocultada. Esta investigación fue recopilada por Myron Fagen, un auténtico defensor de la libertad que dedicó su vida a revelar el oscuro plan de establecer un gobierno mundial único. En los albores del siglo XX, Fagen destacó como un destacado dramaturgo en medio del auge de la industria cinematográfica en Hollywood.

Entre sus obras más famosas se encuentran «La Casa Blanca», «Dos extraños de ninguna parte», «Miss Mates», «El diablo fascinado», «El pequeño Spitfire», «El gran poder», «Indiscreción», «El asunto privado de Nancy» y «Peter Files High». Fagen no solo brilló en el ámbito teatral, sino también como pensador influyente y defensor de los derechos humanos. Fue editor dramático para Associated Press y colaboró con el New York Globe, entre otros medios. En 1916, decidió tomarse un año sabático de su carrera teatral para asumir el papel de director de relaciones públicas de Charles Evans Hughes, el candidato presidencial republicano de aquel año. Así, su trayectoria abarcó el teatro, el periodismo y la política.

Fagen despertó ante la agenda de control global y sus actores en 1932, cuando fue invitado a una reunión en Washington, D.C., por John T. Flynn, autor de «El mito de Roosevelt» y «La verdadera historia de Pearl Harbor».

En esta reunión, Fagen tuvo acceso a microfilmes y grabaciones de encuentros secretos realizados en Yalta, una isla propiedad de J.P. Morgan. Se le reveló cómo un grupo selecto de poderosos individuos había planeado entregar los Balcanes a los bolcheviques, facilitando así la propagación del comunismo en Rusia, y cómo las Naciones Unidas se crearon como un pretexto para establecer un Gobierno Mundial Único.

Impactado por estas revelaciones, Fagen escribió dos obras de teatro, «Arco Iris Rojo» y «Paraíso de Ladrones», para exponer estos oscuros planes. Además, lideró una campaña para denunciar lo que consideraba una conspiración comunista en Hollywood, donde el cine estaba siendo utilizado para promover la idea de un gobierno mundial. En 1947, fundó el Gremio Educativo del Cine (CEIG), una organización que desempeñó un papel crucial en las audiencias del Congreso que identificaron a cerca de 300 figuras de Hollywood como conspiradores comunistas.

Estos eventos, conocidos como los "diez infames de Hollywood", resultaron en el encarcelamiento de varios individuos gracias a los esfuerzos de Fagen. Este episodio puede interpretarse como un indicio de la infiltración temprana de Hollywood por los jesuitas Illuminati, que utilizaron el cine como una herramienta para promover la idea de un gobierno mundial único. Los manipuladores conocían bien el poder del cine y el teatro para influir en la conciencia pública. Aunque Fagen ya no está con nosotros, su investigación nos proporciona claridad para entender cómo estas fuerzas ocultas penetraron en Estados Unidos.

Fagen descubrió que los conspiradores aprovecharon el período de vulnerabilidad de Estados Unidos tras la Guerra Civil, cuando el país se encontraba en medio de una rápida industrialización y modernización. La Hermandad Oscura vio en esto una oportunidad ideal para avanzar en sus planes. La Casa Rothschild rápidamente se posicionó para controlar la financiación de proyectos clave como ferrocarriles, comercio, acero, petróleo y banca, con el objetivo de establecer un sistema de banca central, un eje central de la lucha entre el bien y el mal en América. Este sistema ya operaba en Europa, y la Hermandad Oscura estaba decidida a instaurarlo en Estados Unidos, pese a dos fracasos anteriores.

Siguiendo las órdenes del Papa Negro, la Casa Rothschild, los Caballeros de Malta y otros agentes Illuminati enviaron a Jacob Schiff a los Estados Unidos. En Europa, Schiff había demostrado ser un maestro financiero, entrenado por los Rothschild, quienes vieron en él el potencial para ser su agente en América.

Según Fagen, después de un breve período de formación en el banco de los Rothschild en Londres, Schiff fue enviado a los Estados Unidos con la misión de adquirir un banco que le permitiera controlar el sistema monetario estadounidense. También tenía otras tres tareas para debilitar la República.

Fagen explicó que había cuatro directrices para la toma de control de América. La primera, y más crucial, era asegurar el control del sistema monetario. La segunda consistía en infiltrar a personas leales en posiciones clave del gobierno, Congreso, Corte Suprema y otras agencias, para avanzar en la agenda de un Gobierno Mundial Único. Esta estrategia se basaba en la idea de que el dinero puede corromper y manipular a las personas. La tercera directriz era fomentar conflictos internos, especialmente entre blancos y negros, utilizando organizaciones como la Liga Anti-Difamación para profundizar las divisiones y destruir la unidad nacional. La última directriz era desintegrar la religión en América, especialmente el cristianismo, siguiendo los Protocolos de los Sabios de Sion y las disposiciones del Concilio de Trento.

Jacob Schiff logró cumplir con todas estas directrices establecidas por los jesuitas Illuminati en Europa. Desde los inicios del país, la Casa Rothschild y los jesuitas habían infiltrado agentes en América, fundando sociedades secretas como Skull and Bones en 1830, contribuyendo a la división entre el norte y el sur.

Las acciones de Schiff para cumplir con estas directrices fueron meticulosamente planificadas por los jesuitas Illuminati y son un ejemplo claro de los Protocolos en acción. Al llegar a Estados Unidos, Schiff buscó discretamente una firma para adquirir, lo que logró con Kuhn y Loeb, una empresa bancaria formada por inmigrantes alemanes. A mediados del siglo XIX, Kuhn y Loeb se habían establecido como comerciantes y banqueros en América.

La inclusión del crédito prendario fue un gran avance para ellos. A la llegada de Schiff, ya eran una firma bancaria privada consolidada. Aunque Fagen no documentó una conexión directa con los Rothschild, es probable que hubieran colaborado secretamente con la Nobleza Negra europea. Schiff adquirió la firma y se casó con Teresa, la hija de Loeb, consolidando así su posición. Luego compró la parte de Kuhn y trasladó la empresa a Nueva York, renombrándola como Loeb and Company. Así nació en América la primera organización de banqueros internacionales, con la Casa Rothschild en el centro, liderada por Jacob Schiff. Este fue el inicio del cártel bancario de la sinarquía internacional.

La consolidación de los banqueros privados en un frente unificado era esencial. Fagen documentó que J.P. Morgan también era un agente de los Rothschild, encargado de ganar control sobre la banca en América. Había otros banqueros como los Drexel y los Biddle de Filadelfia, pero todos seguían el liderazgo de Morgan, considerado el equivalente de Rothschild en América. Con el auge de la industrialización, Schiff organizó a todos los financistas para apoyar los grandes proyectos que dieron forma a la América moderna.

A través de Jacob Schiff, la Casa de Rothschild se convirtió en el principal financiador de magnates como John D. Rockefeller, Edward R. Harriman y Andrew Carnegie. Los Rockefeller dominaron la industria petrolera, Harriman construyó un imperio ferroviario y Carnegie lideró la producción de acero. De esta forma, se estableció una alianza entre el gobierno infiltrado y los poderes financieros en Estados Unidos. En esencia, se había formado una coalición entre banqueros internacionales, industriales y grupos de interés que han influido en la política del país desde entonces.

No es casualidad que estas figuras fueran moldeadas a través de Skull and Bones, una organización diseñada para crear líderes industriales y financieros. Schiff se convirtió en el jefe de estos titanes industriales, estableciendo una jerarquía de poder de la agencia jesuita Illuminati en América. Los Rockefeller, por su parte, comenzaron a influir en la política estadounidense desde las sombras, utilizando su afiliación con Skull and Bones. La élite estadounidense se preparaba para lograr un golpe maestro: el control total del sistema monetario. Sin embargo, la Constitución establece que dicho control debe residir únicamente en el Congreso, gracias a la visión de los padres fundadores. El siguiente paso de Schiff fue corromper al Congreso o infiltrar a títeres que, a cambio de un precio, traicionarían al país estableciendo un banco central.

Thomas Jefferson había advertido que un sistema de banca central sería una amenaza mayor que un ejército permanente. El éxito llegó cuando Schiff logró infiltrar a sus títeres en la Cámara de Representantes y el Senado, legisladores leales a los Illuminati que impulsaron las leyes necesarias. La clave era colocar a un presidente títere en la Casa Blanca que ratificara estas leyes. Para ello, la camarilla de Schiff debía tomar el control del Partido Demócrata o Republicano. Según Fagen, el Partido Demócrata era el más susceptible, siendo el más necesitado de ambos. Los demócratas no habían logrado colocar a un presidente en la Casa Blanca desde antes de la Guerra Civil.

Pero el obstáculo principal no era económico, sino la falta de votantes. Por tanto, los Illuminati crearon condiciones para atraer más votantes demócratas, utilizando métodos despiadados para sus fines. En 1980, orquestaron una serie de programas en Rusia, Polonia, Rumanía y Bulgaria, que resultaron en la masacre de miles de judíos inocentes por grupos conocidos como cosacos. Una vez más, los judíos fueron utilizados como peones en un plan meticulosamente diseñado.

Aunque se informó que los cosacos eran campesinos responsables de las masacres, bien podrían haber sido agentes encubiertos de los Jesuitas Illuminati, o al menos haber sido entrenados por ellos para presentarse como simples campesinos cuando, en realidad, eran asesinos adiestrados. Lo que sí es cierto es que esta brutal matanza fue claramente planificada y promovida por algunos agentes de los Rothschild en Europa, siguiendo los principios delineados en los Protocolos de los Sabios de Sion.

Esto ejemplifica claramente el método dialéctico hegeliano: el conspirador crea el problema, en este caso la masacre, provoca una reacción y luego introduce una solución. Aquí, la solución consistió en que cientos de miles de personas seleccionadas buscaran refugio y migraran a Estados Unidos, como había sido planificado por los arquitectos del gobierno oculto. Esta tragedia también sirve para ilustrar que, incluso entre los grupos financieros del gobierno en la sombra que se consideran judíos, en realidad no lo son; más bien, son descendientes de Babilonia, herederos de Nimrod-Esaú, dispuestos a sacrificar a cualquier persona que consideren prescindible. Esta ideología de sacrificio se repitió durante la Segunda Guerra Mundial, pues su obsesión es eliminar a cualquier posible descendiente del Rey David.

Los refugiados llegaron inicialmente a Nueva York y, a través de un supuesto esfuerzo humanitario liderado por Schiff y su grupo en Estados Unidos, fueron redistribuidos a otras ciudades como Boston, Filadelfia, Chicago, Los Ángeles y Detroit. Pronto se convirtieron en ciudadanos naturalizados y fueron instruidos para registrarse como demócratas, según lo previsto por los estrategas de la conspiración luciferina. Con ello, los conspiradores lograron asegurarse un bloque sólido de votantes demócratas en el país. Este fue uno de los métodos que Schiff utilizó para posicionar políticos como Nelson Aldrich en el Senado, quien fue el encargado de introducir la legislación de la Reserva Federal en el Congreso.

Para 1908, Schiff ya estaba listo para tomar el control del sistema financiero de Estados Unidos; contaba con su mano derecha y principal operador, el coronel Edward Mandel House, una figura influyente vinculada con los magnates de los grupos de interés de Nueva York. Según la documentación del Sr. Fagan, el Sr. House era el principal director ejecutivo y mensajero de Jacob Schiff en Estados Unidos para la implementación del sistema bancario central. Las reuniones secretas se llevaron a cabo en una isla privada de propiedad de J.P. Morgan, conocida como el Jekyll Island Hunt Club, en Jekyll Island, Georgia.

Entre los presentes y también activos en la conspiración estaban John D. Rockefeller, el senador Aldrich, Vandalip del New York National City Bank, Jay Seligman, Eugene Meyer, Herbert Leman, Paul Warburg y su hermano Felix, todos formados como parte del cartel bancario internacional encabezado por la Casa de Rothschild, que orquestaba lo que se convertiría en el mayor acto de traición del que Thomas Jefferson nos había advertido.

Los conspiradores crearon lo que denominaron el Sistema de la Reserva Federal, un sistema de banca central legislado por Aldrich a través del Congreso. Para 1913, esta entidad ilegal ya estaba establecida, disfrazada de banco federal nacional. Con la revitalización del Partido Demócrata, el gobierno oculto logró colocar a su marioneta en la Casa Blanca, dispuesto a firmar este acto de traición: Woodrow Wilson, quien se convirtió en su títere.

Dos noches antes de Navidad, cuando la mayoría del Congreso había regresado a sus hogares, unos pocos elegidos maniobraron ilegalmente para aprobar la ley que establecía el temido sistema de banca central conocido como la Reserva Federal. Este fue un complot malicioso y exitoso de la Hermandad Oscura, que había intentado instaurar un cartel bancario central desde los inicios de la nación.

Con la Reserva Federal en funcionamiento, Jacob Schiff había logrado su primer y más crucial objetivo. Ahora, el sistema monetario de los Estados Unidos había caído en manos del gobierno secreto, el brazo financiero de la encarnación de los Jesuitas Illuminati. Desde ese momento, nuestro país empezó a ser influenciado por poderosos grupos de interés.

Junto con la traición de la Reserva Federal, las mentes maestras del gobierno secreto promovieron la ratificación ilegal de la Enmienda 16, conocida por muchos investigadores como el "cáncer del IRS". Recordemos que nuestros padres fundadores prohibieron cualquier tipo de impuesto, una de las razones por las cuales nos liberamos de la tiranía europea, y no existía tal gravamen hasta principios del siglo XX. La Hermandad Oscura utilizó la siguiente Segunda Guerra de los Treinta Años, que se desarrolló entre 1915 y 1945, como pretexto para implantar impuestos en América.

Con el objetivo principal del gobierno secreto alcanzado en Estados Unidos, el resto de las tareas de Jacob Schiff resultaron sencillas. En 1913, el mismo año del acto de traición, Schiff y sus conspiradores lograron organizar la Liga Anti-Difamación (ADL) para actuar como la Gestapo de la conspiración luciferina. El Sr. Fagan informó, y otros confirmaron, que hoy la siniestra ADL tiene más de 2,000 agencias en todo el país, y que estas controlan completamente cada acción de la NAACP y otras organizaciones. La intención original del gobierno secreto era crear tensiones raciales bajo las órdenes de los Rothschild. Con el tiempo, líderes prominentes como Martin Luther King, quien inicialmente fue financiado por otro grupo Illuminati como la NAACP para fomentar divisiones entre blancos y negros, se convirtieron en una decepción para los Illuminati porque el Sr. King era un hombre íntegro que no siguió el camino que ellos deseaban.

Por esta razón, fue asesinado por una facción corrupta del FBI del gobierno secreto. Es fundamental recordar que las intenciones iniciales del gobierno secreto eran fomentar tensiones raciales bajo las directrices de los Rothschild. Sin embargo, gracias al Dr. Martin Luther King, estos planes fracasaron, pues surgió una mayor igualdad de derechos para los grupos minoritarios.

La misión de la ADL también era tomar control absoluto de los medios de comunicación para que el gobierno oculto pudiera manipular, distorsionar y crear noticias que fomentaran la tensión. No obstante, esta directiva no se implementó hasta después de la Primera Guerra Mundial.

Aunque Schiff consiguió dominar nuestro sistema monetario y posicionar a muchos agentes en diversos cargos clave del gobierno, fracasó en su intento de crear tensiones raciales y destruir el cristianismo en América, como se le había encomendado en su tercera misión. Se descubrió que se hizo un intento cuando los Rockefeller financiaron a un impostor llamado Harry F. Ward. El Dr. Harry Ward se presentó como reverendo e incluso fue profesor en el Union Theological Seminary, enseñando religión a principios del siglo XX. Según el ex sacerdote jesuita Alberto Rivera, algunos jesuitas se disfrazan de ministros cristianos para desmantelar el protestantismo. Considerando esto, el Sr. Ward podría haber sido uno de los muchos jesuitas entrenados para socavar el protestantismo en América.

El Sr. Fagan reveló que Harry Ward fue financiado por Rockefeller en 1907 para crear la Fundación Metodista de Servicios Sociales. Su misión era inculcar en los jóvenes que aspiraban a ser predicadores, ministros y pastores, la idea de que la historia de Cristo era un mito. Aquellos que demostraban ser susceptibles a tal adoctrinamiento luciferino eran colocados como pastores en congregaciones específicas. Los Rockefeller y el Sr. Ward estaban adoctrinando a tantas personas como fuera posible, y aquellos estudiantes que no podían ser lavados de cerebro eran expulsados del Seminario de la Fundación Metodista.

Además, el Sr. Fagan expuso que la Fundación Metodista de Servicios Sociales llegó a ser conocida como la primera organización de fachada comunista de Estados Unidos, y más tarde cambió su nombre al Consejo Federal de Iglesias. En 1950, cuando se volvió sospechosa, cambiaron de nuevo su nombre al Consejo Nacional de Iglesias. Desde entonces, esta organización satánica se camufló como una institución cristiana y se infiltró en numerosas organizaciones protestantes con el fin de llevar a cabo un adoctrinamiento que condujera a muchos cristianos hacia una religión universal global bajo el control del gobierno secreto.

Asimismo, el Sr. Harry F. Ward fue identificado por el Sr. Fagan como uno de los fundadores de la Unión Americana de Libertades Civiles, una organización notoriamente pro-comunista. Fue su líder de 1920 a 1940. También cofundó la Liga Americana contra la Guerra y el Fascismo, que bajo la dirección de Browder se convirtió en el principal agente para establecer el partido comunista secreto en Estados Unidos. Todos los antecedentes de Ward eran perversos, ya que estaba controlado por el gobierno secreto y también fue identificado como parte del partido comunista y su ideología, creada también por el gobierno oculto a través de Karl Marx. Finalmente, el Dr. Ward, el hombre que John D. Rockefeller ayudó y financió bajo las órdenes de Rothschild y Jacob Schiff para destruir el cristianismo en América, falleció. Sin embargo, sirvió como una herramienta importante para la agenda luciferina, ya que hoy el Consejo Nacional de Iglesias sigue siendo una organización activa en conjunto con el Movimiento Ecuménico Global de Roma.

# Capítulo 12: La Segunda Guerra de los Treinta Años y la Implantación del Comunismo

Hacia mediados del siglo XIX, los Jesuitas Illuminati se preparaban para sumergir al mundo en una nueva Guerra de los Treinta Años. Sin embargo, esta vez, el conflicto fue aún más catastrófico, con más víctimas debido al uso de tecnologías bélicas avanzadas.

Es fundamental entender que la estrategia de la Hermandad Oscura se basaba en una planificación a largo plazo, en lugar de logros inmediatos. Esto se debía a la presencia de la República constitucional americana, un baluarte del mundo libre que representaba el mayor obstáculo para la imposición de un fascismo global por parte de la Hermandad.

Durante la dirección de esta segunda Guerra de los Treinta Años, la Hermandad Oscura intentó primero establecer un despotismo global en Europa mediante las alianzas del imperio central. Ante el fracaso de este enfoque, optaron por una segunda táctica: emplear la dialéctica hegeliana para instaurar una dictadura encubierta. Aunque este método era más lento, garantizaba la eventual creación de un imperio global unificado, es decir, un gobierno mundial único.

El uso de esta táctica, que la historia reconoce como la Primera y Segunda Guerra Mundial, permitió a la Hermandad Oscura establecer inicialmente una Sociedad de Naciones de manera subrepticia, que luego se transformaría en las Naciones Unidas. Tras la Segunda Guerra Mundial, y siguiendo el plan del tercer cataclismo social delineado por Albert Pike, la Hermandad buscó consolidar un gobierno mundial único. Esta es la agenda luciferina en acción, que un siglo antes no habían logrado implementar.

En este contexto, es evidente que las guerras del siglo XXI han sido orquestadas por el gobierno en las sombras del Papa Negro. Esto incluye las guerras en Irak, los conflictos entre Israel y Líbano, entre otros, todas planificadas estratégicamente para desencadenar el tercer y último cataclismo social, llevando al mundo hacia la tiranía total de la Hermandad Oscura. Esta estrategia se alinea con el Protocolo Número 3, que establece la creación de guerras y revoluciones para alcanzar un gobierno mundial totalitario.

Para comprender la segunda Guerra de los Treinta Años entre 1914 y 1945, primero es necesario examinar los conflictos previos que devastaron Europa en el siglo XIX. Como se mencionó anteriormente, el complot de la Hermandad para revivir la primera Sociedad de Naciones en el Congreso de Viena de 1815 fracasó debido a la intervención de los zares de Rusia. Esta acción no solo impidió el establecimiento del Sacro Imperio Romano Germánico, sino que también permitió a los masones de la Logia Azul original llevar a cabo diversas actividades revolucionarias, incluyendo su influencia en Rusia.

De igual manera, la lucha por la independencia francesa, que culminó en la Revolución Francesa, fue un intento inicial de establecer la Primera República Nacional de Francia. Sin embargo, este intento fracasó cuando los jesuitas, a través de Napoleón, frustraron los esfuerzos de los jacobinos por otorgar una verdadera libertad a Francia. Con el respaldo de los zares, los masones de la Logia Azul lograron restaurar la república, dando lugar a la Segunda República de Francia.

La fundación de la Segunda República de Francia bajo el liderazgo de Léon Gambetta fue un logro de la facción de la Logia Azul de los masones. No obstante, esta república no duró debido a las constantes intrigas subversivas de los jesuitas y sus aliados Illuminati. Después de décadas de infiltración, los jesuitas consiguieron manipular las elecciones para que Luis Napoleón III asumiera la presidencia, transformando la república en el Segundo Imperio de Francia, como se revela en la historia secreta de los jesuitas de Edmund Paris. Esta táctica de infiltración recuerda a la estrategia de los Sith en "Star Wars: La venganza de los Sith".

Bajo el mandato de Napoleón III, los jesuitas promulgaron la Ley Falloux, que les otorgó control absoluto sobre la educación en Francia. Con Francia bajo su dominio, utilizaron su ejército para expandir el imperio central de los Habsburgo, fomentando nuevas guerras para endeudar aún más a las naciones. Con el control de Francia, la Guerra de Crimea avanzaba con el apoyo de Austria y Hungría, con el objetivo de consolidar el poder central en Europa. Estos conflictos evolucionaron hacia la guerra franco-alemana y, finalmente, la guerra franco-prusiana, que frenó la expansión del Segundo Imperio, un intento de dominar Europa bajo un solo imperio central.

El objetivo de estos conflictos era fortalecer el Sacro Imperio Romano Germánico de los Habsburgo y sus aliados absolutistas. Sin embargo, como sucedió con el Tratado de Westfalia, la expansión del Segundo Sacro Imperio fue detenida por el ejército prusiano, apoyado por Rusia, que se oponía a los planes del Vaticano de restaurar su dominio universal sobre Europa.

Francia estableció su Tercera República, recuperando su libertad. A medida que avanzaba el tiempo, naciones como Francia, Prusia y Rusia formaron alianzas independientes, como la Alianza Franco-Rusa, lo que enfureció a los jesuitas. El cambio de siglo marcó el fin de la expansión del Sacro Imperio debido a la independencia de estas naciones. Para la Hermandad Oscura, esto no era más que un indicio de más conflictos. Así, comenzaron a trazar sus planes para sumergir a Europa en un conflicto aún mayor, bajo la dirección de los jesuitas.

Se dice que el gobierno en las sombras estaba al menos un siglo por delante en tecnología, y ya usaban la radio para comunicarse antes de que Marconi la redescubriera. Los científicos jesuitas e Illuminati ya empleaban estas tecnologías para coordinar a sus agentes en todo el mundo, justo antes del estallido de los eventos que llevarían a la Segunda Guerra de los Treinta Años.

Ivan Fraser sugiere que esta ventaja tecnológica permitió a los agentes entender incidentes como el asesinato del archiduque Francisco Fernando y otros eventos que precipitaron la Primera Guerra Mundial. Según Edmund Paris, el Superior General de los jesuitas, conocido como el Papa Negro, dirigió en secreto toda la operación global, emitiendo las órdenes para la Primera y luego la Segunda Guerra Mundial.

Durante la Segunda Guerra de los Treinta Años (1915-1945), los jesuitas Illuminati promovieron ideologías políticas desarrolladas por sus filósofos, como Friedrich Hegel, Karl Marx y Friedrich Nietzsche, en la época del Romanticismo. Estaban listos para desencadenar una guerra total, comenzando con el asesinato de Francisco Fernando, lo que llevó a Austria-Hungría y Alemania a declarar la guerra a Serbia y Rusia.

Sin embargo, las Potencias Centrales desconocían que, según los Protocolos de los Sabios de Sión, los jesuitas Illuminati habían orquestado el asesinato de su propio aliado para justificar sus fines. Austria-Hungría y Alemania, bajo el control jesuita, actuaban como el brazo secular del Vaticano en cumplimiento de los oscuros objetivos del Concilio de Trento. La Primera Guerra Mundial, desde esta perspectiva, sirvió como una Inquisición moderna.

## La Primera Guerra Mundial

La Primera Guerra Mundial tuvo múltiples motivaciones. La Iglesia Romana, bajo el control de los jesuitas, la vio como una Inquisición moderna para purgar a los cristianos ortodoxos de los Balcanes, Croacia y Serbia, debido a la independencia de la Iglesia Ortodoxa Rusa. Desde 1540, la religión ortodoxa rusa fue considerada herética por el Vaticano, condenada por el Concilio de Trento.

Esta guerra también buscaba vengar la independencia de Francia y su liberación del Papado. Los jesuitas ansiaban revancha, y para Inglaterra, predominantemente protestante, la guerra ofrecía una ventaja estratégica. Además, se pretendía eliminar a los zares que habían protegido a Rusia durante siglos. Estas fueron las razones por las que la Hermandad Oscura decidió fomentar la Segunda Guerra de los Treinta Años, repitiendo el mismo conflicto a lo largo de la historia.

La Segunda Guerra de los Treinta Años se planificó en dos direcciones: la primera intentaba expandir el imperio central por toda Europa de manera abierta. Cuando esta táctica fracasaba, se recurría a métodos encubiertos, como la creación de la Sociedad de Naciones, que actuaría como una herramienta para consolidar el control sobre Europa, hoy representado en la Unión Europea.

Aunque estos métodos eran lentos, el gobierno en las sombras mantenía la intención de revivir el Sacro Imperio Romano Babilónico, ya sea de forma abierta o encubierta. Este movimiento acercaba el cumplimiento de la antigua agenda de dominación global, iniciada por Babilonia hace más de cuatro mil años. Aunque la Primera Guerra Mundial fue orquestada por agentes del Papa Negro, de no haber intervenido Estados Unidos, la Hermandad Oscura podría haber consolidado su poder, permitiendo a las Potencias Centrales del Sacro Imperio Romano Germánico expandirse hasta alcanzar el control total.

## La Segunda Guerra Mundial

De forma similar, la Segunda Guerra Mundial fue concebida por los estrategas de los jesuitas Illuminati como un plan alternativo si la Primera Guerra Mundial no cumplía sus objetivos. Tras el fin de la Primera Guerra Mundial, el gobierno en las sombras comenzó inmediatamente a preparar a sus candidatos controlados, quienes serían los ejecutores del llamado conservadurismo totalitario o fascismo. Para los jesuitas y el Vaticano, la rápida organización de la Segunda Guerra Mundial fue otro intento de someter a Europa bajo su control absoluto. Para los Illuminati, la guerra siguió siendo una herramienta encubierta para su agenda, financiando a todas las naciones involucradas y aumentando así su dependencia de los banqueros internacionales.

Los estudiosos de los Illuminati comprenden que, después de la Tercera Guerra Mundial, el poder se consolidó en menos manos mientras las naciones se endeudaban más con el cártel financiero internacional. Las evidencias actuales demuestran que los banqueros internacionales—los Rothschild, Warburg, Rockefeller, Morgan, Harriman, e incluso Henry Ford—eran todos parte del movimiento sionista político que financió la maquinaria de guerra nazi y también la Primera Guerra Mundial.

Lyndon LaRouche, economista político y activista, reportó en el Executive Intelligence Review que los banqueros internacionales fueron quienes posicionaron a Hitler en el poder. Al igual que promovieron campañas de exterminio en Rusia, estos banqueros, bajo la dirección de su líder máximo, conocido como el Papa Negro, iniciaron el brutal Holocausto, no solo contra los judíos, sino también contra protestantes, liberales y republicanos, a través de Hitler, como un intento más de eliminar a todos aquellos que buscaban la libertad y la vida bajo una república.

Con las dictaduras de Mussolini y Franco ya instauradas, los jesuitas estaban listos para derribar la República de Weimar en Alemania. Todo se desarrolló conforme al plan del gobierno en la sombra, según la Revisión Ejecutiva de Inteligencia; incluso el incendio del Reichstag fue planeado para facilitar la imposición del régimen nazi. Bajo el liderazgo de Hitler, el núcleo del poder de la Alianza Austro-Húngara estaba nuevamente dispuesto a proseguir con la conspiración. Tras el Concordato Vaticano-Nazi, Hitler recibió la bendición del Papa Pío XII, como había sucedido antes con Napoleón III, y ahora el gobierno en la sombra tenía a todas sus naciones fascistas preparadas para imponer el Sacro Imperio Romano Germánico en el mundo.

## El estallido de la Segunda Guerra Mundial

Aunque el gobierno secreto de los jesuitas Illuminati no tuvo éxito con su método abierto, logró sus objetivos encubiertos al establecer su primer vehículo global para avanzar hacia un gobierno mundial. Por esta razón, Albert Pike delineó tres grandes cataclismos sociales que llevarían al mundo hacia un gobierno global.

El surgimiento de las Naciones Unidas y su toma de control fue maniobrado utilizando la dialéctica hegeliana, cuando Europa clamaba por una solución tras las dos Guerras Mundiales.

Esta vez, no había zares que interfirieran, ya que habían sido derrocados por la Revolución Bolchevique, otra táctica del gobierno secreto. No obstante, tanto la Primera como la Segunda Guerra Mundial se libraron para avanzar los planes del gobierno global secreto de una agenda luciferina, ya sea mediante soluciones inmediatas abiertas o encubiertas a largo plazo. La Segunda Guerra de los Treinta Años eliminó a tres enemigos que se interponían en el camino del Sacro Imperio Romano Germánico: Francia, los zares de Rusia y la Segunda República de Alemania y España, además del bloque de Europa del Este.

A pesar de las promesas de Hitler al Vaticano, los resultados fueron controlados por los banqueros internacionales, la verdadera maquinaria fascista nazi global, también conocida como los banqueros sionistas internacionales, que establecieron el Tratado de Balfour y el moderno estado de Israel.

La Tercera Guerra Mundial sería el conflicto final, como fue delineado por Albert Pike y los Protocolos de los Sabios de Sion. Este conflicto fue planeado para ser la solución definitiva para establecer un gobierno mundial a través de las Naciones Unidas, evolucionando hacia una Unión Mundial o gobierno único.

Los pasos hacia la Tercera Guerra Mundial incluyeron el fortalecimiento del comunismo internacional hasta equiparar su poder con el del capitalismo occidental y el uso de sus diferencias para crear conflictos. Esta fue la verdadera razón detrás de la Guerra Fría y lo que Albert Pike describió como el último cataclismo social que haría clamar a las personas por un gobierno mundial.

Considerando esto, Lyndon LaRouche reportó que después de la Segunda Guerra Mundial, el cártel internacional manipuló al gobierno de Estados Unidos para que lanzara un ataque nuclear preventivo contra la Unión Soviética. De alguna manera, los soviéticos desarrollaron armas termonucleares en el momento preciso, frustrando así este intento de imponer un gobierno mundial. Este fue, en efecto, el tercer y último cataclismo social propuesto por Albert Pike un siglo antes, planeado como el golpe final devastador.

## La Tercera Guerra Mundial

Se especula que el gobierno en las sombras tenía un plan alternativo para lograr su meta de dominación global a través de una tercera guerra mundial. Este esquema implicaba explotar las tensiones entre las naciones islámicas y los países cristianos occidentales. Hasta ahora, ese conflicto no ha ocurrido, y es precisamente para desvelar la verdadera naturaleza de este poder oculto que se escribe este libro.

Las fuerzas de la Luz han logrado retrasar la Tercera Guerra Mundial, pues actualmente mantienen a raya a las fuerzas de la oscuridad y su agenda de sumergir al mundo en un conflicto nuclear, mientras nos acercamos al fin de esta era. Es reconfortante saber que los planes de la Hermandad Oscura están siendo frustrados y no se concretarán, dado que este mundo sigue un diseño Divino.

A la luz de la información revelada, es claro que el gobierno secreto de los Jesuitas Illuminati ha sido el arquitecto de todos los conflictos actuales en el Medio Oriente, con la intención de provocar un tercer y definitivo cataclismo social que marque el inicio de la Tercera Guerra Mundial. Esta agenda surgió debido al fracaso del primer plan con la caída de la Unión Soviética. La creación de guerras y revoluciones es parte del Protocolo Número 2, y la verdadera razón de los conflictos en el Medio Oriente, según los banqueros internacionales, enemigos de la humanidad, como se informó en el Executive Intelligence Review de agosto de 2005. Estos intentan llevar al mundo a una nueva era de oscuridad, desencadenando la Tercera Guerra Mundial.

## El Comunismo: Un instrumento de los banqueros internacionales

El comunismo, se dice, fue ideado por los jesuitas en el siglo XVII en Paraguay y presentado al mundo por Karl Marx, un analista político formado por los jesuitas, en 1848. Posteriormente, fue financiado por banqueros internacionales en Nueva York, la sede de la Reserva Federal. Según Myron Fagan, el complot se inició en la década de 1850 cuando la cábala internacional de los Illuminati celebró reuniones secretas en Nueva York, a las que asistió un ilusionista británico llamado Wright. Durante estas reuniones, se informó a los asistentes que los Illuminati estaban unificando a grupos nihilistas y ateos con otros movimientos subversivos bajo un solo estandarte, que se denominó "los comunistas".

Fue en este contexto que surgió el término "comunismo", según el Sr. Fagan. Esta falsa ideología política, promovida por los jesuitas en Paraguay dos siglos antes, estaba destinada a ser la herramienta definitiva para aterrorizar al mundo y llevar a las masas, aterrorizadas, hacia la aceptación de un gobierno único. El comunismo se utilizó como un medio para que los Jesuitas Illuminati fomentaran la tercera guerra mundial necesaria para establecer un gobierno global.

En palabras atribuidas a Albert Pike: "Liberaremos a los nihilistas y ateos, y provocaremos un cataclismo social que en todas sus manifestaciones mostrará claramente a todas las naciones el efecto del ateísmo absoluto, los orígenes del salvajismo y la más sangrienta agitación. Así, en todas partes, los ciudadanos se verán obligados a defenderse de la minoría mundial de revolucionarios, exterminando a esos destructores de la civilización. Y la multitud, desengañada del cristianismo, ansiosa por un ideal pero sin saber a dónde dirigir su adoración, recibirá la verdadera luz a través de la manifestación universal de la doctrina pura de Lucifer, traída finalmente a la luz pública, lo que resultará del movimiento reaccionario general que seguirá a la destrucción del cristianismo y del ateísmo, ambos vencidos y exterminados al mismo tiempo."

La etapa final de la conspiración planeada por el Gobierno Mundial de los Illuminati consistirá en un rey dictador al mando de las Naciones Unidas o la Unión Global, apoyado por un pequeño grupo de multimillonarios, científicos y economistas leales a los Illuminati. El resto de la humanidad será reducido a una masa de esclavos.

Esta narrativa se asemeja a los Protocolos de los Sabios de Sion. Durante la Primera Guerra Mundial, el gobierno en la sombra organizó el asesinato del Archiduque austriaco mediante una sociedad secreta serbia, controlada por el Papa Negro. Al mismo tiempo, el cartel bancario en Nueva York orquestó la Revolución Bolchevique. Los bolcheviques fueron utilizados para derrocar a los zares de Rusia e implementar el Manifiesto Comunista como su última amenaza, preparando el terreno para el cataclismo social que llevaría a la Tercera Guerra Mundial.

Entre los bolcheviques entrenados estaban Nikolai Lenin, León Trotsky y Joseph Stalin, quienes, como Napoleón y Hitler, fueron discípulos de Albert Pike y miembros activos de la facción oscura de la Logia Masónica Illuminati, controlada por el Papa Negro bajo el clan bancario Illuminati.

Según el Sr. Fagan, la sede de esta conspiración estaba en el bajo Manhattan, habitado mayoritariamente por refugiados judíos rusos. Ninguno de los conspiradores tenía una ocupación clara, pero siempre parecían contar con fondos. La fuente de estos fondos era la familia Rothschild, canalizados a través de Jacob Schiff. El plan para la toma del poder por los bolcheviques fue diseñado en Manhattan, que sirvió como campo de entrenamiento para todos los hombres que participarían en la Revolución Bolchevique en Rusia.

Después de ser entrenados y reorganizados, Trotsky y 300 de sus hombres fueron enviados a Europa, rumbo a Suiza, donde Lenin y su grupo los esperaban. El Sr. Fagan también reveló que Trotsky no solo llevaba hombres en su barco, sino también 20 millones de dólares en oro, proporcionados por Jacob Schiff.

Previendo la llegada de Trotsky, Lenin organizó una recepción especial en su escondite en Suiza, también financiada por banqueros internacionales. Toda la élite bancaria Illuminati participó en la financiación de esta operación secreta. En 1917, la guerra estaba en una etapa avanzada. Inglaterra, Francia y Rusia, los Aliados, luchaban contra las potencias del Eje, Austria-Hungría y Alemania. Sorprendentemente, figuras de alto rango de todas estas naciones, tanto Aliados como del Eje, asistieron a la fiesta y reuniones en Suiza. Entre los presentes se encontraban elitistas estadounidenses como el coronel Edward Mandell House, asesor del presidente Woodrow Wilson, considerado el emisario confidencial de Jacob Schiff. También estaban Paul y Felix Warburg, del clan bancario alemán, quienes no solo formaban parte de los Illuminati, sino que también habían sido inicialmente financiados y formados por la Casa Rothschild para apoyar a Wilhelm Kaiser de Alemania.

Para demostrar aún más el poder y la red del gobierno en las sombras, el Sr. Fagan documentó un incidente en el que un barco bolchevique estuvo a punto de ser interceptado por un buque de guerra británico. De inmediato, el gobierno en las sombras, a través del coronel Edward Mandell House, intervino para asegurar la liberación del barco y la continuación del plan. Schiff ordenó rápidamente al coronel House, quien a su vez instruyó a Wilson para que ordenara a los británicos liberar el barco. Wilson, actuando como el peón que era, mandó a los británicos dejar libre el barco con Trotsky, el oro y sus acompañantes, advirtiendo que Estados Unidos no entraría en la guerra si no cumplían. Estados Unidos ya había preparado su entrada en la guerra en abril de ese año, reveló el Sr. Fagan.

Finalmente, Trotsky y sus hombres llegaron a Suiza, y la reunión con Lenin se desarrolló como estaba previsto. Los Warburg, que eran parte de la policía secreta de Alemania, ayudaron a los bolcheviques a cargar en trenes y hacer los arreglos necesarios para su entrada en Rusia. Así se llevó a cabo la Revolución Bolchevique, donde todos los miembros del gobierno en las sombras desempeñaron su papel en el derrocamiento de la familia Romanov y los zares, últimos guardianes de la ortodoxia oriental.

Según Lyndon LaRouche, se informó que el monarca británico, el rey Eduardo, había instigado el conflicto entre sus sobrinos, Guillermo Kaiser de Alemania y Alejandro de Rusia, el líder de los zares. Esto coincide con la teoría de que la Casa de Rothschild tenía un control absoluto sobre las monarquías británica y francesa, pero no sobre Alemania, y que los zares estaban en su lista negra por haber frustrado sus planes de la Liga de Naciones en Viena un siglo antes. La lealtad del rey Eduardo estaba con los Rothschild y fue instrumental en el inicio de la Primera Guerra Mundial.

Sin embargo, Rusia era parte de los Aliados y, tras una larga guerra, se encontraba agotada. Este es otro ejemplo de la táctica de divide y vencerás, el mismo método que la Hermandad Oscura ha utilizado desde tiempos inmemoriales como su estrategia suprema, también conocida como una de las técnicas más famosas en "El Arte de la Guerra". Estos eventos fueron planeados y ejecutados por las mismas mentes que crearon el ilegal Sistema de Reserva Federal. De manera similar, el gobierno en las sombras utilizó la guerra como pretexto para implementar el Impuesto Federal sobre la Renta y la 16ª enmienda. Según nuestra Constitución, tanto la Reserva Federal privada como el I.R.S. son inconstitucionales.

El impuesto sobre la renta se estableció para gravar los ingresos reales de los ciudadanos comunes en Estados Unidos, mientras que las grandes fortunas de los financieros internacionales del país se convirtieron en fundaciones fiduciarias, evitando así la carga fiscal. Esta estrategia, promovida por los financieros internacionales que operaban en la sombra, afectó a todos en América, excepto a los poderosos y ricos que, secretamente, colaboraban con la oligarquía financiera europea y la Nobleza Negra en la erosión de nuestra Constitución.

Al transformar sus fortunas en fundaciones exentas de impuestos, los Illuminati estadounidenses lograron evadir completamente el pago de tributos. Estas fundaciones, como la Fundación Rockefeller, las Fundaciones Carnegie y Ford, la

Fundación Mellon, entre otras, estaban exentas de cargas fiscales bajo el pretexto de proyectos humanitarios.

Tras la Primera Guerra Mundial, se demostró también que el Tratado de Versalles fue patrocinado por figuras como el Barón de Rothschild, Lloyd George y Alfred Milner, quien, junto a Cecil Rhodes, contribuyó a la creación de los grupos de la Mesa Redonda en 1891. Representando a Estados Unidos estuvieron Woodrow Wilson, el coronel Mandell House y los hermanos Dulles, John Foster Dulles y Avery Dulles, ambos jesuitas y actores clave en las operaciones encubiertas del gobierno estadounidense. Otros banqueros internacionales involucrados en las negociaciones del tratado fueron Max y Paul Warburg y J.P. Morgan. Este tratado resultó en la creación de la Sociedad de Naciones en 1918, la plataforma anhelada para el resurgimiento del Sacro Imperio Romano Germánico, conocido hoy como la Unión Europea.

Dos factores impidieron que Estados Unidos se uniera a la primera Sociedad de Naciones. El primero fue que, mientras Jacob Schiff y sus colaboradores se concentraban en implementar el Sistema de Reserva Federal y fomentar la Revolución Bolchevique, no lograron cumplir con una de las directrices cruciales: controlar todos los medios de comunicación masiva, incluida la prensa. El Sr. Fagan argumenta que esta fue la razón por la cual la cábala no logró manipular a Estados Unidos para ingresar en la Sociedad de Naciones. La segunda razón, quizás la más determinante, fue la intervención de Henry Cabot Lodge, un líder íntegro, respetado y confiable por los miembros de la Cámara de Representantes y del Senado, quien desenmascaró las maquinaciones de la cábala, expuso a Wilson, y ayudó a mantener a Estados Unidos fuera de la Liga de las Naciones.

# Capítulo 13: Las sociedades secretas y el misterio detrás de la ONU.

Dos años antes del inicio de la Segunda Guerra Mundial, los artífices de los Jesuitas Illuminati llevaron a cabo nuevos movimientos estratégicos para avanzar su agenda. En Europa, el gobierno en la sombra impulsó la creación de una organización semi-secreta en 1920 llamada Instituto Real de Asuntos Internacionales (RIIA), con sede en Chatham House, Londres. Esta entidad fue manipulada por las mismas fuerzas que originaron los grupos de la Mesa Redonda, creados por los Rothschild, para coordinar eventos que desembocaron no solo en la Segunda Guerra de los Treinta Años, sino también en la formación de la Unión Europea.

El Instituto Real de Asuntos Internacionales, un descendiente directo de los grupos de la Mesa Redonda, tuvo a la Reina Isabel II como su Patrona. Se ha revelado que la Reina Isabel II de Inglaterra tenía vínculos con los Caballeros de Malta y era subordinada a los Jesuitas, lo que implica su participación en el gobierno oculto del Papa Negro. Esta organización no fue concebida únicamente como un centro de pensamiento, sino como un ente semi-secreto diseñado para dirigir la política británica y, mediante la Sociedad de Naciones, imponer directrices en Europa con el objetivo de consolidar el continente en una única unidad monetaria, que finalmente se concretó en la Unión Europea.

Muchos de los poderosos que participaron activamente en el Instituto Real de Asuntos Internacionales eran miembros de la Nobleza Negra, la élite financiera de Europa. Ivan Fraser descubrió que líderes de esta organización, como Lord Carrington, ex Secretario de Asuntos Exteriores, y Lord Roy Jenkins, ex presidente de la Comisión Europea, eran prominentes miembros de esta élite.

Más adelante, el gobierno en la sombra de los Jesuitas Illuminati impulsó la creación de una filial del Instituto Real de Asuntos Internacionales en América, conocido como el Consejo de Relaciones Exteriores (CFR). Fue esta organización la que promovió la adhesión de Estados Unidos a las Naciones Unidas. Las figuras clave en esta traición habían estado involucradas en estas maniobras por algún tiempo, como Edward Colonel House, asesor principal del presidente Woodrow Wilson, y Bernard Baruch.

Jacob Schiff, antes de su retiro, nombró a Edward Colonel House y Bernard Baruch para continuar la conspiración de centralización del poder mundial, siguiendo directrices de los Rothschild. Gracias a sus esfuerzos, se fundó el Consejo de Relaciones Exteriores, convirtiéndose en un pilar fundamental del gobierno oculto en Estados Unidos.

Se ha revelado que algunos miembros del Consejo de Relaciones Exteriores modificaron sus apellidos para parecer más estadounidenses, como Dillon, cuyo verdadero nombre era Liposky, y Pauley, directivo de CBS, cuyo apellido real era Polinsky. El CFR, compuesto por cerca de mil miembros, no solo colocó a sus miembros en posiciones de poder e influencia, sino que también influyó en los medios de comunicación y la prensa.

El CFR es considerado la contraparte estadounidense del Instituto Real de Asuntos Internacionales y fue creado por los grupos secretos de la Mesa Redonda formados en 1891. Con su creación, el gobierno en la sombra de los Jesuitas Illuminati estableció una entidad de formulación de políticas en Estados Unidos, facilitando su entrada en las Naciones Unidas.

Se cree que la hermandad secreta luciferina babilónica ha mantenido registros detallados sobre quiénes pertenecían a la línea de sangre de Nimrod-Esaú, lo que explicaría la formación y moldeamiento de figuras como Adolf Hitler por sociedades secretas negativas como la Sociedad Thule o Vril en Alemania. Figuras como Napoleón Bonaparte, Adam Weishaupt, Hegel, Marx y Nietzsche también fueron adoctrinados por la Hermandad Oscura para perpetuar la agenda de dominación mundial en el siglo XX.

Incluso Napoleón estuvo vinculado a una sociedad secreta, y muchas de las figuras más influyentes han tenido conexiones con sociedades ocultas, ya sea alineadas con la agenda luciferina o con la Hermandad de la Luz. Algunos investigadores sugieren que Hitler podría haber tenido vínculos más cercanos con los Rothschild. Su rol como posible Anticristo podría atribuirse a una fuerte concentración del "gen del poder", que le permitió fascinar a las masas durante sus discursos. Su ascenso al poder fue financiado por las mismas fuerzas que han intentado gobernar el mundo desde hace siglos.

La Sociedad Militar Internacional de los Jesuitas estaba conectada con la Sociedad Thule, cuyos miembros incluían diversas figuras de la nobleza negra y practicantes de magia oscura en Europa. El Papa Negro, a través de diferentes canales, desarrolló las Sociedades Vril y Thule para controlar las artes negras de la hechicería y la magia, restringiéndolas a aquellos de su linaje. Hitler, junto a Goring, Rudolph Hess y Himmler, formaban parte de la Sociedad Thule y fueron iniciados en las artes mágicas. Así, es evidente que Hitler fue adoctrinado en el ocultismo desde joven, al igual que los Rothschild y las 13 familias de linaje que controlan el gobierno mundial oculto.

Después de dos guerras mundiales devastadoras, los pueblos del mundo buscaron una solución global. Las Naciones Unidas emergieron como la solución planeada por el gobierno en las sombras mucho tiempo atrás. En realidad, la ONU se convirtió en la base para un Gobierno Mundial Único, mientras que la OTAN se perfiló como su fuerza de policía encubierta. Aunque muchos empleados de la ONU genuinamente desean la paz mundial, los verdaderos poderes detrás de esta organización son los globalistas afiliados al Consejo de Relaciones Exteriores y al Instituto Real de Asuntos Internacionales, sirviendo a las redes de poder de los Jesuitas Illuminati. Tanto Myron Fagan como Ivan Fraser han documentado cómo todos los Secretarios Generales de la ONU han promovido la Nueva Agenda Mundial. El Fondo de Población de la ONU, el Programa Ambiental y la UNESCO, a pesar de sus nombres, han servido a intereses contrarios a sus misiones declaradas.

Desde la creación de las Naciones Unidas, la propagación del comunismo y el fascismo ha crecido, como ha señalado el Sr. Fagan. A pesar de los objetivos declarados de la ONU, las guerras han continuado. El Sr. Fagan destacó que la ONU nunca ha emitido una resolución condenatoria contra el comunismo en Rusia.

Por ejemplo, cuando las tropas comunistas rusas de Mongolia invadieron Hungría, la ONU no intervino, permitiendo la masacre de los húngaros a manos de los rusos.

En casi todos los conflictos, como en Corea y Vietnam, la participación de soldados estadounidenses ha sido dominante, a pesar de que la ONU cuenta con unos 60 países miembros. El Sr. Fagan documentó que en el 95% de las guerras desde 1945, han participado soldados estadounidenses. Según él, «¿Dónde estaba la ONU cuando los luchadores por la libertad en Hungría fueron masacrados por los rusos? La ONU no hizo nada cuando China invadió Laos y Vietnam. Tampoco intervino cuando Nkrumah invadió Goa y otros territorios portugueses».

El Sr. Fagan también reveló que la fuerza de paz de la ONU se ha utilizado para oprimir, agredir y matar a anticomunistas en Katanga. Además, las Naciones Unidas aprobaron una resolución para desarmar a los estadounidenses, en violación de la Segunda Enmienda de la Constitución. El artículo 47, párrafo 3 de la Carta de la ONU establece que «El Comité de Estado Mayor de las Naciones Unidas será responsable, a través del Secretario del Consejo, de la dirección estratégica de todas las fuerzas armadas puestas a disposición del Consejo de Seguridad de la ONU», lo que implica que, si las fuerzas armadas de Estados Unidos fueran transferidas a la ONU, los soldados estadounidenses podrían ser obligados a servir bajo el mando de la ONU globalmente, lo que algunos consideran un acto de traición.

Cuando las Naciones Unidas intentaron que el Congreso aprobara una ley que permitiera tal transferencia, un congresista valiente llamado James B. Utt, sin vínculos con el CFR ni con ninguna otra entidad secreta, impidió que las fuerzas armadas estadounidenses fueran transferidas a la policía mundial de la ONU, la OTAN. Cerca de 50 congresistas apoyaron este acto de traición, demostrando la influencia del CFR.

A través del CFR, los jesuitas Illuminati han conseguido colocar a sus representantes en los gabinetes de la Casa Blanca, el Congreso, el Senado y la Cámara de Representantes. El CFR cuenta con alrededor de 1.000 miembros, incluyendo a líderes de todos los imperios industriales de Estados Unidos, como Blough, presidente de la US Steel Corporation; Rockefeller, magnate del petróleo; y Henry Ford II, fundador de Ford Motors.

Estas personas han recibido grandes fondos para influir en las elecciones de presidentes, senadores, congresistas, y secretarios de Estado y del Tesoro. Los miembros del CFR han influido en todas las agencias federales importantes. Desafortunadamente, en el siglo XXI, gran parte del gobierno de Estados Unidos está compuesto por individuos colocados por el CFR. Presidentes de Estados Unidos como Truman, Hoover, Nixon y los Bush han sido miembros del CFR.

Otros actores secretos vinculados al CFR incluyen a John Foster Dulles y su hermano Alan Dulles, quienes también estaban conectados con la orden militar internacional de los Jesuitas. Ellos controlan los asuntos de universidades como

Fordham, Georgetown y Yale. Los jesuitas, como grandes manipuladores de instituciones académicas en Europa y Estados Unidos, han estado influyendo encubiertamente en el gobierno estadounidense a través de banqueros internacionales. Lamentablemente, el Consejo de Relaciones Exteriores, bajo control de los Jesuitas Illuminati, ha infiltrado y controlado indirectamente al gobierno de Estados Unidos desde su creación en la década de 1920.

## Los Bilderbergers

En 1954, las fuerzas detrás del poder crearon un nuevo mecanismo de influencia conocido como el grupo Bilderberg. Este grupo fue fundado por Jozef Retinger, un polaco con ideología socialista y ferviente defensor del movimiento europeo, junto al príncipe Bernhard de la Casa de Orange de los Países Bajos. Según Ivan Fraser, Bernhard había sido espía de las SS para los nazis antes de convertirse en presidente de Shell Oil, gracias a la influencia de David Rockefeller.

El objetivo de esta organización era reunir a una élite de políticos influyentes, asesores, ejecutivos de medios de comunicación, banqueros, dirigentes de corporaciones multinacionales, académicos y líderes militares. Las reuniones de este grupo se celebran en el más estricto secreto, sin que la información sea divulgada.

Ivan Fraser, quien ha investigado a fondo las redes de poder oculto, sostiene que los dirigentes de este grupo forman un comité directivo no elOCto públicamente, con presidentes seleccionados de diversas casas aristocráticas. Desde 1991, Lord Carrington ha sido el presidente, y desde su creación, solo individuos de considerable poder han formado parte de este círculo. Esto sugiere que la llamada nobleza negra utiliza este grupo como una herramienta más dentro de su red de dominación global.

## La Comisión Trilateral

Dos décadas después, el gobierno en la sombra introdujo otro instrumento para consolidar aún más su control económico. Este nuevo ente, la Comisión Trilateral, es considerado un heredero directo del grupo Bilderberg. Fue fundado por David Rockefeller y Zbigniew Brzezinski a finales de 1972, con el fin de consolidar abiertamente las políticas de Estados Unidos a través del TLCAN y de Asia mediante la APEC (Cooperación Económica Asia-Pacífico). Además, esta organización fue concebida para apoyar al Consejo de Relaciones Exteriores en su intento por controlar completamente el gobierno estadounidense. Un claro ejemplo de esto es el mandato del presidente Jimmy Carter, cuyo asesor de Seguridad Nacional, Zbigniew Brzezinski, también fue el primer director de la Comisión Trilateral, reflejando así el alineamiento de las políticas gubernamentales con los intereses de la comisión.

# Capítulo 14: El Cartel Farmacéutico y el Vaticano

Antes y durante la Segunda Guerra Mundial, un banquero internacional promovió la creación de la empresa química I.G. Farben, según diversos estudios. Esta compañía, que se convirtió en la mayor industria química del mundo, fue financiada por estos banqueros, quienes obtuvieron inmensas riquezas para el gobierno secreto global mientras apoyaban la reconstrucción de Alemania. De acuerdo con Ivan Fraser, esta empresa ayudó a Alemania a ser autosuficiente en caucho, petróleo y explosivos. Además, se documentó que I.G. Farben utilizó a prisioneros de Auschwitz como mano de obra forzada en sus fábricas químicas, donde al menos 25.000 judíos murieron por agotamiento o en experimentos con drogas.

Los campos de concentración nazis no solo fueron centros de exterminio; también fueron el escenario de un experimento masivo y secreto. La narrativa oficial culpa exclusivamente a los nazis, desviando la atención de los verdaderos instigadores: los jesuitas Illuminati, quienes dirigieron estas atrocidades durante la guerra. Para entender la brutal explotación en estos campos, es necesario considerar la agenda más amplia de la hermandad moderna, vinculada a los Protocolos de los Sabios de Sion, bajo el mando del llamado Papa Negro.

A finales del siglo XIX, Wilhelm Wundt, pionero en la teoría psiquiátrica, propuso que mediante el uso de ciertas sustancias químicas se podría hacer que la mente humana fuese más racional y obediente al Estado. Wundt, seguidor de Hegel, Darwin y Nietzsche, sostenía que los humanos eran animales irracionales que necesitaban ser "corregidos". Esta teoría fue desarrollada por sus seguidores, entre ellos Emil Kraepelin, quien trabajó en la creación de sustancias químicas para estos "ajustes" mentales.

Kraepelin colaboró con otro científico radical, formado en instituciones jesuitas, en el desarrollo de drogas sintéticas con efectos en el cerebro humano. A principios del siglo XX, estos experimentos secretos dirigidos por los jesuitas dieron lugar a mezclas químicas que, aunque no siempre eran mortales, sí podían alterar la mente y crear dependencia.

Con la llegada de Hitler al poder, se iniciaron experimentos con estas drogas en seres humanos, dirigidos por Ernest Rudin, un destacado seguidor de la agenda Illuminati en el régimen nazi. Se realizaron horribles experimentos en los campos de concentración, desde el uso de gases tóxicos hasta inyecciones de sustancias experimentales, para determinar su letalidad. No solo los judíos fueron víctimas; también lo fueron disidentes políticos y luchadores por la libertad en Alemania.

Estos experimentos fueron financiados por banqueros internacionales bajo la supervisión de los altos Caballeros de Malta y los Rothschild. La maquinaria nazi, según algunos, fue solo una fachada para las verdaderas fuerzas que operaban tras bambalinas: el gobierno oculto de los jesuitas Illuminati, que utilizaba a los nazis como pantalla para ocultar su control total bajo la figura del llamado Papa Negro.

Los experimentos perseguían varios fines para el gobierno secreto. Uno era erradicar cualquier rastro del linaje del Rey David o del "Santo Grial de Sangre Sagrada", una tarea en la que el Vaticano había fallado anteriormente. Otro objetivo era establecer las bases del movimiento eugenésico, precursor del actual cartel farmacéutico, de manera que muchas de las drogas distribuidas hoy en día provienen de estos primeros programas de "higiene mental".

La continuación de estos experimentos se refleja en la propagación de enfermedades en regiones enteras, como África, devastada por epidemias que algunos pocos han logrado desenmascarar en medio de un complejo entramado de secretos. Las drogas mortales probadas en los campos de concentración fueron el antecedente del actual imperio farmacéutico, que junto con la industria del petróleo sigue siendo una de las mayores fuentes de ingresos para las élites que controlan el gobierno mundial secreto.

Este gobierno secreto, a través de figuras influyentes como los Rockefeller, promovió la creación de entidades como la Asociación Médica Americana (AMA) y la Asociación Psiquiátrica Americana (APA), fundamentadas en investigaciones del régimen nazi. Su propósito era eliminar los remedios naturales usados por siglos y reemplazarlos con productos químicos propios, asegurando así más enfermedades y mayores ingresos.

Las drogas sintéticas de hoy, diseñadas para suprimir síntomas en lugar de curar, perpetúan un ciclo de enfermedad que beneficia a estas élites. Mientras las farmacias ofrecen solo medicamentos de origen químico, los auténticos remedios naturales, que han demostrado ser efectivos, son marginados. No obstante, un creciente despertar de la consciencia está llevando a muchas personas a redescubrir y utilizar estas formas tradicionales de sanación.

Por tanto, es evidente que la actual industria farmacéutica, junto con otras grandes corporaciones, fue establecida por los verdaderos poderes que mueven los hilos del mundo. Aunque muchos medicamentos contemporáneos solo atenúan temporalmente los síntomas, fomentan un ciclo perpetuo de dependencia, mientras se suprimen los verdaderos remedios naturales que han sido eficaces durante siglos.

A lo largo de la historia, la ocultación de curas naturales efectivas ha sido una constante, perpetuada por un gobierno secreto, heredero del antiguo imperio de Babilonia, que persigue objetivos de dominación, esclavitud y enfermedad a nivel global. La estrategia de promover el uso de drogas químicas forma parte de los programas de eugenesia, alineados con los Protocolos de los Sabios de Sion, que ven a los seres humanos como simples recursos.

Según las investigaciones de Ivan Fraser, en 1939 se estableció una alianza entre el imperio Rockefeller y el conglomerado I.G. Farben. Martin Bormann, figura clave del régimen nazi, colaboró con industriales angloamericanos para garantizar la continuidad de este cartel químico. I.G. Farben, que más tarde se transformó en el sector farmacéutico estadounidense, facilitó la integración de otras empresas como ICI, Borden, Carnation, General Mills, MW Kellogg

Company, Nestlé, Pet Milk, Squibb, Bristol Myers, Whitehall Laboratories, Procter & Gamble, Roche, Hoechst y Bayer. Se dice que durante las operaciones secretas del Vaticano nazi, conocidas como Operación Paperclip, incluso se emplearon a criminales de guerra convictos como Friedrich Jahne y Fritzter Meer, quienes llegaron a posiciones de liderazgo en estas corporaciones.

En la consolidación del cartel farmacéutico, destaca el papel del imperio Rockefeller, que junto con el Chase Manhattan Bank, controla la mitad de los intereses farmacéuticos en Estados Unidos, consolidándose como el mayor fabricante de medicamentos del mundo. Desde el periodo conocido como la segunda guerra de treinta años, que abarca de 1915 a 1945, la industria farmacéutica ha emergido como la segunda mayor industria manufacturera a nivel global.

Hoy en día, el sistema de salud, moldeado por este cartel farmacéutico, representa un negocio multimillonario, dominado por grandes corporaciones que dictan las reglas de la práctica médica. Los médicos se ven obligados a seguir protocolos estrictos basados en medicamentos químicos, sin posibilidad de explorar alternativas naturales. Las finanzas de estas corporaciones están profundamente enraizadas en Wall Street, el baluarte de los banqueros internacionales.

Las farmacéuticas prosperan gracias a la perpetuación de la enfermedad, su supervivencia depende de mantener a la población en un estado de salud frágil, no muy diferente de la industria del tabaco, que oculta la verdad para proteger sus beneficios. Ninguna empresa invierte en la erradicación de enfermedades, igual que las tabacaleras nunca admitirán la verdad sobre el tabaco. Según Fraser, en 1978, 1,5 millones de personas en Estados Unidos fueron hospitalizadas por efectos adversos de medicamentos, y en 1991, 73.000 personas murieron por estos mismos productos químicos. Para poner esto en perspectiva, en ese año las armas de fuego causaron 24.000 muertes, lo que hace a los medicamentos casi tres veces más letales.

El corazón del encubrimiento es el siguiente: tanto Ivan Fraser como Mark Beeston han revelado que existen curas efectivas para todas las enfermedades, incluido el cáncer y el SIDA, a través de medios naturales alternativos. Uno de estos remedios, conocido como Essiac, utilizado desde al menos 1922, es un tratamiento natural sin efectos secundarios. A pesar de que podría haberse convertido en un tratamiento ampliamente aceptado, siempre ha permanecido en la sombra. Del mismo modo, se ha descubierto que el gobierno secreto ha estado acumulando estas curas para su uso exclusivo durante más de un siglo.

En los años 30, Royal Raymond Rife desarrolló un microscopio de alta potencia que permitía detectar patógenos causantes de enfermedades en sus primeras etapas. Con esta tecnología, conocida como tecnología Rife, se podían eliminar estos organismos mediante frecuencias específicas, logrando curaciones sin efectos secundarios. Rife demostró que era posible erradicar el cáncer y otras enfermedades como la poliomielitis y el tifus casi al 100% de los casos.

Fraser también descubrió una terapia eficaz para el SIDA y el cáncer: la terapia de oxígeno-ozono, que ha sido utilizada con éxito en clínicas de todo el mundo durante más de 50 años. Este tratamiento alternativo, que combate de manera eficaz todo tipo de patógenos, es suprimido por representar una amenaza al cartel farmacéutico. La terapia funciona saturando el cuerpo con oxígeno suficiente para eliminar cualquier organismo patógeno.

Entre las muchas enfermedades que este tratamiento natural puede curar se encuentran diversos virus y bacterias, hepatitis, artritis, mononucleosis, cáncer, enfermedades cardiovasculares, herpes, linfomas, tumores, leucemia, alergias y SIDA. Estas revelaciones provienen de testimonios de médicos internacionales que se reunieron en mayo de 1983 en la Sexta Conferencia Mundial sobre Ozonoterapia en Washington, D.C. Se dice que la terapia de oxígeno-ozono es una cura natural efectiva para la mayoría de las enfermedades. Por otro lado, existen informes ocultos y pruebas contundentes que indican que los medicamentos que salen de las farmacias han demostrado ser más dañinos que beneficiosos.

A continuación, se detallan los efectos secundarios de algunos medicamentos recetados por la medicina convencional:

- Eraldin, usado para enfermedades del corazón, puede dañar la córnea y causar ceguera.

- Paracetamol, un analgésico, causó la hospitalización de 1.500 personas en el Reino Unido en 1971.

- Orabilex, conocido por causar daños renales con consecuencias fatales, además de cataratas cuando se usa como antihipertensivo.

- Metacualona, empleada en inducciones hipnóticas, ha provocado graves trastornos mentales y al menos 366 muertes, muchas por homicidio y suicidio.

- Talidomida, un tranquilizante, causó malformaciones en 10.000 niños.

- Isoproterenol, usado para tratar el asma, provocó 3.500 muertes en los años sesenta.

- Stilboestrol, empleado en cáncer de próstata, está vinculado con el cáncer en mujeres jóvenes.

- Trilergan, un antialérgico, ha sido relacionado con la hepatitis viral.

- Flamamil, utilizado para el reumatismo, puede provocar pérdida de consciencia.

- Fenformina, un tratamiento para la diabetes, causaba alrededor de 1.000 muertes al año antes de ser retirada del mercado.

- Atromid S, prescrito para el colesterol, se ha relacionado con muertes por cáncer y enfermedades hepáticas, de la vesícula biliar e intestinales.

- Valium, un tranquilizante, es conocido por ser adictivo.

- Preludin y Maxiton, píldoras dietéticas, causan daños severos al corazón y al sistema nervioso.

- Nembutal, usado para el insomnio, puede paradójicamente empeorar el insomnio.

- Pronap y Plaxin, tranquilizantes, se han vinculado con la muerte de numerosos bebés.

• Fenacetina, un analgésico, puede causar daños graves a los riñones y a los glóbulos rojos.

• Aminopirina, otro analgésico, ha sido vinculada con enfermedades sanguíneas.

• Marzina, para las náuseas, es perjudicial para los niños.

• Reserpina, un antihipertensivo, incrementa el riesgo de cáncer en varios órganos.

• Metotrexato, empleado contra la leucemia, causa hemorragias intestinales y anemia severa.

• Urethane, utilizado también para la leucemia, puede causar cáncer de hígado, pulmones y médula ósea.

• Mitotano, otro fármaco contra la leucemia, provoca daño renal.

• Ciclofosfamida, usada en tratamientos contra el cáncer, daña el hígado y los pulmones.

• Isoniazid, empleado para la tuberculosis, puede causar destrucción hepática.

• Kanamicina, otro tratamiento para la tuberculosis, provoca sordera y daño renal.

• Cloromicetina, para afecciones tiroideas, puede causar leucemia y colapsos cardiovasculares fatales.

• Clioquinol, utilizado para la diarrea, está relacionado con ceguera, parálisis y muerte.

- D.E.S., administrado para prevenir abortos espontáneos, se asocia con defectos de nacimiento y cáncer.

- Debendox, usado contra las náuseas, causa malformaciones congénitas.

- Accutane, un tratamiento para el acné, puede causar sordera y daño renal.

Estos ejemplos muestran cómo muchos medicamentos, en lugar de curar, pueden causar otras enfermedades. La mayoría de la sociedad desconoce la realidad del cartel farmacéutico, que representa una amenaza oculta. Este encubrimiento coincide con la proliferación de alimentos procesados y modificados genéticamente, promovidos por la industria de la comida rápida, diseñada para perpetuar la dependencia del cartel farmacéutico. No es casualidad que la industria de la comida rápida surgiera junto con la farmacéutica.

La película «Supersize Me» revela una verdad perturbadora: el consumo desmedido de comida rápida conduce a enfermedades que, a su vez, llevan a las personas a buscar medicamentos en farmacias ligadas a un supuesto gobierno secreto, como sugieren los Protocolos de los Sabios de Sion. Este círculo vicioso parece interminable, pues las soluciones ofrecidas solo ocultan o reprimen los síntomas, empeorando finalmente la salud de las personas.

Es momento de despertar y comprender las fuerzas que pretenden dominar e incluso erradicar a la humanidad. Con el conocimiento adecuado, se pueden elegir caminos alternativos como la homeopatía, las hierbas medicinales y la medicina holística, enfoques que buscan sanar en lugar de simplemente ocultar o generar más enfermedades. Al rechazar el control del gobierno oculto y priorizar una alimentación saludable basada en productos orgánicos, se puede comenzar a tomar en serio la salud.

Los alimentos transgénicos, los chemtrails y diversos productos de consumo, desde la pasta dental hasta los cosméticos, están diseñados con intenciones dañinas, privándonos de nutrientes vitales y exponiéndonos a sustancias tóxicas. Adoptar prácticas de agricultura ecológica y consumir alimentos orgánicos, como vegetales frescos, frutas, carnes de animales alimentados con pasto y huevos de granja, puede restablecer los nutrientes que nuestro cuerpo requiere.

Mantener un cuerpo sano no solo implica una buena nutrición, sino también ejercicio regular, exposición solar y agua de calidad. La exploración de medicinas alternativas y holísticas puede mejorar notablemente nuestro bienestar general.

La medicina convencional moderna tiene raíces en los experimentos nazis, donde personas eran utilizadas como sujetos de prueba para desarrollar desde remedios simples hasta vacunas complejas. I.G. Farben tuvo un papel clave en la creación del cartel farmacéutico, mostrando la profunda conexión del gobierno secreto con las industrias de la salud.

Es esencial entender que el objetivo del gobierno secreto es someter y esclavizar mediante la eliminación de bienes y servicios beneficiosos. Reconocer esto no como una simple teoría de conspiración, sino como una forma de manipulación sistemática que se remonta a la antigua Babilonia, puede motivar a desvincularse del apoyo a sus industrias e instituciones.

La guerra biológica y la creación de virus representan una guerra encubierta contra la salud humana, orquestada por quienes tienen el poder. Sin embargo, a medida que se desvelan estos secretos y se acerca la llegada del Reino de la Luz, se abre una puerta a la esperanza, a que la conciencia y la acción conduzcan a un cambio positivo.

El papel del régimen nazi en la industria farmacéutica fue solo el comienzo. La transferencia de científicos y médicos nazis de alto nivel a Estados Unidos a través de las operaciones Paperclip y Sunrise permitió continuar con proyectos secretos, desde aviones antigravedad hasta técnicas de control mental, evidenciando un impacto duradero en la salud y la política mundial.

Este traslado no solo favoreció el avance tecnológico de Estados Unidos, sino que también estableció las bases para prácticas manipuladoras como el control mental a través de frecuencias electromagnéticas, proyectos que tuvieron sus inicios en Alemania y se perfeccionaron en América.

La fundación de agencias de inteligencia como la CIA por Reinhard Gehlen, un prominente espía nazi, y la cooperación entre nazis y grupos extremistas, subraya la amplia influencia y manipulación ejercida por estas fuerzas, acorde con las inquietantes previsiones de los Protocolos de los Sabios de Sion.

Además, Martin Bormann, una figura destacada del nazismo, organizó el envío secreto de las riquezas nazis, incluidos oro y plata robados a los judíos, hacia países como

España, Italia y Argentina, asegurando su control por parte del gobierno secreto. Esta operación, conocida como Vuelo del Águila y documentada por el Sr. Hertz, permitió que otros nazis, como Heinrich Müller, jefe de la Gestapo, y Walter Rauff, inventor del camión de gas usado para exterminar judíos, también escaparan a Estados Unidos para colaborar con Gehlen en la CIA, como lo describe la Executive Intelligence Review.

El Proyecto Paperclip y la Operación Sunrise revelan una verdad perturbadora. Es posible que los fundadores de la CIA y otras agencias en Estados Unidos hayan trabajado en secreto para los Caballeros de Malta. Hay evidencias que sugieren que la CIA, en sus niveles más altos, se transformó en una herramienta del gobierno mundial secreto liderado por los jesuitas Illuminati. Los Caballeros de Malta, actuando como la fuerza más despiadada de los jesuitas, contribuyeron a la creación de agencias como el M.I.5 y M.I.6 británicos, la K.G.B. soviética y el Mossad israelí, además de apoyar al Sha de Irán. Estas agencias parecen haber sido modeladas a partir de la Gestapo alemana. Actualmente, existen suficientes pruebas para identificar a Reinhard Gehlen como el principal mentor de estas organizaciones de inteligencia, que en sus niveles más altos han trabajado en secreto con los Caballeros Negros del poder oculto y su líder, el Papa Negro.

Todo esto se ajusta perfectamente a una estrategia de dictadura encubierta que está dirigiendo nuestro mundo hacia un imperio mundial centralizado, parecido a un renacido Sacro Imperio Romano. Esta tesis está respaldada por fuentes recientes, como el libro de Eric John Phelps, «Vatican Assassins», que expone la realidad detrás del sistema de espionaje internacional.

Esta estrategia también se alinea con los Protocolos, ya que el gobierno mundial secreto buscaba establecer una red de agencias de inteligencia al servicio de una agenda oculta luciferina para imponer su dominio global. El poder oculto ha logrado utilizar a estas entidades, aparentemente opuestas, para trabajar juntas en secreto, erosionando las libertades y democracias emergentes en todo el mundo, mientras que en la sombra impone un sistema fascista más centralizado, conocido como comunismo. El plan sugiere que, una vez que la mayoría de las naciones del mundo hayan sido capturadas en secreto, habrá menos resistencia para instaurar un Nuevo Orden Mundial, un Gobierno Mundial Único o un renacido Sacro Imperio Romano.

El libro de Victor Marchetti sobre la C.I.A. y su culto a la inteligencia ofrece una visión alternativa de la agencia que los poderes fácticos prefieren mantener oculta. Además, numerosos trabajos bien documentados, como los de Steven Kangas, han recopilado información sobre la corrupción en las más altas esferas de la CIA.

El estudio de Steven Kangas, «La cronología de las atrocidades de la C.I.A.», revela cómo la CIA y su división de contrainteligencia han colaborado secretamente con otras agencias en golpes de Estado para derrocar a presidentes republicanos, bajo la excusa de combatir el comunismo, solo para instalar dictadores fascistas de derecha. Estas operaciones secretas, especialmente comunes en América Latina, dejan claro quiénes son los verdaderos controladores de la CIA en las esferas más altas. Kangas documenta cada golpe de Estado orquestado por la CIA desde su creación, subrayando cómo exnazis fueron reclutados para formar a otros en técnicas de tortura, chantaje, y sabotaje político y económico. Este informe también corrobora el trabajo de William Hurt titulado «Las líneas de ratas nazis».

Kangas también destaca el papel de la CIA en el inicio de la Guerra de Corea y la Guerra de Vietnam, revelando cómo las Naciones Unidas han actuado en secreto en contra de sus objetivos declarados, junto con las acciones corruptas de la CIA y el Cuerpo de Contrainteligencia. La Revisión Ejecutiva de Inteligencia de Lyndon LaRouche respalda esto, mostrando el papel crucial de Henry Kissinger en el desencadenamiento de la Guerra de Vietnam.

La investigación de Kangas expone las maniobras de la CIA, desde el derrocamiento del gobierno republicano en Irán en 1953 hasta el ascenso de Fidel Castro en Cuba en 1961, pasando por los sabotajes en Haití y la destitución del gobierno democrático australiano del primer ministro Edward Whitlam. Estas operaciones encubiertas, conocidas como Operaciones Negras, han sido llevadas a cabo por los altos mandos de la CIA bajo la excusa de luchar contra el comunismo, mientras que, en realidad, la comunidad de inteligencia ha sido empleada por el poder oculto para socavar los ideales de libertad y comunidad de naciones.

Estas acciones se alinean perfectamente con los Protocolos de los Sabios de Sion, ya que la dialéctica hegeliana sigue siendo su método más efectivo. Como se mencionó antes, la República Constitucional de los Estados Unidos de América, gracias a sus padres fundadores, sigue siendo el principal obstáculo para que el poder oculto logre esclavizar al mundo entero bajo un sistema global fascista y totalitario.

# Capítulo 15: Encubrimientos y Control de Organizaciones Criminales y Mercados Negros

Con nuevas revelaciones, se ilumina un tema largamente oculto: el asesinato de John F. Kennedy. Recuerdo mis días en la secundaria, cuando el asesinato de Kennedy se discutía en clase, intentando discernir al verdadero culpable mientras las grabaciones del evento se repetían incesantemente. Después de años de búsqueda de la verdad y de descubrir la existencia de un gobierno en las sombras con una agenda global, todo cobra sentido: ya no hay dudas sobre quién eliminó a Kennedy.

Los verdaderos responsables del asesinato de nuestro presidente fueron los Jesuitas Illuminati, parte del gobierno oculto. Había múltiples motivos para querer su eliminación. Inicialmente, John F. Kennedy debía ser un aliado de los planes del gobierno mundial, pues era miembro del Consejo de Relaciones Exteriores.

Sin embargo, al final, se supo que cambió de rumbo. También se sabe que su padre, Joseph Kennedy, tuvo un rol clave dentro del gobierno secreto, vinculado a la Orden Militar Internacional de los Jesuitas y los Caballeros de Malta, facilitando la llegada de su hijo al poder. Al asumir la presidencia, Kennedy ignoraba por completo el entramado en el que estaba inmerso, sin conocer las conexiones de su padre con la cábala a través de los Caballeros de Malta y los Caballeros de Colón.

Algunos investigadores afirman que, al descubrir las verdaderas intenciones de sus consejeros secretos, Kennedy se sintió traicionado y eligió un camino diferente. Se esperaba que desarmara a la población estadounidense, en oposición a la Segunda Enmienda. Kennedy, sin embargo, se negó. Las tensiones crecieron cuando descubrió que su gabinete estaba lleno de agentes del Consejo de Relaciones Exteriores que no respetaban la Constitución. La situación se agravó cuando se dio cuenta de que la guerra de Vietnam era una intervención premeditada y manipulada con falsos pretextos.

La crisis llegó al máximo cuando Kennedy descubrió que la CIA estaba involucrada en estas operaciones. Se sintió igualmente indignado al saber que la Reserva Federal operaba como un banco central que endeudaba enormemente al país bajo el control de banqueros internacionales.

Con estos hallazgos, Kennedy decidió actuar, impulsando una política monetaria respaldada por metales preciosos. Además, tras conocer la corrupción dentro de la CIA y sus conexiones con la guerra falsa de Vietnam, decidió poner fin a ese conflicto y reducir el poder de la agencia.

Al actuar de esta manera, desafió los deseos de su padre y los planes que este tenía para él. Este desafío enfureció al gobierno oculto, que lo consideró una amenaza para sus planes de globalización. El llamado "Papa Negro", el líder más poderoso del gobierno secreto, ordenó su eliminación inmediata. Como indican los "Protocolos de los Sabios de Sion", eliminarían a cualquier presidente necesario para asegurar sus objetivos. Hubo muchos actores clave en este complot, pero el comandante principal fue el cardenal Francis Spellman, conocido como el Vicario Americano y el líder de los Caballeros de Malta en América.

Spellman, una figura influyente en el gobierno en las sombras, fue uno de los arquitectos del asesinato de J.F.K., razón por la cual ni siquiera Joseph Kennedy pudo intervenir. Otra figura clave fue William F. Buckley, un alto agente de la CIA; John McCone, director de la CIA en ese momento; Henry Luce, miembro del CFR y fuerza tras la revista Life; McGeorge Bundy, Caballero de Malta, y otros agentes del CFR del Papa Negro estuvieron involucrados en el plan. Cartha DeLoach, un alto cargo del FBI, también tuvo un papel crucial. Incluso la mafia participó en el complot. Lee Harvey Oswald fue señalado como chivo expiatorio. Se cree que Oswald fue manipulado mentalmente por la CIA. Desafortunadamente, el asesinato de Kennedy fue meticulosamente planeado y encubierto.

Se ha revelado que Oswald tenía vínculos con los Caballeros de Malta como un asesino entrenado. Esto concuerda con la tradición del gobierno secreto, "La Mano Oculta", que ha usado asesinos desde tiempos antiguos. Varias fuentes también han sugerido que la mafia tuvo un papel en la eliminación de Kennedy. No es coincidencia que el cardenal Spellman organizara la liberación de Lucky Luciano, un mafioso, justo cuando se gestaba el golpe contra Kennedy por el gobierno en las sombras.

En nombre de "La Mano Oculta", el propio padre de Kennedy le advirtió que no se opusiera a las órdenes recibidas. Joe Kennedy, leal al Papa Negro bajo la tutela del cardenal Spellman, no tuvo más remedio que permitir la muerte de su hijo. La lealtad a la hermandad prevaleció sobre la familia. El dinero, al fin y al cabo, es la fuerza que sostiene el sistema autoritario que gobierna nuestro mundo.

Un siglo antes, un destino similar le ocurrió al presidente Abraham Lincoln, quien escribió a su amigo Charles Chiniquy, un ex sacerdote jesuita: "Los jesuitas son expertos en derramar sangre; ni siquiera Enrique IV escapó de ellos, convirtiéndose en su víctima, aunque intentó protegerse. Escapar de sus manos es como intentar evitar un millón de dagas que se clavan en mi pecho; sería un milagro".

Revelando la verdad detrás del gobierno secreto del sindicato jesuita Illuminati, se puede concluir con seguridad que Abraham Lincoln también fue asesinado por el Papa Negro y su cadena de mando. Según las investigaciones de Myron Fagan, el gabinete de Lincoln había sido infiltrado por agentes de los Rothschild.

En la obra de Fagan, "El CFR y el Gobierno Mundial Illuminati", se revela que a Lincoln se le propuso un acuerdo con la Casa de los Rothschild para establecer un sistema de banca central, pero se negó. En cambio, emitió moneda nacional respaldada por el Tesoro de los Estados Unidos, lo que provocó su asesinato. Lincoln defendió la República y la mantuvo fuerte. También hay pruebas que sugieren que John Wilkes Booth, el asesino de Lincoln, formaba parte de un grupo que encubría a los verdaderos autores de "La Mano Oculta".

Asimismo, los asesinatos de los presidentes James Garfield y William McKinley se atribuyen al sindicato jesuita Illuminati. Garfield fue asesinado por motivos monetarios, al igual que McKinley. A diferencia del traidor Woodrow Wilson, estos presidentes se opusieron al sistema bancario central y sus cárteles financieros. Otro presidente eliminado por el gobierno en las sombras fue Franklin D. Roosevelt, debido a su intento de instaurar un sistema económico basado en los principios de la Commonwealth en Bretton Woods, con la participación de todas las naciones en una política de buen vecino. Este fue quizás uno de los encubrimientos más perfectos de "La Mano Oculta", logrando hacer creer que su muerte fue por causas naturales.

Además, en el Informe Ejecutivo de Inteligencia, la política de Roosevelt se enfrentaba al cártel bancario global, conocido también como el Sindicato Jesuita Illuminati, representado por el Banco de Pagos Internacionales, fundado en la década de 1920. Este banco sirvió como el vehículo para financiar la maquinaria de guerra de Hitler a nivel internacional.

Por otro lado, el sistema de Bretton Woods, impulsado por Roosevelt, buscaba oponerse al Banco de Pagos Internacionales, sustituyéndolo por un modelo constitucional estadounidense que desafiara el sistema bancario central anglo-holandés de carácter oligárquico. Fue esta resistencia contra la agenda de la Hermandad Oscura la que acabó con la vida de F.D.R., de manera encubierta. Existen otros documentos que sugieren intentos previos de atentar contra su vida antes de su asesinato, e incluso un intento de golpe de estado promovido por el gobierno secreto; sin embargo, fue protegido con el propósito de acabar con el régimen nazi de

Hitler, como se detalla en el Executive Intelligence Review de Lyndon LaRouche.

Toda la evidencia apunta a que el Sindicato Jesuita Illuminati ha estado detrás de cada asesinato de figuras que han intentado implementar y defender los ideales de libertad y las estructuras de una República de Estado-Nación soberana.

En esta batalla por un mundo libre, no solo los presidentes de Estados Unidos han sido víctimas, sino también otros líderes. En Europa, una figura clave que defendía la República de Estado-Nación soberana y la libertad mundial, Leon Gambetta, fue asesinado. Gambetta era consciente de las maniobras de los Jesuitas y, tras haber dominado Francia durante treinta años bajo Napoleón III, los expulsó definitivamente en 1880, estableciendo la Tercera República Francesa.

Todo esto cobra sentido cuando se considera que los fundadores de los Illuminati de Baviera eran Jesuitas, y han estado detrás de cada asesinato desde la época de la Contrarreforma. Enrique IV, uno de los primeros en intentar instituir una República de Estado-Nación soberana, también fue víctima, al igual que su seguidor, el Rey Luis XV.

Durante los últimos cinco siglos, todos aquellos que han luchado por la libertad, la justicia y una Mancomunidad de Naciones han caído ante los Jesuitas desde 1540. A través de su Empresa Financiera Illuminati, controlada por los Caballeros Jesuitas de Malta, han sostenido su guerra secreta contra el mundo libre. La "sinagoga de Satanás", como Jesús los llamó, elimina a cualquiera que se interponga en su camino hacia su meta de establecer una agenda luciferina. Esta Hermandad de los Luciferinos, descendiente de antiguas tradiciones, no descansará hasta instaurar un sistema fascista totalitario global controlado por los descendientes de la línea de sangre de Nimrod-Esau.

La verdadera guerra no es contra el comunismo, ya que este fue una trampa de la Hermandad Oscura utilizando la dialéctica hegeliana y los Protocolos de los Sabios de Sion. La auténtica confrontación ha sido entre el gobierno secreto mundial y el mundo libre. La "Mano Oculta", o gobierno mundial secreto, ha sido el autor y patrocinador del nacionalsocialismo, el comunismo y todo tipo de terrorismo. Por lo tanto, la conspiración es contra la libertad de la humanidad. Dado que el adversario tiene control temporal sobre este mundo, casi todo se ha vuelto un encubrimiento.

El enfrentamiento y la guerra definitiva para imponer la agenda luciferina fracasaron inicialmente. Sin embargo, un segundo complot para enfrentar al Cristianismo Occidental contra el Islam Oriental se está llevando a cabo actualmente como un nuevo plan secreto del gobierno para provocar un cataclismo social final, como lo anticipó Albert Pike. Solo después de un gran cataclismo social, el gobierno secreto podría establecer su anhelado Gobierno Mundial Único, que no sería otro que la reencarnación del Sacro Imperio Romano Germánico.

Se puede concluir que todos los golpes de estado, guerras y revoluciones posteriores a la Segunda Guerra Mundial han sido orquestados en secreto por agencias de inteligencia corruptas del gobierno secreto, conocidas como el Cuerpo de Contrainteligencia (C.I.C.), que abarca la cooperación no solo de la C.I.A. sino también de otras agencias de inteligencia globales como la K.G.B., el M.I.6 británico, el Mossad israelí, entre otras. Todas estas agencias están manipuladas y controladas por el más alto nivel por el Papa Negro y el clan bancario internacional del Sindicato Illuminati.

Los Caballeros de Malta son los verdaderos operadores de todas las agencias de inteligencia del mundo y las comunidades que ejecutan golpes militares encubiertos globalmente para instalar a sus dictadores títeres, como Castro, Pinochet o Mao Zedong.

Otra cuestión fundamental en relación con las extensiones del gobierno secreto es su control sobre las economías mundiales y el fomento del caos a través de los grupos de familias del crimen organizado. Hay una poderosa verdad en las Escrituras que declara que el amor al dinero es la raíz de todos los males en el mundo actual. Estudiando los orígenes de estas familias criminales, como la Mafia, se revela una conexión inevitable con el gobierno secreto mediante los mercados negros globales, todo parte del sistema de Babilonia.

Las mafias se alinean con los Protocolos de los Sabios de Sion cuando afirmaron que crearían organizaciones terroristas para victimizar al mundo. A la luz de esto, se puede decir que las mafias son una extensión de los verdaderos criminales: el gobierno secreto. ¿Qué sucedería si la gente descubriera que las principales organizaciones criminales del mundo son dirigidas desde lo más alto por los Caballeros de Malta?

Las mafias se han convertido en una extensión del gobierno secreto del Papa Negro, estableciendo una red mundial de tráfico y mercado negro. Este mercado no solo involucra la venta global de drogas ilegales y armas, sino también el comercio humano para la explotación sexual. No habría mercado negro sin las actividades de la Hermandad Oscura, ya que también es controlado por el gobierno secreto del Papa Negro.

Contar con una red establecida de ventas ilegales permite al sistema de la bestia operar por encima de cualquier ley constitucional, manejando un imperio mundial de tráfico de armas y drogas.

Las mafias han sido diseñadas para llevar a cabo operaciones ilegales en el mercado negro internacional, ocultando a los verdaderos autores del mundo oscuro. Esto crea una cortina de humo para el público, culpando a las mafias como las únicas organizaciones criminales globales y ocultando a los verdaderos responsables que operan por encima de todos los gobiernos.

Al igual que en las guerras, es el gobierno secreto el que más se beneficia del mercado negro mundial. Aquellos que conocen la verdad sobre las mafias saben que siempre deben pagar su cuota al gobierno corrupto de su jurisdicción. Por ejemplo, si la mafia colombiana trafica fuera de Colombia, debe dar una parte al gobierno para operar sin interrupciones, asegurando ganancias para todos mientras se mantiene en secreto para el público.

Por otro lado, si una operación mafiosa decide excluir al gobierno corrupto de su parte, los que no cooperen son eliminados como advertencia para otras familias criminales, demostrando que tal comportamiento no es tolerado. Este tipo de situación existe en todos los países donde el gobierno secreto tiene presencia, incluidos Estados Unidos, dirigido a alto nivel por el Consejo de Relaciones Exteriores y Skull and Bones.

La primera comisión mafiosa notable surgió en Italia tras la caída de la aristocracia italiana, que buscaba conservar el poder operando en la clandestinidad. Esta aristocracia caída, los Comorras de Sicilia, nunca renunció a su lucha por el poder y organizó la primera red de criminales contra quienes consideraban amenazas. No es coincidencia que la estructura de esta organización se configurara de manera militar, similar a los asesinos más notorios y a sus superiores, los Jesuitas.

Por ejemplo, el Padrino, que actúa como dictador de las familias, se asemeja al Papa Negro, el líder supremo del Sindicato Jesuita Illuminati. Los jefes menores, comparables a los profesos provinciales Jesuitas y los Caballeros de Malta, supervisan el gobierno secreto en diversas regiones. Los subjefes, nombrados por los Padrinos, actúan como segundos al mando, similar a los sucesores elegidos por el Papa Negro. El consigliere de la mafia funciona como asesor, análogo a los consejeros internos del General Jesuita.

Luego están los capitanes o capos, que dirigen equipos dentro de la mafia, así como los caballeros de Malta lideran operaciones globales. Los soldados de la mafia, que ejecutan transacciones de drogas, tienen su equivalente en los agentes de operaciones encubiertas Jesuitas. Por último, los asociados de bajo nivel en la mafia, utilizados para tareas menores, tienen su contraparte en los ejecutores Jesuitas como John Wilkes Booth o Lee Harvey Oswald en los asesinatos de Lincoln y Kennedy.

La mafia italiana, originada en Sicilia y conocida como la Comisión de la Cosa Nostra, estaba liderada por el Padrino como jefe supremo. Inicialmente en Italia, luego se expandió a Estados Unidos con mafiosos sicilianos, como Giuseppe Esposito, conocidos por sus crímenes. Según Wikipedia, fueron arrestados en Nueva Orleans, pero la mafia se expandió a otras ciudades como Nueva York, Chicago, y Los Ángeles. Las principales familias fueron los Bonannos, Colombos, Gambinos, Genoveses y Luccheses, que conformaban la Cosa Nostra en Estados Unidos.

He aquí la conexión entre la mafia italiana y el Sindicato Jesuita Illuminati: el Padrino italiano, como soberano de la Comisión, responde al Papa Negro. Al igual que Hitler fue parte de una sociedad secreta alemana, la Thule, el Padrino es miembro de los Caballeros de Malta.

Así, el Padrino responde además a un poder más elevado: el Papa Negro. Esta relación es confirmada por John Eric Phelps, quien reveló que toda la Comisión de la Mafia está controlada por el General Jesuita Supremo a través de los Caballeros de Malta.

Un ejemplo claro de la conexión encubierta entre el gobierno y la Mafia es la manera en que colaboraron en la distribución de drogas en América durante y después de la Guerra de Vietnam. La evidencia actual demuestra que el gobierno secreto, bajo la figura del llamado Papa Negro, orquestó la Guerra de Vietnam a través de su intermediario, Henry Kissinger, con el propósito de controlar la explosión de drogas en China, Vietnam y otros países asiáticos que producían grandes cantidades de heroína y opiáceos. Esta guerra, fabricada con otros fines, permitió a ese gobierno oculto establecer su dominio en la región, asegurando un control total sobre el aparato global de narcóticos.

Este entramado se detalla con mayor profundidad en «Vatican Assassins», un libro de Eric John Phelps. La extensa investigación de Phelps revela cómo los jesuitas facilitaron las guerras en Vietnam con el objetivo de dominar las reservas de drogas agrícolas en la región. También señala que los Cuerpos de Contrainteligencia de la C.I.A. fueron empleados para trasladar toda la heroína y los opiáceos hacia los Estados Unidos, donde serían distribuidos por familias mafiosas, como los Santos y los Gambinos.

Phelps también menciona que la alta jerarquía mafiosa en los Estados Unidos tenía estrechos vínculos con Joe Kennedy, quien era Caballero de Malta y padre de John F. Kennedy. Además, indica que los mafiosos estadounidenses operaban bajo la vigilancia del Cardenal de Nueva York en la Catedral de San Patricio, Edward Egan. Este cardenal, al igual que sus predecesores O'Connor y Spellman, ha asegurado que la verdad detrás del asesinato de Kennedy se mantenga oculta. Phelps también expone que el Cardenal de Nueva York tiene control sobre todas las órdenes militares, como los Caballeros de Malta en los Estados Unidos, así como sobre la Comisión Cosa Nostra, todo bajo el mando del gobierno secreto. Este cardenal supervisa y dirige todas las operaciones clandestinas desde la Catedral de San Patricio y reporta directamente a los contables del Papa Negro.

Otra revelación importante proviene de Alberto Rivera, un ex sacerdote jesuita que fue un vínculo clave entre los jesuitas y la Comisión Cosa Nostra. Rivera, quien fue asesinado por el gobierno secreto, se convirtió al cristianismo y abandonó la orden jesuita. En una serie de publicaciones, reveló las operaciones internas del Vaticano y de los líderes jesuitas. Tras su conversión, Rivera dedicó su vida a denunciar lo que consideraba la encarnación del Anticristo, descrita en los capítulos 17 y 18 del Apocalipsis. Su trabajo como infiltrado proporcionó pruebas concretas que conectan a los Illuminati actuales con los jesuitas.

Se puede deducir que la Mafia Italiana no es la única organización criminal creada por este gobierno oculto; existen cientos de otras mafias que infestan nuestro mundo, como la notoria mafia rusa, las Triadas chinas, así como la Mafia Irlandesa, Mexicana, Colombiana, entre otras. Casi todos los países donde el gobierno secreto del Papa Negro ha extendido sus tentáculos han desarrollado su propia mafia. Esto está en consonancia con los Protocolos de los Sabios de Sion, que fomentan el caos para provocar muerte y destrucción a tantos goyim (humanidad no elegida) como sea posible.

# Capítulo 16: Los Auténticos Terroristas

Más allá de activar el Protocolo Número Dos y emplear el método de dominio descrito en el Protocolo Número Siete, que incluía la provocación de guerras mundiales, existen otras revelaciones alarmantes que es imperativo exhumar. Una de estas es cómo el gobierno en las sombras utiliza todos sus recursos y poder para avanzar en su agenda globalista mediante la creación de redes terroristas internacionales. Diversos investigadores independientes y antiguos agentes de inteligencia han documentado que las academias del terrorismo islámico radical fueron financiadas y dirigidas clandestinamente por un gobierno mundial secreto controlado por los Jesuitas Illuminati. Se han encontrado pruebas significativas que sugieren que los talibanes, Al-Qaeda, e incluso ISIS, fueron orquestados por la C.I.A., particularmente por su Cuerpo de Contrainteligencia.

Desde la década de los setenta, se ha reportado que la familia Bin Laden recibió financiamiento del CIC para combatir a los soviéticos, según se nos hizo creer. No obstante, esta narrativa fue una cortina de humo que nunca reflejó la verdad; tras la caída de la Unión Soviética, continuaron recibiendo apoyo económico de la propia CIA.

En este marco, el libro "La cara oculta del terrorismo" de Paul David Collins presenta evidencias que vinculan la creación de redes islámicas radicales con el sindicato jesuita Illuminati. Collins también detalla la Operación Northwoods, una estrategia encubierta que permitió que Castro asumiera el poder en Cuba, facilitada por agentes internos de la C.I.A., quienes seguían las políticas secretas del Consejo de Relaciones Exteriores. Las revelaciones del Sr. Collins proporcionan documentos que demuestran cómo la CIA, bajo la influencia de los Illuminati, creó a los muyahidines, un grupo insurgente en Afganistán que supuestamente luchaba contra los soviéticos en la década de 1980.

El relato expone que, durante la Guerra Fría, Estados Unidos invirtió millones de dólares en distribuir a los niños afganos libros de texto cargados de imágenes violentas y enseñanzas islámicas radicales bajo el pretexto de luchar contra el comunismo. Esta estrategia es parte de una táctica del gobierno en las sombras, que a través del Consejo de Relaciones Exteriores ha manipulado las políticas estadounidenses.

También se detalla cómo la familia Bush tenía lazos con Bin Laden, siendo ambos copropietarios de una empresa energética llamada Arbusto Energy Oil Company. Esto indica que las familias reales saudíes y los Bush han sido socios comerciales durante mucho tiempo. Relacionado con esta revelación, otro libro reveló información similar de una fuente vinculada a las familias de élite. Titulado "El buen hijo", este libro estuvo disponible solo dos semanas antes de ser censurado, y tras su retiro, también se perdió la pista de su autor, quien aparentemente había trabajado con las élites antes de decidir exponer la verdad.

Con base en esta información, se puede concluir que Bin Laden y las redes terroristas islámicas fueron creaciones deliberadas del gobierno en las sombras por múltiples razones. La más notable es generar un conflicto entre el cristianismo occidental y el islam oriental, como sugieren los escritos de Albert Pike y los Protocolos. Este enfrentamiento es parte del segundo plan para desencadenar una Tercera Guerra Mundial, después de que el primer intento fracasara, con el objetivo de establecer un gobierno mundial.

Este segundo plan subraya la estrategia de utilizar el terrorismo islámico como un catalizador para iniciar otra guerra falsa, provocando el tercer y último cataclismo social, como se observó en la prolongada guerra de Irak. Esta situación explica cómo el Sanedrín oculto generó las tensiones que llevaron al conflicto interminable entre Israel y Palestina, proporcionando así a "La Mano Oculta" un control indirecto sobre ambos lados. Otra razón para estos movimientos fue consolidar el control sobre las reservas petroleras del Medio Oriente. Al final, el objetivo del gobierno en las sombras es controlar todos los recursos antes de implementar su Nuevo Orden Mundial.

Lo que observamos hoy es solo un plan alternativo diseñado hace dos siglos por el Sindicato Jesuita Illuminati. Como se mencionó, el primer intento de imponer un gobierno mundial tras la Segunda Guerra Mundial en 1946 falló. En respuesta, el gobierno en las sombras diseñó una estrategia hegeliana a gran escala al comienzo de la Guerra Fría, cuando Truman, siguiendo órdenes de sus superiores, lanzó un ataque preventivo contra la Unión Soviética.

Bin Laden y sus redes fueron utilizadas para generar el nivel de terror necesario que justificara la implementación de leyes más totalitarias y la erosión de libertades. El gobierno oculto necesitaba un ataque significativo que le otorgara al poder ejecutivo una autoridad absoluta, derogando la Constitución mediante la ley marcial bajo el pretexto de una emergencia nacional. De esta estrategia surgió la Ley Patriota, que marcó el inicio del Gran Hermano en Estados Unidos. No obstante, el Consejo de Relaciones Exteriores no tenía el respaldo total del Senado, y por eso este intento también fracasó, gracias a la resistencia de quienes posteriormente fueron reconocidos como los Caballeros Blancos.

Los verdaderos terroristas no son externos, sino esos poderes invisibles que manejan los hilos y controlan todas las estructuras del gobierno en las sombras a nivel mundial. Operan detrás del telón en Washington, actuando como el brazo secreto del Consejo de Relaciones Exteriores, el CFR, que controla a Estados Unidos. Bin Laden fue solo uno de los muchos peones al servicio del Papa Negro y su red de sociedades secretas. Los fondos de Bin Laden provenían del cártel occidental angloamericano. Desde la década de 1970, como lo reveló John Phelps, estaba en la nómina de la C.I.A., lo que explica por qué nunca fue capturado. De hecho, tanto él como su familia fueron protegidos por la C.I.A., y quien afirmaron capturar era un impostor. El verdadero Bin Laden sigue vivo.

Además, se ha descubierto que las monarquías en todo el Medio Oriente, particularmente en los países árabes, fueron instaladas en el poder por el gobierno secreto de la élite occidental para controlar a la población y provocar conflictos interminables, en línea con las directrices de la Casa de los Rothschild. Estos saudíes fueron colocados como marionetas en las zonas ricas en petróleo para que el gobierno en las sombras pudiera ejercer control indirecto sobre esas regiones. La consolidación de las compañías petroleras del mundo ha sido un proceso en curso durante años como parte de la agenda.

Nuevas investigaciones han revelado conexiones intrincadas entre familias poderosas occidentales como los Rockefeller, los Harriman y los Bush con influyentes familias reales árabes. Todas estas familias actúan como títeres del Papa Negro, manejando miles de millones de dólares provenientes directamente de los banqueros internacionales bajo la dirección de la Casa de Rothschild. Los investigadores han descubierto que mientras la mayoría de los actores en el gobierno en las sombras cumplen su papel por el dinero, solo unos pocos son conscientes de la verdadera y siniestra trama que el gobierno oculto pretende llevar a cabo.

Es importante destacar que las fuerzas oscuras dentro de la masonería se expandieron para incluir a hombres de diversas naciones, quienes se convirtieron en agentes de los jesuitas Illuminati y fueron enviados por todo el mundo. Por ejemplo, Saddam Hussein y otros líderes de naciones musulmanas, los ayatolás, eran masones Shriner activos. Cuando Saddam Hussein decidió rebelarse contra la Hermandad, rápidamente la situación cambió en su contra, lo que llevó a su eliminación. Esta es la función internacional de los masones controlados por los Caballeros de Malta y los Illuminati de Baviera, tras infiltrarse en la Logia Azul original. Se cree que esta rama masónica oscura, conocida como los altos Shriners, abarca tanto naciones árabes como muchos otros países.

Quizás, a un nivel más profundo, el islam radical de derecha y el cristianismo fundamentalista de derecha occidental son realmente herramientas de las Hermandades Oscuras, que siempre han estado en conflicto. Estos son los Protocolos en acción. De hecho, los sionistas políticos modernos han estado controlando Israel como marionetas de la Casa de Rothschild, cumpliendo su papel en la perpetuación de los conflictos en Oriente Medio.

En realidad, el gobierno oculto siempre ha coordinado estos enfrentamientos para llevar al mundo a una guerra de gran escala, mientras la gente sigue ignorando al verdadero enemigo de la humanidad.

A la luz de todo esto, hay pruebas contundentes que sugieren que la orden para los ataques al World Trade Center fue emitida por el Papa Negro, conocido como el Conde Hans Kolvenbach. Él coordinó toda la red del gobierno mundial secreto que incluye a todas las agencias corruptas que trabajan para él. Se cree que en la estructura piramidal de este gobierno oculto, todos los niveles involucrados responden únicamente a sus superiores inmediatos en una jerarquía compartimentada.

Así, los niveles superiores del gobierno secreto pueden desencadenar una reacción en cadena que movilice a miles de personas, quienes, por codicia, sirven sin saberlo a los dictados del Papa Negro.

Esto explica por qué ciertos agentes de alto nivel de la CIA dirigieron el episodio del 11 de septiembre de 2001. Por supuesto, culparon a sus marionetas islámicas, que estaban dispuestas incluso a sacrificar sus vidas. Algunos sospechan que los terroristas musulmanes nunca abordaron los aviones involucrados en los ataques del 11 de septiembre, y que se emplearon tecnologías avanzadas de hologramas y demoliciones planificadas.

Se ha demostrado que este ataque podría haberse evitado, según las pruebas actuales. Las agencias corruptas bajo la dirección del Consejo de Relaciones Exteriores y sus marionetas fueron directamente responsables, permitiendo y conspirando para realizar este acto de traición. Algunos informes sugieren que nuestro propio presidente tenía conocimiento previo de los ataques. El Papa Juan Pablo II visitó al Presidente Bush dos semanas antes de los ataques para advertirle que estaban programados para la segunda semana de septiembre. La Administración Bush no actuó porque, lamentablemente, todos están controlados por el verdadero gobierno en las sombras. La Executive Intelligence Review calificó a esta Administración de fascista.

Los miembros de la Administración Bush, como Dick Cheney, Rumsfeld y Rice, fueron peones colocados en posiciones clave por grupos de interés con conocimiento del complot.

## El encubrimiento del 11 de Septiempre

Existen pruebas significativas que sugieren que los eventos del 11 de septiembre fueron orquestados deliberadamente por un gobierno en las sombras. Esta información ha sido recopilada por varios investigadores independientes. Según el Dr. Garth Nicholson, un destacado investigador del Síndrome de la Guerra del Golfo, varias investigaciones revelaron que funcionarios del Pentágono habían confirmado datos de inteligencia que preveían un ataque terrorista contra el Pentágono el 11 de septiembre de 2001. Esta advertencia fue transmitida a Condoleezza Rice, pero la administración Bush la ignoró. Otro investigador, el Dr. Leonard Horowitz, autor de varios libros premiados, también advirtió al gobierno sobre los ataques planificados, y su advertencia fue igualmente desestimada.

El Sr. Phelps informó que el domingo 17 de septiembre de 2001, el programa "60 Minutos" de la CBS reveló que personas cercanas al presidente Bush vendieron apresuradamente todas sus acciones en aerolíneas pocos días antes de los atentados. Esta información, como muchas otras que intentaron desvelar la verdad, fue rápidamente enterrada cuando la prensa, controlada por el Consejo de Relaciones Exteriores, tomó el control de la narrativa. Además, el Sr. Phelps descubrió que Osama Bin Laden y su equipo no habrían podido llevar a cabo los atentados sin la ayuda de ciertos agentes de la CIA bajo la dirección de George Tenet, entonces director de la CIA y miembro prominente del CFR.

Asimismo, Milt Bearden, ex asesor de la CIA que trabajó con Bin Laden, confesó en una entrevista con Dan Rather el 12 de septiembre. Cuando Rather le preguntó sobre la culpabilidad de Bin Laden, Bearden comentó que si no tenían a Osama, se inventarían uno.

El 30 de octubre de 2001, el periódico francés "Le Figaro" informó que Osama Bin Laden se reunió con un alto funcionario de la CIA en julio de 2000. Este encuentro tuvo lugar mientras Bin Laden era señalado por el ataque a la embajada de Estados Unidos y por los atentados al U.S.S. Cole. La reunión se celebró en las lujosas suites de Bin Laden en un hospital en Dubái, construido por empresas estadounidenses para atender a órdenes reales musulmanas con vínculos masónicos que dirigían la comunidad islámica y la red terrorista en nombre de la CIA.

Es evidente ahora que un gobierno en las sombras, a través de su influencia en el CIC, controla todas las redes islámicas en Pakistán, Irak, Irán, Jordania, Siria, Líbano, Egipto, Libia y Turquía. Esto coincide con las declaraciones del líder talibán Mullah Muhammad Omar, quien en una entrevista publicada en la página 34 de un número de noviembre de "Free America" afirmó que "América controla los gobiernos de los países islámicos", refiriéndose en realidad a ese gobierno oculto que opera dentro de Estados Unidos. Además, según Aaron Swirski, uno de los arquitectos del World Trade Center, las torres fueron diseñadas para resistir impactos de aviones. Declaró: "Diseñé el edificio para soportar el impacto de un 707". El colapso de las torres fue un shock total para él y sus colegas. Apoyando esta afirmación, Van Romero, experto en demoliciones y ex miembro del Centro de Investigación y Pruebas de Materiales Energéticos, explicó que la forma en que colapsaron las torres se asemeja a una implosión controlada, como las utilizadas en demoliciones planificadas. Según las observaciones del Sr. Romero, las revelaciones del Sr. Swirski y el testimonio de una testigo, se escuchó una explosión fuerte mientras evacuaban el edificio.

Estos son algunos de los indicios que apuntan a una operación de inteligencia a gran escala y a la conspiración que hay detrás de la ejecución del 11 de Septiembre. En realidad, el 11 de Septiembre fue el último recurso de la Hermandad Oscura para desmantelar la Constitución, imponer la ley marcial y establecer un gobierno mundial centralizado. Incluso después del 11 de Septiembre, este gobierno en las sombras continuó sus esfuerzos por desmantelar la

Constitución, aunque sin éxito. Según el Sr. Lyndon LaRouche, el 23 de mayo de 2005, la administración Bush intentó disolver la Constitución eliminando las otras dos ramas del gobierno, otorgando a la rama ejecutiva control absoluto. Sin embargo, este golpe fue frustrado. Esto demuestra que, por más que el gobierno en las sombras intente alcanzar el totalitarismo, es frenado por aquellos hombres justos que luego se conocerían como los Caballeros Blancos.

El 11 de Septiempre cumplió varios propósitos para el gobierno en las sombras. Siguiendo el método de los Illuminati jesuitas de crear un problema, provocar una reacción y luego ofrecer una solución, el pueblo estadounidense nunca habría aceptado abiertamente una dictadura. Prueba de ello es que no cabe duda de que todos los conflictos en Oriente Medio han sido manipulados por los miembros de este gobierno oculto con el objetivo de iniciar la Tercera Guerra Mundial como su tercer y último cataclismo social. A la luz de esto, la Guerra de Irak ha sido impulsada fraudulentamente por la misma agenda secreta, conocida únicamente por aquellos en los altos mandos del gobierno en las sombras. No hay duda de que buscan provocar la Tercera Guerra Mundial para imponer un gobierno mundial único, el renacido Sacro Imperio Romano Germánico.

Otra razón crucial por la que el gobierno en las sombras decidió destruir las Torres Gemelas fue porque la Torre Norte, en particular los pisos 22, 23 y 24, contenía documentos masivos que evidenciaban la corrupción dentro del Consejo de Relaciones Exteriores, el Cuerpo de Contrainteligencia, y diversos escándalos del gobierno secreto, así como todas las pruebas necesarias para derribar a esta cábala. Estos documentos habían sido acumulados por los Caballeros Blancos dentro del gobierno, leales a la Logia Azul original que instauró la República Constitucional. Aunque han mantenido su existencia en secreto, llegará el día en que se revelen al mundo como los Caballeros Blancos que han estado luchando contra el gobierno en las sombras desde detrás del telón.

Los documentos, recopilados por estos Caballeros Blancos y revisados con la aprobación del F.B.I., demostraban una amplia evidencia contra James Clifton, el CEO del CFR en el año 2000, y un actor clave para el gobierno en las sombras. Imaginemos el tipo de reforma que podría haberse logrado si estos escándalos de alta traición hubieran sido expuestos y gestionados en 2001. No cabe duda de que este grupo clandestino, conocido como los Caballeros Blancos, tenía pruebas suficientes para desmantelar la corrupción del gobierno oculto y eliminar todas las instituciones ilegales como la Reserva Federal, el I.R.S., y el CFR, que actúa como una rama del sindicato jesuita Illuminati.

A pesar de que los gobernantes de este mundo han servido a causas oscuras y han mantenido el control, siempre han existido fuerzas de la luz contrarrestándolos, manteniendo el equilibrio del poder y preservando los principios de libertad para proteger a la humanidad hasta su restauración.

# Capítulo 17: NESARA

Es fundamental entender que las fuerzas oscuras obtuvieron un dominio temporal sobre nuestro mundo, y su periodo de poder estaba destinado a culminar. Ese tiempo ha llegado en nuestra era actual, pues la última cábala de la vieja guardia, que ha controlado nuestro planeta por milenios, está a punto de ser derrotada y expuesta por los guardianes de nuestra constitución: los Caballeros Blancos renacidos que firmaron la ley NESARA y han impedido cada intento de la Hermandad Oscura por disolver nuestra constitución.

Las fuerzas de la luz jamás nos han abandonado y han mantenido una lucha constante contra las fuerzas oscuras. A lo largo de la historia, los descendientes del Santo Grial y los Caballeros Templarios han mantenido, en secreto, viva la llama de la libertad durante la Edad Media. Es crucial comprender que estas fuerzas de luz operan en distintos niveles y siempre han estado un paso adelante de la Hermandad Oscura. Además, existen reinos angélicos en dimensiones superiores que nos asisten desde esos planos elevados. En los cielos inferiores, los ángeles de la Tierra nunca abandonaron nuestro mundo, incluso después de ascender y culminar su ciclo aquí.

En los estudios místicos esotéricos, se conoce a estas entidades como los maestros ascendidos de la luz. Al dominar el plano terrenal, se convirtieron en seres inmortales que han guiado la evolución de nuestro planeta desde las sombras. En la sabiduría esotérica, se sostiene que, desde una perspectiva superior, incluso la mortalidad es un proceso necesario para el crecimiento y la expansión de todas las almas en el universo.

A pesar de los enigmas que envuelven a los grandes iniciados de la luz, los maestros ascendidos y los Caballeros Blancos, quienes son los Templarios sobrevivientes y miembros fundadores de la Logia Azul de sociedades secretas positivas, nunca han abandonado su papel en la historia.

Es evidente que siempre han existido dos hermandades: la Hermandad de la Oscuridad, liderada por los ángeles caídos, y la Hermandad de la Luz, guiada por los ángeles de luz. Como se mencionó en el Capítulo 8, la Hermandad de la Luz nunca ha desaparecido; siempre han operado en la sombra, lo que explica por qué la Hermandad Oscura no ha logrado implementar plenamente su agenda luciferina.

En este marco, hay una agenda contraria que la Hermandad Blanca ha intentado llevar a cabo durante milenios, conocida como la Gran Obra de Todas las Edades. Según los estudios esotéricos, esta Gran Obra busca restaurar la Tierra a una Edad Dorada. En estas redes de luz de dimensiones superiores, se encuentran maestros ascendidos y damas de luz que han guiado la evolución espiritual desde las sombras. En un nivel más tangible de la realidad, sus contrapartes en la tercera dimensión han sido personas asociadas a sociedades secretas positivas, que se remontan a figuras como Jesús y María Magdalena.

A lo largo de la historia, los efectos de los maestros ascendidos y las redes de luz se han manifestado en momentos de luz y prosperidad por todo el planeta. Incluso la fundación de América fue influenciada por algunos de estos maestros ascendidos de la jerarquía espiritual planetaria, que guiaron a los fundadores de nuestra nación. Un ejemplo es el maestro ascendido Saint Germain, adepto de la llama de la libertad y portador del séptimo rayo violeta transmutador, quien fue una figura clave en la fundación de América. Se dice que Saint Germain también fue la fuerza impulsora detrás de la orden rusa de la luz y precursor de la red masónica de la Logia Azul. Algunos creen incluso que podría haber sido la encarnación superior de George Washington.

De hecho, justo antes de la firma de la Declaración de Independencia, algunos hombres dudaban en firmar debido a sus fracasos anteriores. Conociendo la política británica, sabían que un nuevo levantamiento los llevaría a la horca. Sin embargo, un enigmático desconocido apareció durante la firma y, con un discurso ferviente, los alentó a todos a firmar, encendiendo de nuevo en ellos el deseo de libertad. Todos firmaron y, al volverse para buscar al misterioso orador, descubrieron que había desaparecido. Esta figura no era otra que Saint Germain, un ser ascendido y portador de la llama violeta de la libertad.

A través de los tiempos, los maestros ascendidos (Ángeles de la Tierra) han guiado a la humanidad como parte de la jerarquía espiritual planetaria, revelada en la literatura esotérica. Ellos son los creadores y facilitadores de la Hermandad de la Luz y han trabajado con grandes videntes, profetas y místicos a lo largo de las eras. El misterioso Melquisedec de Salem, quien otorgó el sumo sacerdocio a

Abraham, era un ser ascendido y un miembro clave de la Hermandad de la Luz.

Como se mencionó anteriormente, Enoc fue el primer gran maestro conocido como el gran iniciador de la luz en tiempos antiguos, iniciando el trabajo de la Gran Hermandad Blanca en nuestro mundo. Sus aportes fueron precursores de la Logia Azul en tiempos modernos, que también existió en el mundo antiguo, estableciendo procesos de conocimiento gradual o grados de logro en la divinidad, o en términos esotéricos, alcanzando la unidad con lo divino. Este proceso de iniciación continuó a través de la orden de Melquisedec, pasando por Abraham y Moisés, quienes fueron altos iniciados de esta Hermandad y expertos en conocimiento sagrado.

La Hermandad de la Luz en Oriente también ha contribuido a preservar el conocimiento antiguo, incluyendo cosmología, metafísica y todos los aspectos de la sabiduría eterna. De manera similar a la Hermandad de la Luz en Occidente, se basa en un sistema de iniciación por grados, manteniendo sus tradiciones en secreto y protegiendo su sabiduría de quienes buscan corromperla.

Existe una forma de gobierno diferente, de naturaleza espiritual, distinta a los gobiernos que conocemos en nuestro plano terrenal. Este tipo de gobierno espiritual está compuesto por seres ascendidos, también llamados ángeles de la Tierra, que han trascendido en el pasado. Como la Gran Hermandad Blanca y mediante su representación en la Tierra, las sociedades secretas positivas han contrarrestado los esfuerzos de la hermandad luciferina hasta la actualidad. Fueron la fuerza detrás de la Reforma, el Renacimiento y la Revolución Científica, y también los que en tiempos modernos restauraron la República Soberana de los Estados-Nación.

Estas redes positivas en la Tierra siempre han comprendido que la Gran Obra de Todas las Edades se originó en la mente de lo divino y ha sido llevada a cabo por personas alineadas con el bien. Se cree, como se revelará en el próximo libro «Nuestro Origen Cósmico», que han colaborado estrechamente con inteligencias celestiales no terrestres para liberar a este planeta de la fuerza oscura que trasciende nuestra esfera planetaria.

Dado que existimos en un vasto universo lleno de múltiples mundos y dimensiones, es esencial reconocer que la batalla contra el mal comenzó cuando el Arcángel Miguel emprendió la tarea de purificar los cielos superiores de las legiones caídas que finalmente contaminaron los planos inferiores de la realidad. Por lo tanto, es vital comprender que, con la llegada de una nueva era, el tiempo de las fuerzas oscuras ha llegado a su fin, y las personas de buena voluntad en la Tierra impulsarán un cambio que transformará las estructuras políticas, sociales y económicas, restaurando nuestro planeta a una era de esplendor.

Este proceso se está implementando a través de una ley conocida como NESARA, que eventualmente abarcará a todo el planeta bajo GESARA. Por ejemplo, en el ámbito político, los Guardianes de nuestra República, aquellos anteriormente asociados con la Logia Azul y ahora llamados los Caballeros Blancos, han introducido una profunda reforma para desmantelar los tentáculos del gobierno oculto. Esta reforma nos ha sido concedida por la Divinidad a través de los Caballeros Blancos. Este mandato comenzará con la puesta en marcha de una ley conocida como NESARA, que significa Ley de Reforma y Seguridad Económica Nacional, también identificada como Ley de Recuperación y Estabilización Económica Nacional.

La reforma desmantelará todos los sistemas de opresión, reemplazándolos por estructuras equilibradas y sostenibles de prosperidad global. Afectará cómo abordamos la ciencia y la educación, abriendo el camino hacia un conocimiento superior donde la espiritualidad y la ciencia se reconcilien. NESARA/GESARA es un programa amplio para la culminación de los tiempos.

Recordando el evento del 11 de Septiempre, algunos de los documentos destruidos en los pisos 22 y 23 del World Trade Center eran programas NESARA que, junto con pruebas contundentes de delitos, habrían servido para implementar de inmediato las reformas necesarias, primero en Estados Unidos y luego a nivel mundial. Esto habría anulado los planes de globalización de los Jesuitas Illuminati del Gobierno Mundial Único fascista, disolviéndolos.

Se especula que la razón por la que las entidades de la Isla Jekyll no lograron someter completamente a la República constitucional de Estados Unidos es porque los Caballeros Blancos, quienes permanecieron fieles a la Logia Azul, sobrevivieron y operaron en secreto, siempre un paso adelante del gobierno en la sombra, protegiendo así la República constitucional y las libertades del mundo. NESARA/GESARA, por lo tanto, es mucho más que una simple reforma política y económica; es el desmantelamiento total de toda la estructura mundial controlada por el grupo del sindicato jesuita Illuminati.

NESARA comenzó con investigaciones realizadas por jueces del Tribunal Supremo de Estados Unidos tras la pérdida de granjas por parte de muchos agricultores en el Medio Oeste, a causa de ejecuciones hipotecarias bancarias ilegales. Estas operaciones fraudulentas fueron llevadas a cabo ilegalmente por ciertos bancos en complicidad con funcionarios corruptos del gobierno del Consejo de Relaciones Exteriores. También se descubrió que el Sistema de la Reserva Federal, junto con el I.R.S., nunca fue debidamente ratificado, como consta en los archivos de NESARA.

En 1993, los jueces del Tribunal Supremo fallaron a favor de los agricultores en todas las cuestiones clave, incluyendo la inconstitucionalidad del Sistema de la Reserva Federal y el I.R.S., y declararon que el gobierno de Estados Unidos había estado operando fuera de la Constitución desde 1933.

Los jueces determinaron que era necesaria una reforma completa de los sistemas gubernamental y bancario, y que debían resarcirse todas las pérdidas financieras sufridas por Estados Unidos y sus ciudadanos. Se reportó que, debido a la naturaleza extraordinaria de la reforma, el tribunal selló todos los registros judiciales y obligó a todas las personas directamente involucradas a firmar acuerdos de confidencialidad, conocidos como órdenes de silencio. Esto sugiere quiénes controlan a la mayoría de los jueces del Tribunal Supremo. Estas órdenes permanecerían vigentes hasta que la reforma se anunciara oficialmente al público. El anuncio de NESARA y la Reforma estaba programado para el 11 de septiembre de 2001, pocas horas antes de los ataques del 11 de Septiempre. Junto con los registros de NESARA había documentos que revelaban todas las actividades delictivas del Consejo de Relaciones Exteriores contra la Constitución de Estados Unidos y el mundo libre.

El tribunal tenía el deber de aplicar la Reforma debido a la inmensa corrupción e injusticia. Los jueces no afiliados al Consejo de Relaciones Exteriores reclutaron a expertos en economía, banca y derecho constitucional para trabajar en el caso con grupos especializados, con el fin de desarrollar la reforma. Aquí es donde entran en juego los Caballeros Blancos de la Hermandad de la Luz.

Después de dos años de trabajo en el caso, los expertos presentaron pruebas irrefutables que demostraban que la 16ª enmienda y el I.R.S. nunca fueron ratificados, lo que obligó a los jueces a incluir la abolición de los impuestos sobre la renta junto con la abolición de la Reserva Federal. Además, se descubrió que las administraciones federales y el Congreso habían estado ignorando la Constitución desde 1933. Esto fue facilitado en gran medida por los miembros del Consejo de Relaciones Exteriores Jacob Schiff, Bernard Baruch y el Coronel Mandel House, colocados en posiciones de poder desde que la Hermandad Oscura fundó el Consejo de Relaciones Exteriores en 1921.

En términos técnicos, de acuerdo con esta perspectiva, Estados Unidos comenzó a operar fuera de sus límites constitucionales cuando Woodrow Wilson autorizó la creación de la Reserva Federal en 1913. Los expertos que trabajaban en la Reforma gubernamental determinaron que, para poner fin a este patrón de violación flagrante de nuestras leyes constitucionales, era necesario que la Administración actual y el Congreso de Estados Unidos, contaminados con títeres del Consejo de Relaciones Exteriores, renunciaran inmediatamente después del anuncio de NESARA.

Esto probablemente incluiría a más del 50% del Congreso, abarcando tanto a miembros de la Cámara de Representantes como del Senado. Estas reformas fueron firmadas por Bill Clinton en 1999. La Ley de Reforma y

Seguridad Económica Nacional traería beneficios a nivel global.

El primero y más crucial es que restauraría el derecho constitucional en América tal como lo imaginaron los padres fundadores: un sistema basado en la comunidad del pueblo y para el pueblo. En segundo lugar, exigiría la renuncia de la actual Administración para permitir un nuevo comienzo a nivel nacional, instalando a un Presidente y Vicepresidente aceptados constitucionalmente bajo NESARA, sin vínculos con la agenda del gobierno oculto. Dado el gran control del Consejo de Relaciones Exteriores sobre el Congreso, los nuevos candidatos tendrían que ser elegidos.

Esto liberaría al gobierno estadounidense de todos los agentes instalados por el Consejo de Relaciones Exteriores y sus superiores jesuitas Illuminati. Además de implementar esta Reforma, habría paz inmediata, poniendo fin a todas las guerras actuales que han sido manipuladas por el gobierno oculto. También resolvería la crisis económica global que ha sumido al mundo en el caos, sustituyéndola por un nuevo sistema de Bretton Woods basado en la política de buena vecindad que beneficiaría a toda la humanidad.

Además, como parte del remedio al fraude gubernamental y bancario de los últimos 100 años, los saldos de las tarjetas de crédito serían reducidos a cero, y todas las deudas de préstamos bancarios, incluidas las hipotecarias, de automóviles, educativas y empresariales, serían perdonadas, ya que toda la financiación provino de la Reserva Federal. Más importante aún, se rectificaría la deuda astronómica generada por el cártel bancario privado de la Reserva Federal, y todos los ciudadanos quedarían libres de deudas. La Reserva Federal sería disuelta y reemplazada por un Tesoro estadounidense.

Esta ley también incluiría la Ley de Reforma y Seguridad Global, que restauraría las infraestructuras económicas de todos los países afectados por el gobierno oculto. Además, esto también disolvería la Comisión Trilateral, los Bilderbergers y todas esas sociedades secretas que han estado colaborando con el cártel internacional. Es evidente que si no hubiera sido por las atrocidades del 11 de Septiempre, esta ley se habría implementado en 2001, y el mundo sería un lugar mucho mejor.

Hoy, aún se mantiene un silencio impuesto sobre el NESARA, que impide su proclamación, pero esta barrera pronto será eliminada mientras los poderes del gobierno en la sombra sean desmantelados y expulsados de nuestro entorno. Se ha reportado que nuestra nación atraviesa la peor crisis de su historia, derivada de las injusticias económicas legales. La mayoría de los ciudadanos han enfrentado el desempleo y se han ahogado en deudas. La pobreza va en aumento, particularmente desde que General Motors y otras compañías han colapsado debido a la intención del gobierno en la sombra de destruir nuestra infraestructura económica.

Hemos perdido a muchos hombres en combate debido a este gobierno en la sombra que persiste en su intento de controlar el mundo. La realidad es que hasta nuestras elecciones están teñidas de mentiras, sobornos y traiciones. Las fuerzas que dominan a los representantes electos y a nuestro gobierno son poderes invisibles y sociedades secretas que han trabajado para el Papa Negro desde el año 1501. Jacob Schiff, como se mencionó antes, fue el principal artífice que logró el control absoluto sobre la prensa y los medios, difundiendo falsedades y adoctrinamientos desde la década de 1930 para engañar al pueblo.

Por ello, no escucharemos la verdad en los medios tradicionales, solo mentiras y desinformación, tal como fue diseñado por los Sabios de Sion. Los medios han estado encubriendo todo durante décadas y trabajan para servir a sus amos ocultos. Quizás muchos dentro de los medios no tienen idea del nivel de control que ejerce el gobierno en la sombra. Sin embargo, es en los niveles más altos de los medios donde se encuentra la manipulación, orquestada por el Consejo de Relaciones Exteriores del gobierno secreto.

Asimismo, estas fuerzas invisibles han estado envenenando a la humanidad y al mundo libre, y han alcanzado grandes logros en su búsqueda del control total. Recordemos las palabras de uno de nuestros más grandes héroes, Abraham Lincoln: «Nosotros, el pueblo, somos los verdaderos dueños del Congreso y del Senado, no para derrocar la Constitución, sino para derrocar a los hombres que la corrompen.» Thomas Paine también expresó: «La causa de América es, en gran parte, la causa de toda la humanidad». Esto es cierto; a medida que América progresa, lo hace el mundo entero. Esta gran nación, como señala Paine, es la que finalmente impide que el gobierno en la sombra consiga imponer su agenda de dominio global.

La Reforma necesaria debe comenzar en América, y el resto del mundo seguirá. La segunda parte de los programas NESARA consiste en liberar los programas de prosperidad que los Caballeros Blancos han estado trabajando diligentemente para asegurar, recuperando los recursos de las élites. Los Caballeros Blancos han sido los instrumentos de la redistribución de la riqueza que se ha concentrado en unas pocas manos, devolviéndola al pueblo como siempre debió ser. Los programas de prosperidad forman parte de la ley NESARA, confirmando la profecía bíblica de que el poder y la riqueza deben retornar a la gente, quienes son los verdaderos herederos de la divinidad y la abundancia como hijos del Creador.

Es un deber como ciudadanos seguir los pasos de nuestros fundadores y restaurar nuestra nación. Debemos exigir a nuestro gobierno que anuncie y aplique la nueva ley que protegerá la libertad y la República. La página web de NESARA comunicó que el Tribunal Mundial falló el 22 de agosto de 2002, eliminando muchas restricciones, lo que permitió a locutores de radio y televisión divulgar esta información por primera vez al público.

En noviembre de 2003, las acciones se trasladaron a otro ámbito, con individuos y grupos participando en la preparación de la edad dorada. También se informó que en ese mismo año, el líder máximo del gobierno secreto, el Papa Negro, fue retirado por las fuerzas de la luz y ahora enfrenta cargos por sus crímenes contra la humanidad. En sintonía con los cambios cósmicos, noviembre de ese año también marcó lo que muchos espirituales denominan la Concordancia Armónica.

Esto indica un cambio significativo en la energía, inclinando el campo energético planetario hacia la luz de mayor frecuencia. Aparentemente, nuestro campo de energía ha estado dominado por oscuridad debido a la acumulación de energía negativa durante siglos bajo el control de las fuerzas oscuras. Para aquellos que comprenden las dinámicas de los campos energéticos, esto tiene sentido. Para quienes no, se elaborará más sobre este tema en los párrafos siguientes. Sin embargo, se compartirá más información sobre transmisiones de energía, cambios, ciclos planetarios y cósmicos en el próximo libro, «Nuestro origen cósmico», que continuará desarrollando estos temas.

Otras revelaciones también han salido a la luz; en 2005, las tensiones aumentaron cuando el Sindicato Jesuita Illuminati intentó evitar ciertos anuncios utilizando bombas de hidrógeno con el objetivo de destruir el planeta, mientras las élites planeaban esconderse en refugios subterráneos. La Hermandad Oscura no se retiraría sin dejar un rastro de destrucción, lo que implica que, en caso de ser derrotados, buscarían llevarse a la humanidad consigo. Afortunadamente, los reactores nucleares fueron desactivados, y la catástrofe fue evitada gracias a la intervención de los Caballeros Blancos y sus aliados.

En síntesis, la proclamación e implementación de NESARA ha sido crucial en la lucha entre las fuerzas del bien y el mal en nuestro mundo. Según las Escrituras, la batalla final del Armagedón se librará aquí, simbolizando el momento en que el Arcángel Miguel y las huestes celestiales completen la purificación de los planos superiores, reflejando la necesidad de enfrentar conflictos en la Tierra. La revelación del gobierno en la sombra nos permite ver las fuerzas que han manipulado los eventos globales desde las sombras durante milenios, comúnmente asociadas con representantes de Lucifer.

¿Existe un propósito en la existencia del mal? Una última advertencia a la Hermandad Oscura.

Las verdades que han emergido trazan el linaje y los objetivos de la Hermandad Oscura desde los tiempos post-diluvianos hasta las sociedades secretas luciferinas de Babilonia, revelando un plan milenario para la dominación global bajo un régimen opresivo. Esta narrativa sugiere que la historia no es una serie de eventos al azar, sino una manipulación intencional por parte de sociedades secretas con un poder significativo. Este libro sostiene que el universo opera con una inteligencia consciente, descartando la idea de la coincidencia; cada causa tiene un efecto conforme a las leyes universales.

En el gran esquema del cosmos, la verdad siempre prevalece, afirmando la existencia de un Ser Supremo que dirige la creación y está consciente de cada detalle. Este vasto juego cósmico de integración de polaridades tiene un propósito divino: facilitar la evolución de la conciencia en todos los niveles, impulsado por la energía dinámica del mismo Ser Divino.

La existencia de la Hermandad Oscura, o el principio de dualidad, es esencial para que las almas experimenten el espectro completo de la vida, asegurando la continua expansión y perfección del universo. Sin la dualidad, el cosmos se estancaría, lo cual iría en contra de la expansión cósmica observada. El triunfo definitivo de la luz sobre la oscuridad está garantizado por el poder de un Ser Supremo, que ve el mal como una mera desviación de la luz, corregible a través del amor y la compasión.

Este relato sugiere que, si la Divinidad hubiera querido eliminar el mal desde el principio, habría sido posible. No obstante, la existencia del libre albedrío en el universo requiere que todos los eventos sirvan a un propósito mayor, contribuyendo al crecimiento mediante el aprendizaje que surge de las decisiones y sus consecuencias. Este proceso sustenta la ley cósmica del karma o el principio metafísico de reciprocidad.

Desde una perspectiva cósmica, el ciclo de creación, involución y evolución proporciona a las almas una experiencia completa de la existencia, facilitando su ascenso a niveles superiores de conciencia. Este viaje permite a cada alma, como chispa divina, alcanzar la unidad con el todo.

Ver la oscuridad como un contrapeso necesario a la luz y la bondad contextualiza al mal como un componente temporal pero esencial en el diseño del cosmos. Aquellos que actualmente se alinean con fuerzas oscuras, desempeñando sus papeles asignados, son, en esencia, nuestros hermanos, ya que todos hemos sido parte de la gran familia celestial de la luz. Todos somos manifestaciones de la misma esencia divina, evolucionando en distintos grados dentro del vasto espectro de la luz única que lo abarca todo.

## Un mensaje para quienes caminan en la sombra

Se hace un llamado a los miembros de la cábala para que elijan voluntariamente el camino de la luz y el bien, pues el tiempo de una gran transformación, comúnmente referida como la gran cosecha, se acerca, en alineación con antiguas profecías. La eliminación de su líder, el Papa Negro, junto con numerosos hechiceros, brujos y magos negros, fue necesaria debido a su rol central en la agenda luciferina. A los que persisten en la oscuridad por decisión propia se les advierte: las consecuencias de sus acciones, su karma, superará cualquier daño que hayan infligido a otros. El tiempo se agota para aquellos que aún juegan en el lado oscuro; se aproxima una purificación importante destinada a erradicar tales fuerzas. A medida que nos acercamos al final de varios ciclos, es tiempo de que cedan su control y se unan a la comunidad más amplia de luz.

Consideren esta quizás su última advertencia, ya que los eventos se precipitan rápidamente. Renuncien a su dominio sobre la humanidad y únanse a nosotros en la nueva era de paz y prosperidad, simbolizada por el milenio o Edad Dorada, y el árbol generoso de la vida eterna y la gloria prometida en la Era de Acuario.

La era de la oscuridad está llegando a su fin; el prolongado experimento con la dualidad está concluyendo, y el estado natural de unidad del universo, interrumpido por lo que se conoce como «la caída» en la doctrina cristiana, está siendo restaurado.

Recordando las «Crónicas de Narnia», el espíritu de Aslan renace a través de los muchos voluntarios presentes hoy en día, marcando la transición de un prolongado periodo de oscuridad hacia una inminente Era de Iluminación, anunciada por la promulgación de las leyes NESARA/GESARA.

Esta es una advertencia severa a los adeptos de la oscuridad: abandonen sus planes o enfrenten la inevitable eliminación, sufriendo el retorno acumulado de todo el dolor y sufrimiento que han causado, conforme a la inquebrantable ley universal del karma y el principio de causa y efecto.

Es probable que hayan notado la disminución de la influencia de los que antes eran los poderosos Caballeros de Malta y de los jesuitas de alto rango, seguidores del Papa Negro. Los que quedan, simples títeres y clones, también están destinados a ser eliminados.

El gobierno global planeado por las fuerzas oscuras ha sido desmantelado por los Caballeros Blancos y las fuerzas emergentes del bien. Es hora de reconocer el triunfo de la luz. La era de la ilusión y el secreto ha terminado; estamos entrando en un nuevo tiempo caracterizado por la transparencia, la armonía y el amor incondicional, donde todas las verdades serán reveladas.

Los cambios palpables son percibidos por quienes están espiritualmente alineados. Propongo una profunda declaración de investigación por parte de la comunidad global consciente, abarcando las esferas política, religiosa, científica y educativa, para desenterrar y rectificar las distorsiones históricas, permitiendo que la verdad salga a la luz.

La transición a una dimensión superior no marca el fin de la existencia física, sino que señala la evolución hacia una forma física más sutil e inmortal dentro de una realidad superior. Aquellos que no están familiarizados con la sabiduría ancestral, incluidas la metafísica, la cosmología y la profecía mística, pueden encontrar difícil comprender la realidad de la existencia multidimensional que abarca todas las formas de vida en la Tierra. Este conocimiento sagrado, una vez reservado para antiguos sabios y maestros de luz, ahora está disponible para todos.

La física cuántica ha sido clave en este despertar, revelando que nuestra esencia física y toda la materia del universo están compuestas de energía, frecuencia y vibración, lo que revela la naturaleza fundamentalmente energética de toda existencia. La materia, en esencia, es energía condensada, una forma de luz atrapada en partículas de masa negativa que vibran a bajas frecuencias.

# Capítulo 18: La Elevación del Planeta y la Humanidad

Esto marcaría el fin del control ejercido por la Hermandad Oscura. Todo lo que consideramos real y sólido es, en esencia, una ilusión sostenida por nuestra limitada percepción tridimensional. La materia, en su nivel subatómico, es mayormente vacío. A medida que la frecuencia de la materia disminuye, los electrones se encuentran más separados de su núcleo; por el contrario, a frecuencias más altas, los electrones se acercan al núcleo, haciendo que esa materia sea invisible para la percepción limitada a tres dimensiones. La sensación de solidez existe únicamente en la tercera dimensión, donde la materia vibra a bajas frecuencias. La verdadera realidad se encuentra en dimensiones superiores, donde la energía vibra con mayor intensidad.

No hay un vacío total, ya que todo es energía, luz vibrante a diferentes frecuencias. La única diferencia radica en la velocidad de esa vibración. En otras palabras, las dimensiones se diferencian solo por su nivel de vibración, coexistiendo en el mismo espacio simultáneamente. Desafortunadamente, la humanidad ha estado atrapada en una percepción de realidad limitada a tres dimensiones, una de las formas más bajas de energía en el universo, donde la muerte solo se manifiesta en las frecuencias más bajas de las dimensiones inferiores.

Un velo ha nublado nuestra percepción espiritual, separándonos del rango completo de frecuencias, o lo que los esotéricos denominan Esferas Celestiales Superiores. En realidad, el Cielo está a solo un cambio de vibración; el plano superior sigue existiendo. No lo percibimos porque nuestra frecuencia es baja. Solo aquellos con una conciencia elevada, que han incrementado su vibración, pueden atravesar el velo de la tercera dimensión y percibir los planos superiores, las frecuencias más elevadas.

Las personas con habilidades espirituales poseen la capacidad de visión etérica o espiritual. Este don, conocido en el cristianismo místico como los dones del espíritu, será restaurado a medida que el velo se disipe. Podremos experimentar una existencia en frecuencias superiores, algo que no ha ocurrido en unos diez mil años.

La Tierra, nuestro hogar, también es un ser consciente que sigue su propio camino de evolución. Nuestro planeta, similar a un ser humano, es una entidad viva con su propia alma, y su estructura física también está basada en vibraciones energéticas. De esta manera, tanto el cuerpo humano como el terrestre están formados de la misma materia y evolucionan de forma paralela. A pesar de haber descendido a una vibración baja bajo la influencia de fuerzas oscuras, la Tierra está lista para ascender nuevamente.

Junto con la Tierra, también nosotros hemos caído desde vibraciones más altas. Esto confirma el principio cósmico de que todos estamos interconectados a nivel energético, una fuerza que permea y une toda existencia. La Tierra, al igual que los humanos, está preparada para regresar a su estado original de vibración energética en la quinta dimensión, donde la energía espiritual y la materia se equilibran. En términos cristianos, la salvación implica ser redimido por la gracia tras aceptar a Cristo como salvador.

En las enseñanzas avanzadas del cristianismo místico, la salvación no se basa solo en la fe, sino en la manifestación de la Conciencia Crística a través de acciones, pensamientos y una vida dedicada al servicio de los demás. La verdadera salvación, en la tradición esotérica, es una ascensión en la iluminación; cuanto más se ilumina una persona, más se acerca a la salvación. Tanto los místicos orientales como occidentales coinciden en que este es el verdadero significado de la salvación y del renacimiento espiritual.

En los principios universales existe una ley de retorno: lo que uno emite, ya sea en pensamientos o acciones, se manifiesta en su vida. Esta verdad ha sido uno de los muchos secretos ocultos por los poderes en la sombra desde tiempos antiguos. Esto coincide con la ley del karma, conocida científicamente como la ley de causa y efecto. Las fuerzas oscuras han ocultado estos principios para mantener a la humanidad atrapada en el miedo y la negatividad.

Ahora estamos despertando a la verdad universal de que todo comienza en nuestro ser interior, ya que cada uno de nosotros es una pequeña réplica del gran universo. Dentro de nosotros reside la divinidad, esperando ser activada. Con el conocimiento adecuado y aplicando patrones correctos en nuestras vidas, podemos aprender a controlar nuestro destino, manifestando lo que deseamos a través del control de nuestros pensamientos y acciones. Este despertar se está dando de manera gradual, con más personas alcanzando la autorrealización, iluminándose y sintonizándose con la frecuencia adecuada, la luz de Cristo, que lleva a la salvación y la ascensión.

El proceso de ascensión es un sendero que cada alma en el planeta eventualmente recorrerá. Pocos han completado este proceso, integrando sus cuerpos en uno solo: el cuerpo de luz compuesto por espíritu, mente y cuerpo físico. La verdadera ascensión es la unión del espíritu con la forma física, reflejando así la naturaleza de los principios universales.

Para entender la ascensión, primero debemos comprender la naturaleza de nuestro ser total. Somos seres espirituales viviendo una experiencia humana; nuestra verdadera esencia es el alma, un fragmento de la Fuente. Incluso nuestro espíritu es un vehículo para el alma, al igual que nuestra mente y nuestro cuerpo. Aquellos que han estudiado la verdadera naturaleza del ser humano saben que nuestra existencia se sostiene en siete grandes vehículos o chakras. Estos centros de energía funcionan como canales que permiten a nuestra alma experimentar la vida en diferentes niveles de existencia.

Hay doce chakras, aunque la mayoría solo conoce los siete principales. Cada chakra gobierna aspectos fundamentales de nuestro cuerpo y representa una frecuencia o color específico en el espectro de luz, ya que somos seres de luz creados a imagen del creador.

Nuestro cuerpo físico se compone de tres vehículos inferiores y cuatro superiores. Los tres vehículos inferiores incluyen el cuerpo físico, el cuerpo emocional vinculado al plano astral, y el cuerpo mental asociado al plano etérico. En el proceso de ascensión, dominar estos tres vehículos constituye las tres primeras iniciaciones.

Una vez que se domina el cuerpo, las emociones y la mente, controlando todas sus funciones, se han completado los tres primeros niveles de iniciación. El cuerpo emocional corresponde al plano astral, representando nuestra frecuencia emocional, y su dominio marca la segunda iniciación. El cuerpo mental es el más elevado y sutil de los tres vehículos inferiores, esencial en la composición física y el puente entre los cuerpos sutiles superiores e inferiores. Este plano etérico es donde la energía vibra a ritmos más altos, y los pensamientos se vuelven más fluidos y poderosos, capaces de manifestarse en el plano físico.

Todo lo que existe en el plano físico tuvo su origen como pensamiento en el plano etérico. El dominio del cuerpo mental, que conecta el mundo de la forma con el mundo sin forma, marca la tercera iniciación. Los cuatro cuerpos superiores de luz, aspectos invisibles de nuestra existencia, se vuelven más relevantes en las iniciaciones avanzadas.

El primer nivel superior es el cuerpo intuitivo, donde reside nuestro espíritu, conocido también como el plano de Buda, donde se despierta la conciencia divina interior. Aquí comienza la verdadera iluminación, como ocurrió con Buda, marcando la cuarta iniciación. Alcanzar el plano intuitivo lleva al despertar de la luz crística, activando el Cristo interno o yo divino, marcando la quinta iniciación. En este nivel, se pueden realizar milagros como la curación y se adquiere visión espiritual; muchos místicos operan desde aquí.

Esta es la ciencia divina enseñada por Jesús y María Magdalena, quienes superaron la muerte y resucitaron como seres espirituales. Jesús demostró el camino de la ascensión, aunque sus enseñanzas fueron corrompidas por aquellos que no querían que la humanidad ascendiera.

La siguiente etapa de iniciación es alcanzar el plano monádico, que sigue a la sexta iniciación, preparándose para ascender al cuerpo causal de luz. Jesús mostró esto reapareciendo a sus apóstoles al tercer día tras la crucifixión. La séptima y última iniciación implica la ascensión al sobrecuerpo, el séptimo vehículo espiritual, marcando la culminación de la ascensión y la reunificación del alma individual con el alma universal de Dios.

Los cinco cuerpos de luz, como el cuerpo de luz AKA, el cuerpo de luz Gematriano, el cuerpo de luz epi-cinético, el cuerpo de luz electromagnético y el cuerpo de luz Zohar, se describen en Las Llaves de Enoc El Libro del Conocimiento de J.J. Hurtak.

Completar la ascensión significa convertirse en el yo superior, el ser inmortal hecho a imagen de Dios, conocido como Adam Kadmon. Este cuerpo representa la fusión de energía cósmica pura con la forma física, activando todas las hebras de ADN, convirtiéndose en un ser perfecto con 12 hebras de ADN.

Tras completar los siete niveles de iniciación y ascender, el individuo opera en todos los niveles del espectro energético de luz, activando los 12 sistemas de chakras y conectándose a diferentes realidades. A este nivel, uno puede moverse a través de múltiples dimensiones y ya no está limitado al plano físico de la tercera dimensión. Solo al reunirse con Dios, uno se libera verdaderamente de todas las ataduras y regresa a su frecuencia original.

Es la realización y el dominio de cada uno de estos niveles o planos de existencia lo que determina nuestra ascensión hacia nuestro ser original y divino. Nuestra alma, eterna en su existencia, descendió a los planos más densos de la materia para explorar los niveles más profundos de la realidad. Para completar una ascensión completa, era necesario descender a la tercera dimensión para experimentar el espectro completo de la luz, que representa la vida en el plano más bajo de la Tierra. Ahora, con la inversión del proceso universal y la entrada en vigor del soplo divino, es el momento de retornar a casa en un cuerpo físico perfecto, hecho de materia refinada y energía pura.

Cuando un individuo se reconecta con su Ser Divino, ha completado su ascensión y se ha unificado con Dios y con todo lo existente en el universo. Sin embargo, la mayoría de los seres que han alcanzado la ascensión optan por permanecer en la cuarta dimensión superior de nuestro mundo para ayudar al resto de la humanidad hasta que llegue el gran día de la graduación. El proceso de ascensión comienza con la comprensión de que somos hijos de la luz, creados a semejanza de nuestro Creador. Una vez que el aspirante toma conciencia de esta verdad, inicia su camino hacia el logro y la perfección de dicho descubrimiento.

Esto generalmente conlleva un deseo profundo en el individuo de comprender el verdadero significado de la vida, el universo y nuestro propósito como seres humanos. Esta curiosidad abre la mente del individuo a la comprensión de los principios cósmicos, o lo que se conoce como leyes universales. La comprensión y realización de estos principios inicia su camino hacia la ascensión. En tiempos antiguos, se erigieron grandes templos y academias de luz por la Hermandad de la Luz para comenzar la iniciación gradual de la humanidad hacia su estado divino original.

Desafortunadamente, la encarnación actual de las fuerzas luciferinas causó que este proceso se volviera secreto y casi olvidado. La religión se convirtió en la única enseñanza esotérica exterior que sobrevivió después de la caída de Grecia. La destrucción de la gran ciudad y templo de Éfeso culminó la supresión de los misterios superiores, que continuaron en secreto a través de la orden de Melquisedec. Tras la destrucción e intento de eliminación de estos misterios, el proceso de ascensión se volvió subterráneo. Las órdenes de la luz sobrevivieron, y estas verdades, una vez suprimidas, están ahora resurgiendo a la vista de todos.

Debido a la supresión de los misterios superiores, la Hermandad de la Luz, a través de profetas, místicos y videntes, codificó sus significados en alegorías y símbolos para ocultar este conocimiento a los malintencionados. De esta forma, la Biblia produjo una mezcla de lo que fue en su día conocimiento doctrinal puro, los misterios superiores, con la integración de los misterios menores. Los libros de las escrituras fueron originalmente inspirados por personas justas, pero debido a la infiltración de la hermandad luciferina, mucha de su pureza se ha perdido. Las fuerzas oscuras siempre han intentado torcer la verdad para que se ajuste a su agenda de dominación mundial. Quizás por esta razón la Iglesia Católica Romana fue manipulada por la hermandad babilónica para cortar a la humanidad del conocimiento superior que los restauraría a su divinidad. Por eso, a los católicos no se les permitió leer la Biblia hasta la reforma.

La luz y el conocimiento espiritual son inseparables. La Hermandad Oscura sabía que una humanidad iluminada sería imposible de controlar. Si dependiera de ellos, la humanidad habría permanecido en la oscuridad para siempre, esclavizada bajo su yugo. Si esto fuera así, la humanidad finalmente dejaría de existir porque no vivimos solo de pan, sino de la luz como fuente primaria de nuestra realidad.

Los seres humanos hemos caído de un estado divino en el que una vez existimos. El proceso de ascensión es el único camino hacia ese estado de equilibrio e integración con nuestro verdadero ser, para que podamos recuperar nuestra inmortalidad. La verdadera salvación es la consecución de nuestro yo superior y su esencia original. Nos salvamos cuando alcanzamos el quinto nivel de iniciación, que es el despertar, una activación de la mente crística interna. Por tanto, el significado original de la salvación es la liberación de las ataduras del plano tridimensional de existencia. Esto, en última instancia, conduce al individuo a reconectarse nuevamente con los reinos espirituales.

La verdad universal ha sido mantenida en secreto por la Hermandad de la Luz para que la Hermandad Oscura no tuviera idea de cuándo llegaría su final. Es la ascensión de nuestro planeta la que marca el fin de las fuerzas oscuras en la Tierra, mientras se purifica con un tipo especial de fuego conocido como la llama de fuego transmutadora, que convierte toda la energía negativa de baja frecuencia a su frecuencia original en la quinta dimensión, donde se alcanza nuevamente el equilibrio.

Hemos establecido que todo es energía y que existen múltiples niveles o planos de vibración en toda la existencia. La Hermandad Oscura ha sido restringida de la quinta dimensión y ya no puede existir en esas ondas de frecuencia de vibración, porque ha sido decretado por nuestro arquitecto universal que la energía destructiva ya no está permitida en las esferas de la quinta dimensión y superiores. Esto está relacionado con el proceso de limpieza y restauración llevado a cabo por el Arcángel Miguel y toda la Hermandad Cósmica de la Luz, que han estado purificando toda la energía negativa de los mundos superiores a los mundos inferiores de materia densa.

Después de este evento, la Tierra entrará en su tiempo de ascensión hacia la quinta dimensión, donde no se permite la existencia del mal. Este es el verdadero significado de una nueva Tierra. Sólo la Hermandad Oscura y la maldad se desintegrarán cuando nuestro planeta ascienda a la quinta dimensión. Según los registros de la Gran Hermandad Blanca y los misterios, ahora esotéricos del conocimiento superior, la ascensión de nuestro planeta se completará en unos pocos años a partir de ahora. Esto implica que el Cielo en la Tierra está a solo unos años de distancia, lo cual es una noticia negativa para las fuerzas oscuras y positiva para la humanidad, que estará lista para ascender a las densidades superiores de una nueva Tierra.

Muchas personas ya han despertado de su largo sueño e ignorancia espiritual, y al leer este material, muchas más deberían estar despertando a la realización del Cristo dentro de nuestro ser superior. Esa realización fomenta la primera iniciación del proceso de ascensión. La Tierra está lista para ascender en algún momento dentro de las próximas dos décadas.

Se están produciendo grandes cambios, comenzando a nivel subatómico y luego alcanzando el nivel molecular, afectando toda nuestra composición física a medida que la Madre Tierra y la humanidad ascienden colectivamente a la frecuencia de la quinta dimensión, donde existe el Cielo.

La única diferencia es que nuestras estructuras subatómicas y moleculares ahora operarán a una frecuencia vibratoria más alta, haciendo nuestro cuerpo más sutil y menos denso. Esto eliminará el proceso de envejecimiento y todas las enfermedades a medida que heredamos y nos transformamos en nuestro nuevo cuerpo.

Sin embargo, hay ciertas cosas que deben conocerse en relación con la ascensión del planeta Tierra. En primer lugar, la Hermandad Oscura sabe que solo le quedan unos pocos años para cumplir su antigua agenda luciferina. Dado que están siendo eliminados de los niveles más altos de su estructura piramidal de poder, empezando por el Papa Negro que fue eliminado en 2003, ya no tienen posibilidad de imponer un Gobierno Mundial Único. Los únicos inconscientes de las reformas profetizadas de la Tierra, predichas en los antiguos registros de la Hermandad de la Luz, son aquellos individuos y grupos que aún operan en los niveles inferiores de las sociedades secretas negativas. Esta es la razón por la que todavía intentan imponer el Nuevo Orden Mundial y aferrarse a sus posiciones de poder.

Si supieran que sus líderes han sido eliminados, probablemente se rendirían. Aparentemente, estos subordinados no tienen idea y continúan persiguiendo su ansiada agenda de un gobierno mundial. Están actuando sin el apoyo de sus líderes, que han estado manejando sus hilos desde la cima de la pirámide desde tiempos antiguos. Son como autómatas programados para seguir un guion preestablecido.

En una nota positiva, las fuerzas de la luz están ejerciendo presión desde todos los ángulos a través de los Caballeros Blancos; la llama para un gobierno mundial se está extinguiendo, y este planeta está destinado a ser libre mientras asciende a una dimensión superior. Quizás sea en el mejor interés de estos títeres cambiar de rumbo y agenda porque, de no hacerlo, enfrentarán consecuencias en el gran y temible día del Destello Solar.

Este mensaje está dirigido a las últimas cabalas restantes y a todo el planeta. Aquellos que todavía exploran las frecuencias bajas y negativas asociadas con la malicia y la maldad recibirán lo que les espera si no cambian sus formas. La elevación de la frecuencia del planeta purgará a todos aquellos que no estén preparados para ascender a las vibraciones superiores de paz, amor, cooperación y unidad.

Es crucial que esta información se conozca ahora. Mantenerse en frecuencias bajas como el miedo, el odio, la codicia y la ira, principalmente emociones negativas que brotan en el plano emocional etérico, mental y astral de la realidad, dificulta la ascensión con el planeta a las frecuencias superiores, que solo reconocen emociones positivas como el amor, la aceptación, la unidad, la armonía, y el amor incondicional como la fuerza dominante que impregna la realidad de la quinta dimensión. Cuando llegue el momento del gran evento de ascensión de nuestro planeta, solo las almas que se hayan alineado con las nuevas frecuencias ascenderán con ella y participarán de la nueva Tierra.

Cualquier persona espiritual bien informada y sintonizada con los cambios ha confirmado y validado que nuestro planeta enfrenta una transformación sin precedentes en la historia de nuestro mundo. A medida que la energía se eleva, la vieja Tierra, contaminada por las injusticias del mundo corporativo del sindicato Jesuita Illuminati, será completamente purificada y eliminada. Es la ascensión de nuestro planeta la que está provocando todos estos fenómenos climáticos extraños. Los cambios en los patrones climáticos son todos indicadores de que el planeta está cambiando. En verdad, todos estamos cambiando junto con ella a medida que asciende.

Hay pruebas científicas de estos cambios; sin embargo, el gobierno secreto se está asegurando de que sigan siendo desconocidos. Por ejemplo, el aumento de la frecuencia de la Tierra se conoce como la resonancia Schumann, descubierta por un físico alemán llamado W.O. Schumann y su colega Koenig en 1952 y 1957. La primera representación espectral de estos fenómenos fue realizada por Wagner en 1960. Se informó que gran parte de esta investigación fue realizada por el Departamento de la Marina, que investigó las comunicaciones de frecuencias extremadamente bajas con submarinos. Además, la mayoría de estas investigaciones se han llevado a cabo fuera de Estados Unidos, quizás debido al control ejercido por el gobierno secreto sobre la comunidad científica, que censura todas las investigaciones relacionadas con nuestro mundo.

En los últimos días del mal en la Tierra, las fuerzas de la luz brindarán protección a los científicos que están revelando las pruebas científicas de que nuestro planeta está experimentando cambios significativos. La evidencia se encuentra en el campo electromagnético terrestre, que está en declive. A continuación, se presentan algunas explicaciones para comprender la dinámica del fenómeno conocido como la resonancia Schumann.

Se ha observado que la frecuencia base, o el "latido" de la Tierra, ha estado incrementándose de manera notable. Durante décadas, se mantuvo constante en 7,83 Hz, como lo demostraron las mediciones científicas. Esta frecuencia se utilizaba para comunicaciones militares globales hasta que los científicos detectaron un aumento que alcanzó hasta los 11 ciclos, con una tendencia a seguir subiendo. No había una explicación clara hasta que Greg Braden encontró datos recopilados por investigadores de Noruega y Rusia, que ofrecían una perspectiva sobre estos fenómenos. Braden explicó que mientras la frecuencia de la Tierra aumenta, la intensidad de su campo magnético disminuye, sugiriendo posibles inversiones polares en su intensidad. Aunque en registros históricos suprimidos no se observan cambios polares previos, esta vez parece ser distinto.

Según las profecías y los registros acústicos, el campo electromagnético de la Tierra está evolucionando hacia una configuración de múltiples bandas magnéticas, lo cual permite a las personas percibir dimensiones superiores. En términos sencillos, se está desvaneciendo el velo que nos separaba del ámbito espiritual.

La Tierra actúa como un gran circuito eléctrico y la atmósfera funciona como un conductor débil; sin fuentes de carga, su carga eléctrica se disiparía en unos diez minutos. Investigadores como Braden descubrieron que existe una cavidad entre la superficie terrestre y el borde interior de la ionosfera, aproximadamente a 55 km de altura, donde se forman ondas electromagnéticas conocidas como la resonancia Schumann. Estas ondas no están siempre presentes; necesitan ser excitadas para poder ser medidas. Esta resonancia mide las fuerzas del campo magnético de la Tierra, permitiendo evaluar su pulso. Este fenómeno es apoyado tanto por la ciencia moderna como por antiguas profecías y descubrimientos metafísicos percibidos por aquellos con un alto nivel de conciencia.

A la par de la transformación de la Tierra, se presenta el gran despertar, otra profecía que espera ser vivida por aquellos preparados para ascender junto con la Tierra hacia una quinta dimensión. Los que estamos sintonizando con las nuevas energías de amor, armonía y equilibrio, estamos ascendiendo junto con el planeta hacia un estado más puro de existencia.

El primer despertar global ocurrió en los años sesenta, cuando la sociedad empezó a comprender que la guerra era una herramienta obsoleta y destructiva. Durante la guerra de Vietnam, las voces se alzaron contra este conflicto planificado y gestionado por poderes ocultos para obtener beneficios políticos y económicos.

Hoy, con la llegada de prácticas como la meditación y el yoga, muchas más personas están despertando, buscando vivir en mayor equilibrio. Este avance hacia una sociedad más consciente ha ido creciendo, y frente a ello, los poderes ocultos tratan de obstaculizar este despertar mediante diversas estrategias.

Una de estas tácticas ha sido el uso de tecnologías de control mental, que tienen sus raíces en los experimentos realizados durante la era de Hitler y culminaron en proyectos secretos en los Estados Unidos. Se han utilizado métodos como el Proyecto Monarca y MK Ultra, donde se empleó LSD, una sustancia desarrollada por la CIA bajo la dirección de estas fuerzas ocultas, para intentar neutralizar el proceso de despertar colectivo. Además, el uso de ondas de frecuencia extremadamente baja (ELF) para manipular las emociones y pensamientos de la gente ha sido otro experimento encubierto.

Sin embargo, a medida que más personas descubren su verdadera esencia a través de prácticas espirituales, las ondas ELF pierden su efecto. En todo el mundo, individuos están alcanzando la autorrealización, siguiendo los pasos de los grandes maestros del pasado. Esta elevación de la conciencia conduce a un estilo de vida más armonioso, descubriendo el Cristo interno, una verdad restaurada de gran valor.

La activación y el despertar del Cristo en millones de mentes es lo que algunos interpretan como la segunda venida de Cristo, un cambio profundo en la conciencia planetaria. Al adoptar la conciencia crística, se experimenta una realidad más elevada en la Tierra. Así, el universo puede verse como un árbol cósmico, cuyas ramas y extensiones están interconectadas por la misma energía, una unidad que se manifiesta de diversas formas.

El despertar de nuestra conciencia es la solución a la crisis global actual. Cuantas más almas despierten, menor será el control del gobierno oculto sobre ellas. Además, el despertar de la conciencia crística actúa como un neutralizador de energías oscuras, protegiendo nuestro mundo de lo que no está alineado con la luz.

Otra verdad olvidada es el equilibrio divino original entre el Padre, la Madre y el Hijo, un equilibrio suprimido por las fuerzas luciferinas que han buscado eliminar el principio femenino de la Divinidad. Esta visión equilibrada de lo Divino, una unión perfecta de todas las polaridades, fue practicada hasta la corrupción de civilizaciones como la Atlántida y Babilonia.

Antes de la llegada de los Ángeles Caídos, existía una vida equilibrada y armoniosa, donde el principio masculino y femenino coexistían en perfecta armonía. Dios creó a hombres y mujeres por igual, y es este equilibrio de energías lo que mantiene la creación en armonía. En las culturas antiguas, tanto el Padre Universal como la Madre Universal eran honrados, y de esta unión nació el primogénito del Cielo, el Cristo.

En las antiguas escuelas de misterios de Egipto y Grecia, este equilibrio divino era fundamental. Tanto hombres como mujeres podían ser iniciados en los misterios y convertirse en sacerdotes y sacerdotisas. Esta dualidad unificada representaba una unión celestial perfecta, inspirando los ritos matrimoniales en el mundo antiguo.

La supresión del principio femenino explica por qué las mujeres han sido perseguidas y oprimidas a lo largo de la historia, y por qué figuras como María Magdalena fueron difamadas. La restauración de este equilibrio es esencial para la llegada de una nueva era dorada.

Las sociedades secretas luciferinas, al estar dominadas solo por hombres, promovieron esta supresión del principio femenino. Sin embargo, en la actualidad, el equilibrio está siendo restaurado. Es evidente que la humanidad está despertando, y pronto alcanzaremos un nuevo nivel de conciencia que permitirá construir un mundo más justo y armonioso.

¡Regocíjense, porque el reino de Dios se acerca! La verdad está emergiendo, y la humanidad está en camino de recuperar su verdadera esencia. La Madre Tierra, agotada por siglos de explotación, está por liberarse de estos parásitos.

Pronto, surgirá una nueva comunidad global que cuidará de nuestro planeta y de todos sus habitantes.

A medida que estos principios universales resurgen, el planeta vivirá conforme a la Ley Divina, buscando la armonía entre todos los seres vivos. Como guardianes de la luz, es nuestra responsabilidad aplicar estos principios y proteger nuestro hermoso hogar. Solo así podremos asegurar una salud y prosperidad duraderas para la humanidad, entendiendo que todos somos parte de una gran comunidad planetaria.

Este es el verdadero espíritu del universo: todo es un organismo, un microcosmos que existe dentro de un macrocosmos aún mayor. Cada nivel del cosmos, desde los electrones que giran alrededor de los átomos hasta los planetas que orbitan alrededor de las estrellas, refleja esta estructura fractal y cíclica.

Para transitar hacia la Nueva Tierra, debemos adoptar estas verdades universales como fundamentales y comenzar a alinearnos con estas nuevas frecuencias. Al elegir el amor incondicional y la fraternidad sobre el odio y el miedo, estaremos preparados para ascender junto con nuestro amado planeta Tierra, alcanzando una existencia más elevada. Según las profecías, quienes logren esta transformación no conocerán la muerte.

# Capítulo 19: El comienzo de un nuevo mundo

En estos tiempos, el despertar del ser más íntimo de cada individuo intenta manifestarse. La manera más efectiva de facilitar este despertar es silenciando los pensamientos perturbadores del día a día y dirigiendo nuestra mirada hacia el interior. En las tradiciones orientales, este despertar se fomenta a través de la meditación; en las occidentales, se le llama contemplación, una forma de oración profunda que nos invita a escuchar más y hablar menos. Dios siempre conoce nuestros pensamientos y comprende los deseos más profundos de nuestro corazón. Si priorizamos la búsqueda del reino de Dios dentro de nosotros, logrando armonía e integración de todos nuestros aspectos, entenderemos los grandes misterios, y todo nos será concedido.

Es esta conexión con lo que las almas espirituales de alto nivel denominan el yo superior la que facilitará la transición hacia una nueva Tierra. No es necesario convertirse en ermitaño ni alejarse de la vida cotidiana; eso generaría un desequilibrio. La verdadera ascensión requiere integrar cada aspecto de nuestro ser —mente, cuerpo y espíritu—, no enfocarse en uno solo. Por eso, los principios del celibato y el aislamiento resultan ineficaces y desbalanceados. Si se busca el crecimiento espiritual excluyendo la mente y el cuerpo, se corre el riesgo de quedar estancado en una única dimensión.

El anhelo de ser un todo y vivir en equilibrio conducirá a una ascensión constante en esta era de desafíos y oportunidades. También es fundamental reconocer la existencia de un poder superior, conocido por diversos nombres, que honra toda la creación y busca conectarse con todo, pues somos parte de ese todo. Si algo impide o bloquea nuestra conexión personal con la fuente que habita tanto dentro como fuera de nosotros, es esencial realizar los ajustes necesarios para permitir esa conexión y vivir en equilibrio.

En el Evangelio de Tomás, uno de los textos excluidos por la iglesia cristiana organizada, Cristo revela que el reino de los cielos está dentro de nosotros, aunque muchos no lo perciban. Considerando la existencia de múltiples dimensiones, el reino de los cielos se extiende a nuestro alrededor en la cuarta y quinta dimensiones, y más allá. La razón por la que no lo vemos es que nuestros ojos están cubiertos por un velo ilusorio, conocido como el mundo tridimensional.

Esta gran verdad está provocando un cambio de energía hacia una luz de conciencia superior, conectándonos con nuestro ser verdadero, el ser inmortal que reside en nosotros. Este descubrimiento es un avance crucial para desmantelar el poder del gobierno en las sombras, preparando a la humanidad para un salto cuántico hacia una nueva realidad que lentamente se va concretando.

Es importante señalar que, al igual que nuestro planeta está experimentando un cambio en su frecuencia energética, todo en él también lo está experimentando. Por eso es crucial que la humanidad se ajuste y sintonice con las nuevas energías que están inundando el mundo en este momento. Las viejas energías, vinculadas a antiguos paradigmas, están desapareciendo, cumpliendo la profecía sobre la caída del viejo sistema babilónico.

Cuando este antiguo orden mundial colapse, una nueva Tierra renacerá de sus cenizas. Los avances científicos y el conocimiento metafísico han demostrado que todo es energía y que toda materia vibra; nada es estático. Por tanto, la estructura física de la antigua Babilonia está derrumbándose y desaparecerá conforme la Tierra avance hacia su nueva frecuencia vibratoria.

La clave para aprovechar esta nueva energía reside en el equilibrio y la compasión hacia todas las formas de vida. Al orientarnos hacia la compasión, nuestro campo energético personal permitirá y recibirá estas nuevas energías, asegurando nuestra supervivencia durante la transformación final hacia la nueva Tierra. Este cambio garantizará nuestra ascensión junto al planeta sin la necesidad de experimentar la muerte. Nadie desea ser la mala hierba arrancada en el momento de la última transición. Este conocimiento es lo que la Hermandad Oscura ha tratado de ocultar, ya que representa su mayor temor: durante siglos han intentado suprimir cualquier información relacionada con el proceso de ascensión planetaria.

Antes de que la hermandad luciferina tomara el control, la humanidad vivía unida, y esto ocurrió durante la edad dorada de la Atlántida. Se cree que esta era podría retornar, según profecías antiguas. Tras la caída de la Atlántida, la hermandad luciferina estableció religiones organizadas como intermediarias entre el ser humano y lo divino. Esta estrategia fue minuciosamente planeada por la hermandad de la serpiente para mantenernos divididos y así consolidar su dominio, aunque finalmente fracasaron, ya que estamos al final del ciclo y nos estamos liberando de sus cadenas.

Hoy en día, muchas personas están despertando y diferenciando entre religión y espiritualidad. Una es un modo de vivir —la espiritualidad—, y la otra es una institución al servicio de las élites. La distinción es clara: las personas espirituales respetan a todos los seres vivos, mientras que los religiosos solo aceptan a los suyos, combatiendo a quienes pertenecen a otras creencias, siguiendo la estrategia de dividir para dominar. Los espirituales asumen la responsabilidad de sus acciones, mientras que los religiosos dependen de sus líderes para orientar su fe. Los espirituales mantienen una conexión directa con lo divino, mientras que los religiosos siguen a sus líderes como un rebaño.

La realidad es que, cuantas más religiones haya, más divisiones existirán. Los poderosos han utilizado las religiones organizadas para mantenernos ocupados sin proporcionar un verdadero conocimiento del universo. Este tipo de control se remonta a Babilonia, como se menciona en este libro. En la actualidad, con más personas despertando a su propia divinidad, hay un evidente declive en la religión organizada, lo que indica que la agenda luciferina está perdiendo influencia sobre la humanidad.

La auténtica espiritualidad consiste en conectar con Dios desde el interior, fomentando una unión con todos los seres vivos, reconociendo la omnipresencia de Dios como el espíritu que nos conecta en el cosmos. Este espíritu omnipotente, que todo lo sabe, se opone a la religión, que históricamente ha sido un conjunto de relatos diseñados para controlar a las masas sin impartir las verdaderas verdades espirituales.

La tradición esotérica, reservada para aquellos que comprenden la naturaleza de nuestra realidad y divinidad, se practicó en secreto por casi dos mil años, accesible solo a unos pocos. No obstante, en la era actual, estos antiguos misterios están disponibles para un público más amplio. Los gnósticos, quienes lograron la gnosis o conocimiento sagrado, se comunicaban directamente con lo divino, sin intermediarios. Aunque fueron representados de manera negativa, eran individuos con una profunda sabiduría y una elevada conciencia, que personificaban la tradición esotérica sostenida por la Hermandad de la Luz.

La mayoría de las religiones organizadas, encabezadas por la Iglesia Católica Romana, han reprimido esta conexión directa con Dios, o gnosis. Las religiones se estructuraron con una jerarquía central para monopolizar el acceso a lo divino, perpetuando el control y la manipulación. Algunas iglesias, alejándose de las doctrinas del pasado, empiezan ahora a enseñar los verdaderos principios de Cristo.

A pesar de siglos de supresión, la tradición esotérica, preservada por órdenes benevolentes, está resurgiendo, marcando un momento crucial para la humanidad. Este resurgimiento, notable en el Renacimiento, desafió a la Hermandad Oscura y su agenda de largo plazo.

La «Hermandad de la Oscuridad» ha manipulado situaciones para su beneficio, como se evidenció al aprovecharse del renacimiento de la ciencia durante el Renacimiento. En ese momento, fomentaron la separación entre religión y ciencia, consolidando su narrativa sobre la insignificancia humana y afianzando su control. La división entre ciencia y religión, y el posterior reduccionismo de los estudios científicos, son ejemplos de la influencia de la Hermandad Oscura, que distorsiona y subyuga todos los avances para sus propios fines.

A pesar de sus esfuerzos, la unión de la ciencia y la espiritualidad ofrece una comprensión más profunda de la realidad, conectando los reinos material y espiritual. Esta unión abre caminos para explorar dimensiones superiores y ciencias metafísicas, antes suprimidas por un enfoque científico dogmático. El descubrimiento de reinos cuánticos, más allá de lo tangible, sugiere un universo lleno de energías invisibles y realidades de dimensiones superiores, esperando ser exploradas más allá de los límites de la física convencional.

Comprender la ciencia divina confirma que la mente es más que una construcción química del cerebro. Hay un aspecto de la mente que opera en diferentes dimensiones, desconocido por siglos. En la tradición esotérica, se cree que la mente no está confinada al cráneo, sino que lo rodea. Se postula que si se aprendiera a utilizar más del tradicional 10% de la capacidad cerebral, se podrían conectar todos los aspectos invisibles del ser y sintonizar con la materia de vibración superior a través de un campo interconectado.

Elevar la vibración para conectar con la mente superconsciente, un campo energético que une todas las cosas, permite acceder a un conocimiento ilimitado. Quienes han expandido su mente a esta dimensión superior alcanzan niveles más altos de conciencia. Los místicos, yoguis y sabios que han alcanzado este nivel han sido reconocidos por su profunda comprensión espiritual.

Alcanzar este estado mental conecta nuestra percepción con los reinos invisibles, como el plano etérico y astral, y más allá. A medida que se eleva la conciencia, se percibe la unidad de toda vida y se avanza hacia niveles superiores de conciencia. Cabe destacar que en el interminable camino de la ascensión siempre hay más que aprender, pues el proceso de aprendizaje es continuo, como lo evidencian tanto la ciencia como la espiritualidad.

El postulado de que «todo es mente, y la mente está en todo» propone que la conciencia permea cada rincón del universo. Habitamos un cosmos consciente que participa en cada suceso. El universo opera como una inteligencia infinita que se manifiesta en diversos planos. Sugerir que la mente lo impregna todo es como afirmar que la energía está presente en todo, lo que implica que mente y energía son intercambiables. En este contexto, la mente se presenta como un vasto conductor magnético.

Por esta razón, Dios, siendo omnisciente y omnipotente, puede estar en todas partes y conocer todo simultáneamente, ya que es ese campo de energía, conocido científicamente como singularidad cuántica o campo unificado. De este modo, la fuente de toda realidad radica en la mente y el espíritu universales, frecuentemente llamados el Gran Espíritu.

Esta verdad universal no tuvo aceptación en Occidente hasta la llegada de la física cuántica, cuando ciertos científicos descubrieron un mundo energético constituido por partículas que exhiben características tanto de ondas como de partículas.

En esta analogía, nosotros somos como esas partículas, conectados a nivel energético y formando parte de una gran onda de energía. La mecánica cuántica ha vinculado el mundo físico de la materia con el más sutil de la esencia espiritual.

Por ende, el Cielo, ese mundo de alta vibración, no está tan distante como se ha enseñado. El Cielo está aquí; es cuestión de elevar nuestra frecuencia para experimentarlo y verlo. Con la ascensión de la Tierra, el Cielo se manifestará automáticamente si elegimos ascender junto al planeta, adoptando y trabajando con la nueva frecuencia del amor.

Es importante notar que la ciencia ha estado bajo el control de la Hermandad Oscura desde tiempos inmemoriales. Las restricciones impuestas por la ciencia convencional han limitado el desarrollo de disciplinas superiores para el público en general. A lo largo de la historia registrada, solo el aspecto exotérico ha predominado en la interpretación del conocimiento para las masas.

A medida que nos acercamos al gran día de la graduación —la ascensión del planeta—, muchos serán testigos de grandes misterios cuando se produzca el despertar. Este evento pondrá fin a todos los secretos, permitiendo a todos entender y conectar con la gran fuerza de la existencia, como herederos del trono divino. Así, el tiempo de las sociedades secretas se está agotando, mientras la batalla final entre el bien y el mal llega a su desenlace.

Este esperado evento traerá el Cielo a la Tierra, y la Hermandad Oscura será eliminada. No habrá necesidad de secretos ni de sociedades secretas. Estas organizaciones han servido tanto al bien como al mal, pero ahora todo se hará transparente. Estos acontecimientos coinciden con lo que muchos consideran la llegada de una nueva era dorada o la era de Acuario. Un tiempo donde la humanidad se eleva mediante la expansión de la conciencia, entrando en un nuevo estado de realidad. Al abrir nuestras mentes al conocimiento superior, el gran evento de la llegada de la conciencia cósmica universal marcará nuestro regreso a caminar junto a los seres celestiales, como en los tiempos de Atlántida. En este punto, la humanidad comprenderá que ya no habrá necesidad de religiones; cada individuo tendrá una conexión directa con Dios a través de su propia divinidad, viviendo en armonía.

En conclusión, el control y la manipulación ejercidos sobre la humanidad durante milenios están llegando a su fin. Esta fuerza ya no será un problema. En la era de la información, permanecer ignorante es una decisión.

Todo este conocimiento está ahora accesible para quienes lo busquen. Según el nivel de conciencia, puede ser difícil asimilar esta información debido al profundo condicionamiento que hemos experimentado. Este condicionamiento ha penetrado en todos los niveles de la sociedad, desde los gobiernos y las religiones hasta la ciencia y la educación. Algunos reconocerán la verdad de inmediato, mientras que otros podrían sentirse profundamente perturbados por lo que se revela. Es vital aceptar esta verdad y liberarse del engaño; no hay tiempo que perder, ya que se avecinan cambios significativos. Para navegar estos cambios, debemos ser conscientes y educarnos sobre los temas cruciales que transforman nuestro mundo.

Acoge este conocimiento y permite que prepare tu mente para operar en niveles superiores de realidad, mientras la Tierra retorna a su frecuencia original, como lo predijeron las antiguas profecías. El momento de la graduación ha llegado, y la Tierra está lista para elevarse. Las malas hierbas metafóricas del jardín están a punto de ser arrancadas mientras la batalla final entre la luz y la oscuridad llega a su fin, culminando en la victoria de la claridad.

Es crucial no ser la mala hierba en este mundo, evitando causar daño o sufrimiento al violar las leyes universales de la creación. La más grande de estas leyes es tratar a los demás como nos gustaría ser tratados a nosotros mismos. Este principio también abarca el respeto y cuidado de la Tierra y todos los seres que la habitan.

El linaje de la hermandad luciferina se remonta a los tiempos de Cam, el primer hechicero que invocó poderes oscuros y entidades como Marduk/Satán. Este acto revivió las artes de la magia negra e introdujo de nuevo la «Semilla de Levitación», el gen de la antigua raza serpentina, los hijos de Lucifer. Este gen ha sido preservado a través de generaciones de matrimonios concertados y se manifiesta hoy en las líneas de sangre de las 13 familias más poderosas, que componen la cábala. Estas familias descienden de los linajes de Cam, Kish, Nimrod y Esaú.

Han sido la fuerza detrás de muchos imperios e instituciones, manteniendo su poder a través del secreto, la manipulación, la división, la religión y las guerras. Sus linajes forman el gobierno en las sombras que ha controlado nuestro mundo durante milenios. Como hechiceros de alto nivel, han mantenido contacto con ángeles caídos, quienes han guiado su búsqueda de dominación global. Se cree que estos ángeles caídos son razas reptilianas que gobiernan desde una dimensión inferior, tal como lo reveló David Icke.

En sus esfuerzos finales, han mantenido un control indirecto sobre los gobiernos del mundo, siendo responsables de todas las guerras y conflictos, creando enfermedades y fomentando la pobreza global, encarnando a los Cuatro Jinetes del Apocalipsis. Su método hegeliano ha sido utilizado para someter al mundo bajo el control de las Naciones Unidas y la Unión Europea, en un intento de resucitar su antiguo Sacro Imperio Romano Babilónico.

Han usado la paz como un disfraz para sus agendas, erosionando las soberanías nacionales y las libertades individuales mediante sus programas de globalización. Los sistemas bancarios centrales que establecieron han monopolizado la economía mundial, causando múltiples crisis económicas.

El plan contemplaba transformar el acuerdo NAFTA en una Unión Americana en Occidente y el acuerdo APEC en un esquema de Cooperación Económica Asia-Pacífico en Oriente, con el objetivo final de unir las cuatro uniones bajo un único Gobierno Mundial.

Al examinar este material, se hace evidente que hemos vivido en un mundo similar a relatos como «Las Crónicas de Narnia» o «El Señor de los Anillos». Sin embargo, es crucial recordar que al final, la oscuridad siempre es vencida por la luz, que es la transición que estamos a punto de experimentar al entrar en una nueva era.

# Epílogo

Al concluir este viaje a través de los oscuros corredores del poder y la conspiración, es imposible ignorar el papel central que han jugado los infames "Protocolos de los Sabios de Sion" en la configuración de la agenda luciferina. Este documento, aunque desacreditado por algunos como una falsificación, parece servir como un plan maestro para el establecimiento de un Nuevo Orden Mundial bajo el dominio de una élite oculta.

Los paralelos entre las estrategias delineadas en los Protocolos y las tácticas empleadas por los jesuitas y sus aliados Illuminati son demasiado sorprendentes para ser coincidencia. Desde la manipulación de la economía y los medios de comunicación hasta el fomento de guerras y revoluciones, las huellas de los Protocolos están por todas partes en la trama de la historia moderna.

¿Podría ser que este controvertido sea en realidad un plan revelador, una ventana a los verdaderos objetivos y métodos de aquellos que buscan esclavizar a la humanidad? Las evidencias presentadas en este libro ciertamente parecen sugerir que podría ser el caso.

Pero independientemente de los orígenes o la autenticidad de los Protocolos, su influencia en el desarrollo de la agenda luciferina es innegable. Han servido como un texto fundacional para generaciones de conspiradores, un modelo para la creación de un sistema global de control y dominación.

A la luz de estas revelaciones, se vuelve claro que la lucha contra la tiranía del Nuevo Orden Mundial no es simplemente una batalla política o económica. Es una lucha espiritual, un choque cósmico entre las fuerzas de la luz y la oscuridad. Y es una lucha en la que cada uno de nosotros tiene un papel que desempeñar.

Al armarnos con el conocimiento de la verdad, al elegir vivir en integridad y compasión, al trabajar para despertar a otros a la realidad de la situación que enfrentamos, cada uno de nosotros se convierte en un guerrero de la luz, un agente del cambio en un mundo que desesperadamente lo necesita.

El Nuevo Orden Mundial puede tener sus Protocolos, pero nosotros tenemos algo mucho más poderoso: tenemos el indomable espíritu humano, y la eterna e invencible fuerza del amor, la verdad y la libertad. Y con esas armas, al final, prevaleceremos.

FIN

# Sobre el Autor

Pluma Arcana, el enigmático autor detrás de este texto, es un incansable buscador de la verdad que ha dedicado su vida a desentrañar las conspiraciones ocultas que moldean nuestro mundo. Con una mente aguda y una insaciable curiosidad, Pluma Arcana ha sumergido en las profundidades de la historia, la filosofía y el esoterismo para descubrir los hilos invisibles que conectan eventos aparentemente dispares.

Desde temprana edad, Pluma Arcana sintió una profunda fascinación por los misterios que yacen más allá de la superficie de la realidad convencional. Su búsqueda lo ha llevado a explorar diversas tradiciones espirituales y esotéricas, desde el hermetismo y la gnosis hasta las sociedades secretas y los enigmas arqueológicos. A través de sus estudios, ha desarrollado una comprensión única de las fuerzas ocultas que han dado forma a la civilización humana a lo largo de los siglos.

Convencido de que la historia oficial es una mera fachada que oculta una realidad mucho más siniestra, Pluma Arcana se ha sumergido en archivos secretos, documentos desclasificados y testimonios de informantes para armar el rompecabezas de la gran conspiración. Su investigación lo ha llevado a descubrir la existencia de un gobierno en la sombra, una red global de élites y sociedades secretas que manipulan eventos desde detrás del escenario para avanzar en su agenda de dominación mundial.

Además de su labor como escritor y maestro, Pluma Arcana es un apasionado defensor de la libertad individual y la soberanía energética. Cree firmemente que cada ser humano tiene el potencial de convertirse en su propio alquimista, transmutando el plomo de la ignorancia y el miedo en el oro de la sabiduría y la liberación.

A través de sus obras, , Pluma Arcana busca empoderar a sus lectores, proporcionándoles las herramientas y conocimientos necesarios para enfrentar a los Arcontes y reclamar su libertad innata.

Con su estilo único, que combina erudición, profundidad filosófica y un toque de misterio, Pluma Arcana se ha convertido en una figura influyente en los círculos esotéricos y contraculturales. Su mensaje resuena con aquellos que anhelan despertar del letargo impuesto por la mátrix y embarcarse en un viaje de autodescubrimiento y transformación.

www.ingramcontent.com/pod-product-compliance
Lightning Source LLC
Chambersburg PA
CBHW071302110426
42743CB00042B/1146